吕思勉 著

秦汉史札记

吕思勉著作精选

读史札记

图书在版编目（CIP）数据

秦汉史札记 / 吕思勉著. -- 上海：上海古籍出版
社，2024. 11. --（吕思勉著作精选）. -- ISBN 978-7
-5732-1385-3

Ⅰ. K232. 07-53

中国国家版本馆 CIP 数据核字第 2024LC8970 号

吕思勉著作精选·**读史札记**

秦汉史札记

吕思勉　著

上海古籍出版社出版发行

（上海市闵行区号景路 159 弄 1 - 5 号 A 座 5F　邮政编码 201101）

（1）网址：www.guji.com.cn

（2）E-mail：guji1@guji.com.cn

（3）易文网网址：www.ewen.co

上海颛辉印刷厂有限公司印刷

开本 890×1240　1/32　印张 12.375　插页 3　字数 328,000

2024 年 11 月第 1 版　2024 年 11 月第 1 次印刷

ISBN 978 - 7 - 5732 - 1385 - 3

K·3723　定价：52.00 元

如有质量问题，请与承印公司联系

前　言

　　有一种说法，说理想的历史著述家，要写过一部历史的专著，写过一部历史教科书，再写过一部历史通俗读物。又有一种类似的说法，把教科书换成了方志书，或是把通俗读物换成了历史地图册，说唯有著述了多种主题、多种形式的史学作品，历史著述才算达到了完满的境界。这些说法，当然不是在为史学评论提供一种评判的标尺，其本意是强调历史著述家除了要撰写专业领域里的学术著作，还要尽其所能为社会大众提供多种多样的历史作品，以满足不同层次、不同爱好的读者需要。

　　由此而论，史学家吕思勉先生倒是达到了理想的历史著述境界。他不仅写有大部头的史学著作，如《先秦史》《秦汉史》等成系统的四部断代史，还写过大量的文史教科书和历史通俗读物。其数量之多、品类之丰，在民国时代众多的史学大家中也是很罕见的。而且，他撰写的教科书和历史通俗读物，都是精心之作，或被后人称之为通俗读物之典范。

　　如此次"吕思勉著作精选"收录的一九二四年商务印书馆出版的《新学制高级中学教科书本国史》，黄永年先生曾评价说：这本书现在已经很少有人知道了，有一篇《吕思勉先生主要著作》，就没有提到这本书，也许认为这只是教材而非著作。"其实此书从远古讲到民国,只用了十二万字左右篇幅,而政治、经济、文化以及典章制度各个方面无不顾及,在取舍详略之中,体现出吕先生的史学史识,实是吕先生早期精心之作。有些青年人对我讲,现在流行的通史议论太多,史实太少,而且头绪不清,实在难读难记。我想吕先生这本要言不烦的《本国史》是否可以给现在编写通史、讲义的同志们一点启发。"(黄永年:《回忆我的老师吕诚之先生》,《学林漫录》第四集,北京,中华书局,1981 年)

又如《三国史话》,原是吕先生撰写《秦汉史》的副产品,出版之后,就很受欢迎,被视为历史通俗读物的典范之作。虞云国先生说:史学大师吕思勉既有代表其学术高度的断代史,又有通俗读物《三国史话》,"各擅胜场,令人叹绝"。(吕思勉:《三国史话》封底,北京,商务印书馆,2015 年)梁满仓先生也说:"《三国史话》的大家风范,首先体现在作者强烈的历史责任意识……还表现在一些经得住时间检验的观点……《三国史话》是一部通俗历史读物,然而通俗中却包含着渊博的知识……小中见大、通俗中见高雅,《三国史话》为我们树立了典范。"(梁满仓:《〈三国史话〉的大家风范》,吕思勉:《三国史话》,北京出版社,2012 年)如今,吕先生的各种著述一再重版、重印,成为民国史学家中最为大众欢迎的史家之一,说明上述史学家们的评说已经成为大家的共识。

本着这样的认识,我们在吕先生一千余万字的著述中,选择了二十余种兼具通俗性与专业性且篇幅适宜者,根据内容分为七类,分别是:通史、专门史、修身、历史分级读本、读史札记、史话和国学,组成"吕思勉著作精选",以飨读者。如最先推出的"吕思勉著作精选·专门史",收入《中国社会史》《中国社会变迁史(附大同释义)》《中国民族史两种》和《中国文化史六讲　中国政治思想史十讲》。何以收入此四种?吕先生历来备受关注者,即其"两部通史、四部断代史、一种札记",但其对专门史亦非常重视。他提倡"专就一种现象的陈迹加以研究"之专门的历史,并且身体力行,在史学实践中完成社会史、民族史、文化史、政治思想史等专史著作,涵盖面很广。且其专门史常常有一种贯通的眼光,既是朝代的贯通,也是"专门"的贯通,如其讲政治思想史、文化史,则先论社会史,因此其专门之中又多贯通,体现了其"综合专门研究所得的结果,以说明一地域、一时代间一定社会的真相"的治学路径。吕思勉先生的历史著作,大多都蕴含着这种"贯通"的眼光。以此为例,是想说明我们精选吕思勉著作的用意,以及帮助读者更好地理解中国历史的希望。

为了便于查考,本书为各篇札记编了序号,并在目录中篇题后以"﹡"号标注其版本出处:标﹡的曾刊于《燕石札记》(商务印书馆,1937 年),标﹡﹡的曾刊于《燕石续札》(上海人民出版社,1958 年),标﹡﹡﹡的曾刊于《论学集林》(上海教育出版社,1987 年),标﹡﹡﹡﹡曾刊于《吕思勉遗文集》(华东师范大学出版社,1997 年),标﹡﹡﹡﹡﹡的为《吕思勉读史札记(增订本)》(上海古籍出版社,2005 年)所增补,标﹡﹡﹡﹡﹡﹡是《吕思勉全集》(上海古籍出版社,2015 年)所增补。未标星号的,均刊于《吕思勉读史札记》的初版本(上海古籍出版社,1982 年)。札记中的注文,均作文中夹注;编者按语则作页下注。

目　录

前　言 ……………………………………………… 1

〔一〕太上皇 ……………………………………… 1

〔二〕焚书上 *** ………………………………… 2

〔三〕焚书下 *** ………………………………… 5

〔四〕李斯 ****** ………………………………… 7

〔五〕二世 ****** ………………………………… 10

〔六〕华夏 **** …………………………………… 13

〔七〕淮南王 ……………………………………… 14

〔八〕项羽将才 *** ……………………………… 17

〔九〕汉都关中 *** ……………………………… 20

〔一〇〕楚释汉击齐 *** ………………………… 22

〔一一〕楚将龙且 *** …………………………… 24

〔一二〕以贾人为将 *** ………………………… 25

〔一三〕汉世食客之多 *** ……………………… 26

〔一四〕兒宽阿世 *** …………………………… 28

〔一五〕游侠郭解 **** …………………………… 29

〔一六〕巧吏 ……………………………………………… 31

〔一七〕汉吏治之弊 …………………………………… 32

〔一八〕官南方者之贪 ………………………………… 35

〔一九〕资格用人之始 ………………………………… 38

〔二〇〕汉不守秦制 ***** ……………………………… 39

〔二一〕汉世选举之弊 ………………………………… 40

〔二二〕汉末名士 ……………………………………… 41

〔二三〕附庸 …………………………………………… 49

〔二四〕计相主计 ……………………………………… 50

〔二五〕入财者得补郎 ………………………………… 51

〔二六〕汉时珠玉之价 *** …………………………… 52

〔二七〕汉人不重黄金 *** …………………………… 53

〔二八〕汉聘皇后金 *** ……………………………… 55

〔二九〕汉武以酷法行币 *** ………………………… 56

〔三〇〕皮币 *** ……………………………………… 57

〔三一〕商贾以币变易积货逐利 *** ………………… 59

〔三二〕居边而富 *** ………………………………… 61

〔三三〕牢盆 *** ……………………………………… 63

〔三四〕畴官 *** ……………………………………… 64

〔三五〕盗摩钱质取铅 ………………………………… 65

〔三六〕处乱之道 ***** ……………………………… 66

〔三七〕商者不农 ** …………………………………… 67

〔三八〕汉世振贷 ** …………………………………… 68

〔三九〕汉士大夫散财振施 ** ……………………… 71

〔四〇〕并耕而食，饔飧而治 *** ……………………… 75

〔四一〕古者官为民造屋之事甚多 **** ………………… 76

〔四二〕王莽六管 *** ……………………………………… 77

〔四三〕甘棠 **** …………………………………………… 78

〔四四〕斟制之本 *** ……………………………………… 79

〔四五〕除关 *** …………………………………………… 80

〔四六〕桥梁边版 *** ……………………………………… 81

〔四七〕飞行术 *** ………………………………………… 82

〔四八〕汉人多从母姓 ……………………………………… 83

〔四九〕汉世昏姻多出自愿 ………………………………… 85

〔五〇〕汉时嫁娶之年 ……………………………………… 86

〔五一〕汉时男女交际之废 ………………………………… 87

〔五二〕妻死不娶 …………………………………………… 88

〔五三〕出妻改嫁上 ………………………………………… 89

〔五四〕出妻改嫁下 ………………………………………… 91

〔五五〕汉世妾称 …………………………………………… 96

〔五六〕取女不专为淫欲 …………………………………… 98

〔五七〕適庶之别 …………………………………………… 99

〔五八〕禁以异姓为后 ……………………………………… 100

〔五九〕探筹 ………………………………………………… 102

〔六〇〕汉尚主之法 ………………………………………… 103

〔六一〕王莽妃匹无二 ……………………………………… 105

〔六二〕北邙 ………………………………………………… 106

〔六三〕医疗贵人有四难 …………………………………… 107

〔六四〕执金吾 …………………………………… 108

〔六五〕汉初赏军功之厚 …………………………… 109

〔六六〕汉世犹用铜兵 ……………………………… 111

〔六七〕汉武用将 …………………………………… 113

〔六八〕塞路 ………………………………………… 118

〔六九〕山泽堡坞 …………………………………… 119

〔七〇〕山越 * ……………………………………… 122

〔七一〕闽越民复出 ………………………………… 129

〔七二〕秦汉文法之学 ……………………………… 130

〔七三〕汉文帝除宫刑 ……………………………… 133

〔七四〕法令烦苛之弊 ……………………………… 135

〔七五〕古代法律不强求统一 ……………………… 136

〔七六〕卖首级 **** ………………………………… 138

〔七七〕西域 **** …………………………………… 139

〔七八〕昆仑考 ……………………………………… 141

〔七九〕匈奴古名 **** ……………………………… 144

〔八〇〕匈奴不讳名而无姓字 * …………………… 146

〔八一〕匈奴官制 * ………………………………… 147

〔八二〕匈奴人口 * ………………………………… 150

〔八三〕匈奴风俗 * ………………………………… 156

〔八四〕匈奴文字 * ………………………………… 159

〔八五〕匈奴龙庭 …………………………………… 162

〔八六〕头曼北徙及复度河南之年 ………………… 166

〔八七〕头曼城 ……………………………………… 167

〔八八〕优留单于非真单于 …………………………………… 168

〔八九〕五饵 * …………………………………………………… 170

〔九○〕萧望之 …………………………………………………… 173

〔九一〕全代制匈奴策 **** …………………………………… 175

〔九二〕分地 ** ………………………………………………… 176

〔九三〕秦始皇筑长城 ***** ………………………………… 177

〔九四〕秦平南越上 * ………………………………………… 179

〔九五〕秦平南越下 * ………………………………………… 184

〔九六〕赵佗年寿 ……………………………………………… 186

〔九七〕头兰 …………………………………………………… 187

〔九八〕夜郎侯见杀 …………………………………………… 188

〔九九〕仓海君 * ……………………………………………… 189

〔一○○〕倭人国 ……………………………………………… 192

〔一○一〕鲜卑 ………………………………………………… 193

〔一○二〕西夜、子合 ………………………………………… 196

〔一○三〕徐福 ………………………………………………… 197

〔一○四〕交阯嫁娶之俗 ……………………………………… 200

〔一○五〕高离 ………………………………………………… 202

〔一○六〕卑弥呼 ……………………………………………… 203

〔一○七〕儒术之兴上 ………………………………………… 207

〔一○八〕儒术之兴中 ………………………………………… 211

〔一○九〕儒术之兴下 ………………………………………… 214

〔一一○〕汉儒术盛衰上 ……………………………………… 223

〔一一一〕汉儒术盛衰下 ……………………………………… 228

〔一一二〕立宪古谊 ＊＊＊＊ ……………………………………… 233

〔一一三〕民主古义 ＊＊＊ ………………………………………… 234

〔一一四〕贾谊过秦论 ＊＊＊ ……………………………………… 239

〔一一五〕新语采诗谳 ＊＊＊ ……………………………………… 240

〔一一六〕申公 …………………………………………………… 241

〔一一七〕何邵公为学海 …………………………………………… 244

〔一一八〕汉兴三雍太学 ＊＊ ……………………………………… 245

〔一一九〕私家教授之盛不始东汉 ＊＊ …………………………… 248

〔一二〇〕讲学者不亲授 ＊＊ ……………………………………… 250

〔一二一〕汉世向学者多孤寒之士 ＊＊ …………………………… 253

〔一二二〕游学 ＊＊ ………………………………………………… 255

〔一二三〕夏侯胜、桓荣 ＊＊ ……………………………………… 258

〔一二四〕汉世豪杰多能读书 ＊＊ ………………………………… 259

〔一二五〕东汉诸将与儒学 ＊＊＊ ………………………………… 261

〔一二六〕郡国文学 ＊＊＊＊＊ …………………………………… 263

〔一二七〕传、说、记 ＊ …………………………………………… 264

〔一二八〕诗无作义 ………………………………………………… 272

〔一二九〕毛诗传授之诬 …………………………………………… 274

〔一三〇〕诗序上 …………………………………………………… 277

〔一三一〕诗序下 …………………………………………………… 282

〔一三二〕左氏自相抵牾，诗序袭之 ……………………………… 285

〔一三三〕毛诗训诂之误 …………………………………………… 286

〔一三四〕太誓后得 ＊ ……………………………………………… 288

〔一三五〕汉人说尚书传授之诬 ＊ ………………………………… 294

〔一三六〕孔壁得书 ＊ …………………………………… 296

〔一三七〕百两篇 ＊ ……………………………………… 306

〔一三八〕伪古文尚书有本于荀子者 ………………… 312

〔一三九〕马郑序周官之谬 ……………………………… 313

〔一四〇〕论二戴记上 …………………………………… 317

〔一四一〕论二戴记中 …………………………………… 321

〔一四二〕论二戴记下 …………………………………… 323

〔一四三〕论尔雅谁作 …………………………………… 327

〔一四四〕释尔雅 ………………………………………… 329

〔一四五〕图谶一 ………………………………………… 330

〔一四六〕图谶二 ………………………………………… 331

〔一四七〕图谶三 ………………………………………… 334

〔一四八〕图谶四 ………………………………………… 336

〔一四九〕图谶五 ………………………………………… 337

〔一五〇〕图谶六 ………………………………………… 338

〔一五一〕图谶七 ………………………………………… 341

〔一五二〕太史公书亡篇 ＊ ……………………………… 343

〔一五三〕淮南王书无中篇 ……………………………… 348

〔一五四〕读论衡 ………………………………………… 349

〔一五五〕大人见临洮 …………………………………… 356

〔一五六〕论汉人行序之说 ……………………………… 357

〔一五七〕窦公 …………………………………………… 362

〔一五八〕禁巫祠道中 …………………………………… 363

〔一五九〕赛与塞 ………………………………………… 364

〔一六〇〕黄老君 ················· 365

〔一六一〕黄老、老庄、老易 **** ················· 370

〔一六二〕读汉书札记一 ***** ················· 371

〔一六三〕读汉书札记二 ***** ················· 375

〔一六四〕于吉神书 ················· 378

〔一六五〕太平道、五斗米道 ················· 381

〔一〕太上皇

　　秦始皇称皇帝,追尊庄襄王为太上皇,汉高祖亦尊其父曰太上皇,后世遂为故事。案薄昭予淮南厉王书曰:"今大王不察古今之所以安国便事,而欲以亲戚之意望于太上,不可得也。"如淳曰:"太上,天子也。"然则"太上"二字,实无更尊于天子之意。《史记·高祖本纪集解》引蔡邕曰:"不言帝,非天子也。"《三国志·王肃传》:"山阳公薨,肃上疏曰:汉总帝皇之号,号曰皇帝。有别称帝,无别称皇,则皇是其差轻者也。故当高祖之时,土无二王,其父见在而使称皇,明非二王之嫌也。况今以赠终,可使称皇以配其谥。"则天子之父,称号与天子之别,在独称皇,不在太上二字。秦始皇尊其父曰皇,不曰皇帝者,亦以帝乃尽并六国后之称,庄襄王固无实也。秦去谥法,不可追尊之为庄襄皇,一皇字又不成辞,乃以"太上"二字妃之耳。古最高者,率曰太上,如《礼记》言"太上贵德",《左氏》言"太上有立德",司马迁言"太上不辱先"是也。师古曰:"太上,极尊之称也。天子之父,故号曰皇;不预治国,故不言帝。"其说是也。又曰"皇,君也",则非是。古君为一国之主,王为众所归往之称。皇则本无其语,乃帝称既作之后,欲名更备于五帝之君,而无其辞;乃以自字妃王,取始王天下之义,而造此字耳。见《三皇五帝》条。

〔二〕焚书上①

　　《史记·秦始皇本纪》载李斯焚书之议曰："若有欲学法令,以吏为师。"《集解》引徐广曰："一无法令二字。"案《李斯传》无之,则无之者,是也。"法令"二字,盖注语,阑入正文。其为史公原文,抑后人羼入,未敢定;然要无背于李斯本意。论者或谓秦实未尝废学,所谓吏者,即博士也,则又误矣。秦惟恶人以古非今,故欲燔《诗》、《书》;若仍许博士传授,则其燔之,为无谓矣。斯之奏,明言"士则学习法律辟禁",《斯传》言:"始皇可其议,收去《诗》、《书》百家之语,以愚百姓。使天下无以古非今,明法度,定律令,皆以始皇起。"其许民传习者,不得出于法令以外可知。

　　《始皇本纪》载斯议,但言"《诗》、《书》百家语",而《斯传》曰:"臣请诸有文学《诗》、《书》百家语者,蠲除去之。"文学盖与《诗》、《书》百家语同为经籍之通称。古者文字用少,凡民盖多不通知。其略知之者,亦仅以供眼前记事达意之用。书之较古,或涵义较深者,即非其所能读,能从事于此者,则谓之文学之士,其学即谓之文学,其书因亦被文学之称,孔门四科中文学,即是物也。后世各种学问,皆用文字,故文学不能成为一种学问之名。古代学问,用文字者少,不用文字者多,则即

――――――――――

　　① 曾改题为《秦焚书上》。

其用文字者而名之曰文学,亦势使然也。《易·系辞传》曰:"上古结绳而治,后世圣人易之以书契,百官以治,万民以察。"《九家易注》曰:"百官以书治职,万民以契明其事。"案此释书契二字最确;狱吏仅知当世之法律禁辟,则以书治职之类也。项羽曰:"书足以记名姓而已",此犹今略识文字之人,仅能记帐、作书函、写券契,则以契明事之类也;文字通常之用,不过如此。用以载道、记大事、前人以之垂后,后人以之识古,本非人人所能,今日犹然,况古昔乎?《论语》子曰:"行有余力,则以学文。"所学者即以供通常之用,非游夏所通之文学也。然则所谓文学士者,即通知古今,而不仅囿于当世法律辟禁之人矣。《纪》又载始皇之语曰:"吾前收天下书不中用者,尽去之。悉召文学方术士甚众,欲以兴太平。方士欲练以求奇药。""欲以致太平"上,盖有夺文,此五字指文学言。焚其书而用其人者,特采取其谋议,用舍之权在我,若听其私相传授,则学者多,而非上之所建立者众,主势降乎上,党与成乎下矣,此始皇、李斯之所深恶也,而恶得听之?故若有欲学法令之"法令"二字,是否史公原文不可知,而其无背于当日焚书之意,则可断也。

　　焚书之议,不外乎欲齐一众论。夫欲齐一众论者,不独始皇、李斯也,董仲舒对策曰:"春秋大一统者,天地之常经,古今之通谊也。今师异道,人异论,百家殊方,指意不同,是以上亡以持一统;法制数变,下不知所守。臣愚以为诸不在六艺之科,孔子之术者,皆绝其道,勿使并进。邪辟之说灭息,然后统纪可一,而法度可明,民知所从矣。"与李斯议何异?特斯欲一之以当世之法律辟禁,而仲舒则欲一之以孔子之道耳。孔子之道,非吏之所知,欲以此一天下,自不得不用通知古今之博士。始皇令民以吏为师,而汉武独为五经博士置弟子,其所以教民者异,其使之必出于一则同矣。

　　庄子曰:"藏舟于山,夜半,有力者负之而走。"甚矣,世变之不可达也。世事日新,而人之所知,恒域于古,其所斟酌损益,以为可措之当世者，皆其鉴于已往而云然者也，而世事则已潜移矣。人之所为，终不能与时势尽合以此。李斯论当时之弊，谓"语皆道古以害今，饰虚言以乱实"；又谓"五帝不相复，三代不相袭，各以治，非其相反，时变异也"。而谓淳于越曰："越言乃三代之事，何足法也"，善矣。抑此法家之公言，非斯一人之私言也：虽儒家亦恶处士横议。而曰三王之道若循环，终而复始，则亦恶夫道古以害今，饰虚言以乱实者矣。然而斯之所为，则欲复古政教不分、官师合一之旧者也。虽董仲舒亦曷尝不愿之哉？未能致耳。亦何以异于淳于越乎？却行而笑人之北，岂不悲哉？

李斯之负谤久矣，仲舒昔人称之，今亦以其抑黜百家为罪状，其实立言各以其时，不必相非也。后人生于专制已久，思想已统一之世，但患在上者之威权过大，在下者之锢蔽过深，不察时势之异，乃皆奋笔以诋李斯、仲舒，其实思想锢蔽固有弊，思想太披猖亦有弊。今也遇人于路，刺而杀之，则司败将执而致诸辟，虽途之人，亦莫之哀也，是以莫敢刺人而杀之也。若斯世之风气，十里五里而不同，有杀人于国门之外者，或訾其暴，或誉其勇，司败执而戮之，则或聚徒而篡之，而是邦也，不可以一朝居矣。此墨翟所以有尚同之论也，非独儒法也，一异道与异论，固晚周、秦、汉之世，人人之所同欲也。

原刊《光华大学半月刊》第一卷第六期，
一九三三年三月二十日出版

〔三〕焚书下①

　　李斯议焚书之奏曰："所不去者，医药、卜筮、种树之书。"《斯传》同。则当时所不焚者，以此为限。此不及政治，不得借以是古非今者也。乃《论衡·书解》谓"秦确无道，不燔诸子，诸子尺书，文篇俱在"。赵岐《孟子题辞》亦谓"秦焚书，其书号为诸子，故篇籍得不泯绝"。王肃《家语后序》又云："李斯焚书，《家语》与诸子同列，故不见灭。"

　　近人因谓秦之焚书，限于六艺，六艺为古文，诸子书皆今文，故有秦废弃古文之说。案此说非也，果如所言，"百家语"三字何指？仲任虽有特见，而于史事甚疏，往往摭拾野言，信为实在，观其论群经传授，语多诬妄可知。其所谓秦人燔书，不及诸子者，盖亦流俗相传之说，而仲任误采之。流俗所谓诸子，即医药、卜筮、种树之书，而非《汉志·诸子略》之所著也。邠卿、子雍误皆与仲任同，亦见汉人论事之疏矣。

　　卫宏《古文奇字序》云："秦改古文，以为篆隶，国人多诽谤。秦患天下不从，而召诸生，至者皆拜为郎，凡七百人。又密令冬月种瓜于骊山硎谷之中温处，瓜实，乃使人上书曰：瓜冬有实。有诏天下

-----

　　① 曾改题为《秦焚书下》。

博士诸生说之，人人各异，则皆使往视之，而为伏机。诸生方相论难，因发机从上填之以土，皆终命也。"《书疏序》。《汉书·儒林传注》引略同，而作诏定《古文官书序》。《隋志·小学类》：《古文官书》一卷，后汉议郎卫敬仲撰，盖其书一名《古文奇字》也。其说之不经，真堪发笑，乃引之以序诏定之书。刘歆之《让太常博士》曰："信口说而背传记，是末师而非往古。"坑儒之事，明见《太史公书》，敬仲熟视无睹，乃引此齐东野人之言，其信末世之口说，而背往古之《史记》，抑何其更甚于博士也？卫宏为古学名家，其言如此，亦何怪王充之本不专精，赵岐之稍为固陋、语见阮元《十三经注疏校勘记》。王肃之有意作伪者乎？

原刊《光华大学半月刊》第一卷第六期，
一九三三年三月二十日出版

〔四〕李　斯①

　　苏子瞻以李斯之乱天下,蔽罪于荀卿。姚姬传又谓斯未尝以其学事秦。苏氏之意,盖深疾夫高谈异论者,而以是风之;姚氏之言,则为委曲变化,以从世好者发,意皆不在古人也。若但就其言而扬榷之,则姚氏之谕,较近情实。

　　李斯学于荀卿,史公谓其"知六艺之归"。其行事,则《史记》本传叙述最得其要。《史记》言始皇听斯计:"阴遣谋士,赍持金玉,以游说诸侯。诸侯名士。可下以财者,厚遗结之;不肯者利剑刺之;离其君臣之计,秦王乃使良将随其后。"此其并天下之功也。并天下之后,斯为丞相,事之荦荦大者,盖有八端:夷郡县城一,销兵刃二,废封建三,去诗书四,同文书五,治离宫别馆六,巡守七,攘四夷八也。斯之说秦王曰:"今诸侯服秦,譬若郡县,夫以秦之强。大王之贤,由灶上骚除,足以灭诸侯,成帝业,为天下一统,此万世之一时也。今怠而不急就,诸侯复强,相聚约从,虽有黄帝之贤,不能并也。"一统盖斯之素志,一统固儒家之义也。夷郡县城,销兵刃,废封建,同文书,皆所以成一统,即与儒家之旨不背。去《诗》、《书》百家语,若甚相背,实所以复三代政教相合、官师不分之旧。巡守所以镇抚四方,

———————————

　　① 又题《论李斯》。

攘夷狄亦所以安中国。所最不可解者为营宫室。然王者当备制度，亦儒家所不废。始皇特失之侈，此或始皇所自焉。至大营骊山，复作阿房，则赵高实为之，斯且尝进谏矣。然则秦之暴，斯固不能无罪，亦当薄乎云尔。视斯为助桀为虐之流，则过矣。斯从狱中上书曰："臣为丞相，治民三十余年矣。逮秦地之狭隘，先王之时，秦地不过千里，兵数十万，臣尽薄材，谨奉法令，阴行谋臣，资之金玉，使游说诸侯；阴修甲兵，饰政教，官斗士，尊功臣，盛其爵禄，故终以胁韩弱魏，破燕、赵，夷齐、楚，卒兼六国，虏其王，立秦为天子，罪一矣。地非不广，又北逐胡貉，南定百越，以见秦之强，罪二矣。尊大臣，盛其爵位，以固其亲，罪三矣。立社稷，修宗庙，以明主之贤，罪四矣。更克画，平斗斛度量文章，布之天下，以树秦之名，罪五矣。治驰道，兴游观，以见主之得意，罪六矣。缓刑罚，薄赋敛，以遂主得众之心，万民戴主，死而不忘，罪七矣。"其所谓罪一者，即秦取天下之事；二即攘四夷；三、四《史记》未之及；五为同文书之类；六即治离宫别馆也。赵高之谲李斯也，曰："关东群盗多，今上急发繇，治阿房宫，聚狗马无用之物，臣欲谏，为位残，此真君侯之事，君何不见？"李斯曰："固也，吾欲言之久矣。今时上不坐朝廷，上居深宫，吾有所言者，不可传也。欲见无间。"于是赵高许为李斯侯二世，而斯与去疾、劫卒以此死。斯居囹圄，犹曰："凡古圣王饮食有节，车器有数，宫室有度，出令造事，加费而无益于民利者禁，故能长久治安。今大为宫室，厚赋天下，不爱其费，吾必见寇至咸阳，麋鹿游于朝也。"可见斯治宫室，不过以备制度，而奢泰非其本心。秦之酷，实不如后世所言之甚。且六国之时，所以用其民者，曷尝不极其力，特史不尽传耳。秦之刑罚，虽较后世为急，赋敛虽较后世为重，安知较之六国，不见其缓且薄哉？况于秦之所行，非皆斯之意乎？《史记》云："人皆以斯极忠而被五刑死。"邹阳上梁王书亦曰："李斯竭忠，胡亥极刑。"固非无由也。李由告归咸阳，李斯置酒于家，百官长皆前为寿，门廷车骑以千数。李斯喟然而叹曰：嗟乎！吾闻之荀卿曰："物禁太盛。夫斯乃上蔡布衣，闾巷之黔首，上不知其驽下，遂擢至此。当今人臣之位，无居臣上者，可谓富贵极矣。物极则衰，吾未知所税驾也。"惓惓不忘其师之言,至与中子俱执,要斩咸阳市：顾其子曰："吾欲与若复牵黄犬俱出上蔡东门逐狡兔,岂可得乎？"盖其微时,尝有是事。犹斯旨也。故斯生平学术,实末有以大异乎荀卿。古者学有专门,诵习之书少,而其体验也深。先人之言,有终身不忘者,势使然也。其论督责一书,专欲明申、韩之术,修商君之法,乃为阿意求容,二世责斯之说,盖皆赵高之言。高以此责斯,盖正观其能曲从与否,斯乃弃所学而阿之也。以此疑斯之学术,则又过矣。

斯之被祸,全误于全躯保禄位之私。儒家之道,难进而易退,舍生而取义,而斯之辞荀卿也,曰："诟莫大于卑贱,而悲莫甚于穷困。久处卑贱之位,困苦之地,非世而恶利,自托于无为,此非士之情也。"其夙志如此。赵高贱人,学亦必出斯下,何足动斯；然斯竟为所诳者,则长子"即位,必用蒙恬为丞相,君侯终不怀通侯之印归于乡里"。"君听臣之计,即长有封侯,世世称孤,必有乔松之寿,孔墨之智。今释此不从,祸及子孙"等语,有以动其心耳。斯非不知忠臣孝子之义,而曰："嗟乎！独遭乱世,既以不能死,安托命哉！"遂卒听高,则非高之能误斯,而斯自误也。好生恶死,人之恒情,人亦孰不欲富贵,然求生而适以得死,求富贵而适以召危亡,以斯之智而犹如此,而安于义命。亦不必常得死与贫贱也。故知死亡贫苦,不以避而免,富贵老寿,不以求而得,君子所以浩然安于义命也。

原刊《光华大学半月刊》第三卷第三期,

一九三四年十一月十日出版

〔五〕二　世①

　　秦之亡也,二世有罪焉尔乎? 抑亦势已处于无可如何,而不足为二世咎乎? 曰:二世,昏愚之主也。秦之亡,固势处必然。二世即贤明,亦终不可免。然无二世,其亡必不若是其速也。《始皇本纪》:"二世皇帝元年,年二十一。"其后别出《秦纪》,则曰"二世生十二年而立。"统观二世所焉,固不似年长之人,亦不似成童之子。二世逾年改元,立时正二十岁。"十二"二字,盖二十之倒误也?

　　二世之昏愚,有可见者数事。赵高之谋害李斯也,谓斯曰:"关东群盗多,今上急发繇治阿房宫,聚狗马无用之物,此真君侯之事,君何不见? 李斯曰:固也,吾欲言之久矣。今时上不坐朝廷,吾有所言者,不可传也。欲见无间。"高乃曰:"君诚能谏,请为君侯上间语君。"于是待二世方燕乐,使告丞相,上方间,可奏事。丞相至宫门上谒,如此者三,二世怒曰:"吾尝多闲日,丞相不来,吾方燕私,丞相辄来请事,丞相岂少我哉? 且固我哉?"此纯然童骏耽于逸乐,不能自克之情。独不知己方燕私,丞相何以辄知之乎? 真所谓犹有童心者矣,一也。二世既怒李斯,赵高乃乘间进谗,谓"丞相长男李由为三川守,楚盗陈胜等皆丞相傍县之子,以故楚盗公行,过三川,城守

―――――――

　　① 又题《论二世》。

不肯击。高闻其文书相往来"云云。夫斯之在秦，富贵极矣。当时游士，惟富贵之求，而不复知有乡里旧矣。赵高之言，其为诬罔，显而易见。而二世竟不能察，二也。斯之短高也，二世恐斯杀之，乃私告高。证以汉文帝与申屠嘉、邓通之事，可见当时相权之重，即可见当时相位之尊。使宦者案丞相，乃当时必不容有之事，而二世竟以斯属高。斯从狱中上书，高使吏弃去不奏，又使其客诈为御史谒者侍中，更往覆讯斯，此在后世君权积重之世，固不足怪。其在当时，真乃非常之事。二世亦绝不能察，顾曰："微赵君，几为丞相所卖。"及斯死，竟拜高为丞相。阉人弄权，前此或有之。与士大夫齿者，曾有之乎？及竟使之总揽百揆，是全不知有故事也。二世尝从赵高学断狱矣，试问所学何事，三也。扶苏既死，二世与蒙恬安能相容？有兵力可畏者蒙恬，非扶苏也。而二世闻扶苏死，即欲释恬，是直未知何者为忧患，岂独卢患之疏而已？四也。《本纪》云：二世梦白虎啮杀其左骖马，卜曰："泾水为祟。"二世乃斋于望夷宫，欲祠泾，沈四白马。《李斯传》云："高自知权重，乃献鹿，谓之马。二世问左右：此乃鹿也？左右皆曰：马也。二世惊，自以为惑，乃召大卜令封之。大卜曰：陛下春秋郊祀，奉宗庙鬼神，斋戒不明，故至于此。可依盛德而明斋戒。于是乃入上林斋戒，日游弋猎。有人行入上林中，二世自射杀之。赵高教其女婿咸阳令阎乐劾不知何人贼杀人移上林。高乃谏二世曰：天子无故贼杀不辜人，此上帝之禁也，鬼神不享，天且降殃，当远避宫以禳之。二世乃出居望夷之宫。"二说未知孰是？要之不离乎機祥巫祝者近是。二世之死，《斯传》谓"赵高诈诏卫士，令士皆素服，持兵内乡，入告二世曰：山东群盗兵大至。二世上观而见之，恐惧。高即因劫令自杀"。《本纪》则云："使郎中令徐广曰：一云郎中令赵成。案成，高之弟。为内应，诈为有大贼，令乐召吏发卒追劫，二世自杀。"盖皆居望夷宫使然，五也。斯之短高也，二世曰：

"朕少失先人，无所识知，不习治民，而君又老，朕非属赵君，当谁任哉？且赵君为人，精廉强力，下知人情，上能适朕，君其勿疑！"其不识不知，惟高是赖之情形如见。高之惑二世，盖全以逸乐中其心，故其责李斯曰："吾愿肆志广乐，长享天下而无害，为之奈何？"有此一念，乃不得不残杀能与己抗者，高乃教之严法刻刑，令有罪者相坐，灭大臣而远骨肉。贫者富之，贱者贵之，尽除先帝故臣，更置己所亲信。而高得借以立威。有此一念，乃虑人窥见其短长，高乃教以天子称朕，固不闻声，锢之禁中，而高得借以擅权。有此一念，乃得导之以奢侈，而作阿房，治驰道，外抚四夷，一切并起，赋役不得不益重，刑罪不得不愈酷矣。不惟此也，杀机一勤，则虽无害于己之人，亦或肆残贼焉以为快。汉诸帝之死，皆出宫人令得嫁。盖自古相传之法，而二世谓先帝后宫非有子者，出焉不宜，皆令从死。葬始皇，既已下，或言工匠为机藏，皆知之，藏重，即泄。大事毕，已藏，闭中羡，下外羡，门尽闭，工匠藏者无复出。此等岂始皇之世所有哉？况于李斯乎？盖皆赵高为之。多杀以威下，使莫敢出气也。而二世之从之如景响，甚矣其昏愚也。

专制之世，君主之知愚贤否，于国家之治乱安危，所系甚大。往史载君主之性行，多不如臣下之详。秦、汉之世，史乘尚近传说，往往故甚其辞。亡秦之罪，一切归诸赵高，而二世之为何如人，遂因之不显，亦论史者之阙也。故略说其状如上。

原刊《光华大学半月刊》第三卷第三期，

一九三四年十一月十日出版

〔六〕华 夏

汉族之称,起于刘邦有天下之后。近人或谓王朝之号,不宜为民族之名。吾族正名,当云华夏。案《书》曰:"蛮夷猾夏。"《尧典》,今本分为《舜典》。《左氏》曰:"戎狄豺狼,诸夏亲昵。"闵元年。又曰:"裔不谋夏,夷不乱华。"定十年。又载戎子驹支对晋人之言曰:"我诸戎饮食衣服,不与华同。"襄十四年。《论语》曰:"夷狄之有君,不如诸夏之亡也。"《八佾》。《说文》亦曰:"夏,中国之人也。"则华夏确系吾族旧名。然二字音近义同,窃疑仍是一语,二字连用,则所谓复语也。"裔不谋夏,夷不乱华"二语,意同辞异,古书往往有之,可看俞氏樾《古书疑义举例》。以《列子》黄帝梦游华胥,附会为汉族故壤,未免失之虚诬。夏为禹有天下之号,夏水亦即汉水下流。禹与西羌,《史记·六国表》。汉中或其旧国,则以此为吾族称号,亦与借资刘汉相同。且炎刘不祀,已越千年。汉字用为民族之名,久已不关朝号。如唐时称汉、蕃,清时称满、汉;民国肇建,则有汉、满、蒙、回、藏五族共和之说是也。此等岂容追改。夏族二字,旧无此辞,而华族嫌与贵族混。或称中华民族,词既累重,而与中华国民而称为一民族者,仍复相淆。

〔七〕淮南王

　　汉人之重复仇，观淮南王事可以知之。审食其之于厉王母，特未能争于吕后耳，非有意杀之也；而厉王处心积虑，必致之死。王安躬行仁义，通达道术，必非利天下者。史言王入朝，武安侯迎之，为言上无太子而王喜；此乃武安奸诈，欲以此自结，而非王有利天下之心也。后王欲举事，诸使道从长安来，言上无男，汉不治，即喜；言汉廷治，上有男，即怒，以为妄言，亦以如此则易为变，非利天下也。抑此二者或传言之妄，而史从而书之，不然，王岂轻躁浅露若是？要之王无利天下之心，则可决矣。吴王濞宗室最长，蓄反谋数十年，岂能北面朝安者？安果有利天下之心，濞之举兵，何为欲应之乎？《史记》云安时时怨、望厉王死，欲畔逆；《汉书》云江淮间多轻薄，以厉王迁死感激安。此盖安谋反之由，他皆不足信也。安之谋反也，女陵为中诇长安；太子屏其妃弗爱，王后亦与计谋；其败也，豪桀诛者数千人；其名臣则有伍被、左吴、赵贤、朱骄如等，君臣上下，同力一心。王闻伍被言反之难，曰："男子之所死者，一言耳。"其决如此。雷被告太子而不发，庄芷《汉书》作严正。告之而又不发，太子念事不成，则自杀以为后图，其审慎强毅又如此，皆复仇之大义，有以感激其心也。其所以能君臣上下，同力一心者，抑又王之意气慷慨，孝思出于至诚，有以感激之也。不特此也，衡山之谋叛，史言其与淮南不相

能,恐为所并;又言淮南西发兵,则欲定江淮间有之。且衡山畏淮南
兼并,何难发一使,以淮南反谋告汉朝,而招致宾客,求壮士,作辒车
镞矢,自陷于罪戾乎?史又言元朔六年,衡山王过淮南,淮南王乃昆
弟语,除前隙,约束反具。夫二国之隙已数十年,岂有能除之一旦,
遽共约束为反谋者?衡山之志,盖亦淮南之志也。淮南、衡山之志
如此,而败其谋者,乃以辟阳侯孙,亦以怀复仇之念故也。甚矣汉人
之重复仇也!

淮南王曰:"吴何知反?汉将一日过成皋者四十余人。今我令
楼缓要成皋之口,周被下颍川兵塞镮辕、伊阙之道,陈定发南阳兵守
武关,河南太守独有洛阳耳,何足忧?"善哉谋乎!吴王蚤岁冠军,白
头举事,然有桓将军、田禄伯、周丘弗能用,兵徒屯聚而西,无他奇
道,盖仍年少椎锋,徒知积金钱,招亡命耳,非有大略也。王又曰:
"天下劳苦有间矣,诸侯颇有失行,皆自疑。我举兵西乡,必有应者;
无应,即还略衡山。"被又教以南收衡山以击庐江,有寻阳之船,守下
雉之城,结九江之浦,绝豫章之口,强弩临江而守,以禁南郡之下,东
收江都、会稽,南通劲越,屈强江淮间,其策画之周又如此。以上均见
《汉书·伍被传》。使其举兵,其轻剽或不逮吴王,必不如吴王之可以
一战覆也。汉亦危矣哉!然安终于无成者,则群臣近幸素能使众者
皆前系诏狱实为之。否则公孙弘说下之如发蒙,大将军卫青亦仅和
柔自守,伍被誉大将军之言,乃汉廷狱辞,非其实也。汉之为汉,未可
知也。

《汉书·梅福传》:福上书曰:"孝武皇帝好忠谏,说至言,出爵
不待廉茂,庆赐不须显功;是以天下布衣,各厉志竭精,以赴阙庭自
衒鬻者,不可胜数。汉家得贤,于此为盛。使孝武皇帝听用其计,升
平可致。于是积尸暴骨,快心胡越,故淮南王安缘间而起。所以计
虑不成而谋议泄者,以豪贤聚于本朝,故其大臣势陵不敢和从也。"

云武帝时有可缘之间,是矣。云豪贤聚于汉朝,有以折淮南之谋,则福饰辞以悟时主耳,非其实也。不然,淮南之谋,岂久而始泄哉?且伍被之徒为王谋者,可谓至矣,何势陵不敢和从之有?

原刊《光华大学半月刊》第三卷第四期,
一九三四年十一月二十五日出版

〔八〕项羽将才

　　世皆以项羽之善战，为旷古所希，其实非也。羽固善战，亦不过历代善战者之一耳，谓其有以大过于人，固不然也。羽之战功，为世所艳称者有三：一巨鹿之战，一彭城陷后，释齐还攻汉军，一垓下之溃围南出也。垓下溃围，乃一战将之事，优为之者甚多，事极易见。巨鹿之战固剽锐，然此战在二世二年十二月，章邯至三年七月乃降，其间相距尚半年，羽初未能一战即使邯溃不成军也。邯之降楚，其真相不可知。《项羽本纪》言：邯军棘原，羽军漳南，相持未战，秦军数却，二世使人让邯，邯恐，使长史欣请事，至咸阳，留司马门三日，赵高不见，有不信之心。欣恐，还走其军，不敢出故道。高果使人追之，不及。欣至军，报曰：赵高用事于中，下无可为者。今战，能胜，高必疾妒吾功，不能胜，不免于死，愿将军熟计之。此说固不必实。高果疑邯，于欣必加礼敬矣。然贾生过秦，言邯以三军要市于外，巨鹿之战以前，邯军看似常胜，然迄不能定东方，阅时久则耗损多，陈余遗邯书，谓其所亡失以十万数，说必不虚；加以巨鹿之战，一败涂地，秦法严，迄不易将，安知其无要市之事？要市者其孰能信之？楚、汉间事，多出传言，颇类平话，诚不可信。然所传情节可笑者，未必其事遂不实。如《史记》述沛公至鸿门见项王之事，其恢诡何以异于《三国演义》？然谓是时，沛公与项王不相猜疑，得乎？要之，赵高之不信,章邯之要市,皆为理所可有,亦即为势所必至。然则邯之降楚,乃秦之自溃,而非楚能竟定关东也。兵锋剽锐,北不逮南,以南方论,楚又不逮吴越,观春秋时事可知。楚自顷襄王以降,秦兵日肆蚕食,楚迄不能抗,然犹借东地以立国者久之。其时吴越之地,文明程度太低,故不能终与秦抗。至于项氏用江东之众,则以文明程度较高之人之训练节制,用文明程度较低之人之轻悍敢死,忠朴从令矣,其孰能御之?项梁起东阿,西北至定陶,再破秦军,以及羽巨鹿之战,彭城之役,垓下之溃围,皆是物也。亦安知项燕之破李信,所用者无江东之众哉?此岂羽之力乎?羽以汉二年四月,破汉军于彭城,汉王即退屯荥阳。明年四月,羽乃急攻。汉王使纪信诈降而遁去,其间凡历一年,楚固未尝急攻,然汉亦尝败楚于荥阳南京、索间,楚以故不能过荥阳而西,则初亦未尝不思深入,不获,乃改而急攻也。《高祖本纪》云:汉王之出荥阳,入关收兵,欲复东。袁生说汉王出武关,项羽必引兵南走,王深壁,令荥阳、成皋间且得休,使韩信等辑河北赵地,连燕、齐,君王乃复走荥阳,如此,则楚所备者多,力分;汉得休,复与之战,破楚必矣。汉王从其计,出军宛、叶间,与黥布行收兵,项羽闻汉王在宛,果引兵南,汉坚壁不与战。是时彭越渡睢水,与项声、薛公战下邳、彭城,大破楚军,项羽乃引兵东击彭越,汉王亦引兵北军成皋。当汉王之去荥阳,为楚计者,当急破其城,否则亦留兵围之,而疾行入据洛阳,则关中震动,汉即据之,亦无以定齐、燕,汉王南据宛、叶,复何能为?吴王濞之反也,桓将军说之曰:吴多步兵,步兵利险,汉多车骑,车骑利平地,愿大王所过城邑不下,直弃去,疾西据洛阳武库,食敖仓粟,阻山河之险,以令诸侯,虽毋入关,天下固已定矣。其说是也。洛阳固可卫秦中以制东方,东方强国据之,亦可距塞秦使不得出。周之东迁,晋、郑焉依,秦犹不能肆志于洛,况于径以一强国据洛阳之地乎?然则云汉王听袁生之说而南行,而项羽从之,殆非实录。实则荥阳、成皋间，为汉兵力所萃，项羽度不能破，又不敢轶之而西，乃变计思避实击虚，南窥武关，而汉王乃亦南行以御之耳。以彭城之役，汉高丧败之烈，而聚兵荥阳、成皋之间，项羽竟为所塞而不能越，可谓之善战乎？

〔九〕汉都关中

　　世皆以背关怀楚，为项羽之所以亡，此乃为汉人成说所误，在今日，知其非者渐多矣，然犹以汉都关中，为高祖之远见长策，亦非也。《史记·刘敬列传》载：敬说高祖之辞曰："秦地被山带河，四塞以为固，卒然有急，百万之众可具也。"其说似善矣。然后高祖使敬往匈奴结和亲之约，敬从匈奴来，因言匈奴河南白羊、楼烦王，去长安近者七百里，轻骑一日一夜可以至秦中。秦中新破，少民，地肥饶，可益实。夫诸侯初起时，非齐诸田、楚昭、屈、景莫能兴，今陛下都关中，实少人，北近胡寇，东有六国之族，宗强，一日有变，陛下亦未得高枕而卧也。臣愿陛下徙齐诸田、楚昭、屈、景、燕、赵、韩、魏后，及豪杰名家居关中，无事可以备胡，诸侯有变，亦足率以东伐，此强本弱末之术也。上曰：善。乃使敬徙所言关中十余万口。然则曩所谓卒然有急，百万之众可具者，将安从而具之乎？汉初诸政皆与秦异，独其从刘敬说徙六国后，及豪杰名家，则与秦徙天下豪富于咸阳同。然则秦中人少，殆非因其新破？抑秦本地广人希，故得招来三晋之人任耕，而使秦人任战，则其患寡，殆自战国以来，至汉初而未有改也。何以守位曰人？何以聚人曰财？秦果何所恃而能兼并六国哉？则自东周以来，六国地日广，人日多，益富且强，而其荒淫亦益甚，而秦居瘠土，其政事较整饬，《荀子·强国篇》所言，可以复按，夫固人事，而非地与民之资之独异于其余诸国也。天下大势，实在东方，此秦始皇灭六国后，所以频岁东游，即二世初立时亦然。楚怀王以空名称义帝，而项羽为霸王，正犹周天子以空名称王，政由五霸，夫安得不居彭城？汉王所以背戏下约与项王争者，亦曰不能郁郁久居巴蜀、汉中耳，而安得如史家所言，关中本最善之地，为诸将所共歆羡，故在出兵之初，怀王已指是立约；而楚之不居关中，亦徒以秦宫室残破，其本意未尝不歆羡之，至以此怨怀王不肯令与沛公俱西入关而北救赵，后天下约哉？汉所以都关中者，其在东方，本无根柢，非如项氏之世为楚将，项氏尚为齐、赵之叛所苦，而况汉王？于楚尚尔，楚之外，更何地可以即安？独关中则据之已数年，治理之方粗具，故遂因而用之，所谓非择而取之，不得已也。西都之策，发自刘敬，而成于张良，良之言曰：关中之地，诸侯安定，河渭漕挽天下，西给京师。诸侯有变，顺流而下，足以委输。使其本居东方富庶之地，何待漕挽以自给？如其东方皆叛，徒恃河渭之顺流，亦何益哉？汉王既灭项氏，仍岁劳于东方，有叛者必自讨之，亦犹秦皇之志也。高祖之灭项氏无足称，两雄相争，固必有一胜一负，独其灭项氏之后，频岁驰驱东方，并起诸雄，皆为所霸灭，使封建复归于郡县，虽世运为之，而其乘机亦可谓敏矣。此无他，知天下之大势在东方，驰驱于东方，犹战于敌境，安居关中，则待人之来攻矣。东方所以为大势所系，以其富庶也。东方定，高祖亦无禄矣。使其更在位数年，亦安知其不为东迁之计哉？

〔一〇〕楚释汉击齐

　　楚汉相争,汉卒成而楚卒败,其道或多端,然汉尝一入彭城,后虽败退,终据荥阳、成皋,楚迄不能下,而汉之后路安定,且可使韩信下齐、赵,彭越扰梁地,以犄楚后,要其大焉者也。然谓汉王夙有覆楚之计则非也。《项羽本纪》言:羽闻汉王皆已并关中,且东;齐、赵叛之,大怒。乃以故吴令郑昌为韩王以距汉,汉使张良徇韩,乃遗项王书曰:汉王失职,欲得关中,如约即止,不敢东。又以齐、梁反,书遗羽曰:齐欲与赵并灭楚。楚以此故无西意而北击齐。论者皆以此为楚之失策,为汉所欺,其实非也。汉之降申阳,使韩太尉信降郑昌,在其二年十月。十一月,立信为韩王。汉王还归,都栎阳。至三月,乃复出兵,降魏王豹,虏殷王邛,劫五诸侯兵东伐楚。其间相距凡三阅月,盖闻项羽不能定齐地而然?然则张良谓汉王欲得关中即止,殆非虚语。《高祖本纪》云:汉王之国,项王使卒三万人从,楚与诸侯之慕从者数万人,从杜南入蚀中,去辄烧绝栈道,以备诸侯盗兵袭之,亦示项羽无东意。当是时,项羽安知汉王之欲东?使其知之,相王时何不置诸东方,地近易制御,乃置之巴蜀、汉中,成鞭长莫及之势哉?汉王所以敢并三秦者,亦以关中距东方远,项羽不易再至。韩信故襄王孽孙,王诸韩,距楚为有辞也。且汉王果欲东,安有烧栈道自绝其路之理?《淮阴侯列传》载其说汉王之辞,谓秦民怨三秦王,痛入骨髓,无不欲得大王王秦，今大王举而东，三秦可传檄而定。此附会之辞，非实录。汉王以其元年四月就国，五月即出袭雍。章邯盖出不意，故败走。然犹据废丘。司马欣、董翳至八月乃降。章邯则明年六月，汉王自彭城败归，引水灌废丘，乃自杀。然则谓三秦可传檄而定者安在也？情势如此，汉王岂能以一身孤居秦民之上？其烧栈道盖所以防楚诸侯人附从者之逃亡？抑或以诈三秦王而还袭之也。汉王之入彭城，收其货宝美人，日置酒高会，此岂入咸阳，封府库，还军霸上者之所为？而为之者，所谓思东归之士，所愿固不过如此，既至其地，则不可抑止矣。此等兵，可以千里而袭人乎？汉王亦岂不知之？而犹冒险为之，而亦足以害楚，况乎齐、赵之怨深而地近者哉？安得不释汉而先以齐为事也？

〔一一〕楚将龙且

郦食其说齐王,言项羽非项氏莫得用事;陈平亦言:项王不信人,其所任爱,非诸项,即妻之昆弟;此项羽之所以败也。《史记·项羽本纪》言:项王闻淮阴侯已举河北,破齐、赵,且欲击楚,乃使龙且往击之。淮阴侯与战,骑将灌婴击之,大破楚军,杀龙且。《汉书·高帝纪》略同。《项籍传》则云:羽使从兄子项它为大将,龙且为裨将救齐。《史记·曹相国世家》云:从韩信击龙且军于上假密,大破之,斩龙且,虏其将军周兰。《汉书·曹参传》作亚将周兰。《史记·灌婴列传》亦以周兰为亚将,《汉书》同。师古曰:亚将,次将也。然则龙且乃末将耳。诸文所以多言龙且者,盖以其为名将,当时人争指目之,而不数项它及周兰也。龙且乃破淮南之人,其劲悍可知。陈平又称为骨鲠之臣,使项王专任之,韩信或不易得志于齐邪?

〔一二〕以贾人为将

　　《史记·高祖本纪》：赵高已杀二世，使人来，欲约分王关中。沛公以为诈，乃用张良计，使郦生、陆贾往说秦将，啖以利，因袭攻武关，破之。《留侯世家》言沛公欲以兵二万人击秦峣下军，良说曰：秦兵尚强，未可轻，臣闻其将屠者子，贾竖易动以利，愿沛公且留壁，使人先行，为五万人具食，益张旗帜诸山上为疑兵，令郦食其持重宝啖秦将。秦将果叛，欲连和俱西袭咸阳。《高祖本纪》又言其击陈豨，闻豨将皆故贾人也，上曰：吾知所以与之矣。乃多以金啖豨将，豨将多降者。夫秦、汉时之轻贾人亦甚矣，安得以之为将？以之为将，人心安能服？盖当时习以贾人为好利之徒，人有好利者则称之曰贾竖云耳，非真贾人也。

〔一三〕汉世食客之多

　　《后汉书·吴汉传》：家贫，给事县为亭长。王莽末，以宾客犯法亡命。一亭长而犹有宾客，可见汉时寄食者之多。

　　所谓宾客者，不能自食，常从人寄食之谓也。韩信数从其下乡南昌亭长寄食。数月。亭长妻患之，乃晨炊蓐食。食时，信往，不为具食。信亦知其意，怒，竟绝去。使亭长妻而不晨炊蓐食，信不怒而绝去，南昌亭长，亦一吴汉也。楼护有故人吕公，无子归护。护身与吕公、妻与吕姁同食。及护家居，妻子颇厌吕公。护闻之，流涕，责其妻子曰："吕公以故旧穷老，托身于我，义所当奉。"遂养吕公终身。使楼护而听其妻子，则亦一南昌亭长也。灌夫食客日数十百人。郑太知天下将乱，阴交结豪桀，有田四百顷，而食常不足。戴良曾祖父遵，食客常三四百人。知寄食于人之事，汉世甚多。其时去古近，货力为己之风犹未如后世之甚也。

　　《白虎通义》曰：友饥为之减飧，友寒为之不重裘。尽人而以朋友之道待之，势弗能给也。然《诗》云：呦呦鹿鸣，食野之苹。说者曰：鹿鸣兴于兽，而君子大之，取其得食而相呼也。（《淮南·泰族》）可以人而不如兽乎？杜甫之诗曰：所来为宗族，亦不为盘飧。《史记·十二诸侯年表》曰：仁义陵迟，鹿鸣刺焉。岂为饮食哉？中以好之欲饮食之朋友之道也。得食而不相呼，朋友之道尽矣。君臣犹朋友也，得食而不相呼，君臣之道薄矣。是以诗人刺之也。《易》曰：何以守位曰仁，何以聚人曰财。理财正辞，禁民为非曰义。夫君子者，岂徒能饮食之而已矣。然较之使饥饿于我土地者，何如夫延陵、孟尝、春申、信陵之徒，亦徒能饮食人而已矣。而士犹归之，以其犹有君人之一德也。

〔一四〕兒宽阿世

《史记·封禅书》言：齐桓公欲封禅，管仲以为不可，而不可穷以辞，乃设之以事。其事固不必实，然可见古之言封禅者，皆以为非真天下太平，则不可妄举其事也。秦汉之世，儒者已不能诤其君以封禅之不可，然议礼恒不能决，可见其于事仍不肯苟焉而已。秦始皇以儒生议各乖异，难施用而绌之，此始皇之侈也。乃司马相如遗书颂功德，言符瑞足以封泰山，汉武以问兒宽，而宽对曰：使群臣得人自尽，终莫能成。惟天子建中和之极，兼总条贯，金声而玉振之，以顺成天庆，垂万世之基。上然之，乃自制仪，采儒术以文焉。然则封禅之议，启之者相如，成之者宽也。相如逢君之恶，宽则长君之恶者也。抑宽之言，何其与始皇专己欲速之心，若合符节也？得不谓之曲学阿世邪？

〔一五〕游侠郭解

　　郭解之得也,穷治所犯,为解所杀,皆在赦前。轵有儒生,侍使者坐。客誉郭解,生曰:郭解专以奸犯公法,何谓贤?解客闻,杀此生,断其舌。吏以此责解,解实不知杀者。杀者亦竟绝,莫知为谁。吏奏解无罪。公孙弘议曰:解布衣,为任侠行权,以睚眦杀人。解虽弗知,此罪甚于解知杀之。当大逆无道。遂族郭解。弘之议,乃谓弗知罪甚于知,则其果知与否,可以勿问,非谓解真不知也。史言解少时阴贼,概不快意,身所杀甚众。年长,更折节为俭,以德报怨。然其阴贼著于心,卒发于睚眦如故云。则其多所贼杀,时人固皆知之,特莫能举发之耳。穷治所犯,所杀皆在赦前;杀轵儒生者,解实不知;杀者亦竟绝,未必非吏为之道地也。武夫虽犷悍,然能磊磊落落,则虽报怨过当,犹有可取。以直报怨,固非所望于此曹也。贼而曰阴,风斯下矣。然非阴险有心计者,固不能为豪杰魁首。彼杀轵儒生者,岂中心说而诚服解哉?亦以是纳交于解,而要誉于其徒党耳。自与季路、仇牧,而心计之工,虽商贾有所不若,清夜自思,不亦有腼面目乎?此所谓游侠者,所以终为盗跖之居民间者邪?史公曰:"朋党宗强比周,设财役贫;豪暴侵陵孤弱,恣欲自快;游侠亦丑之。余悲世俗不察其意,而猥以朱家、郭解等,令与暴豪之徒同类而共笑之也。"以吾观之,则朱家、郭解,亦暴豪之工于术者耳。语曰:

不知来，视诸往。余则曰：不知古，鉴诸今。岂不见今之所谓朱家、郭解者？其立心与暴徒，何以别乎？古以儒、墨并称，亦以儒侠并称，明墨子之徒，原即世所谓游侠。然闾巷之侠，儒、墨皆排摈不载；则侠之于墨，犹乡原之于儒也。

客或讥原涉曰：子本吏二千石之世，结发自修，以行丧、推财、礼让为名。正复仇取仇，犹不失仁义；何故遂自放纵，为轻侠之徒乎？当时轻侠之徒，有所贼杀，非为仇雠可知。此其所以为盗跖之居民间者邪？观客之所言，而世人之视游侠者可知矣。史言涉性略似郭解，外温仁谦让，而内隐好杀。人之视己，如见其肺肝然。岂有诚于心而不形于外，真可以欺世者哉？

剧孟过袁盎，盎喜待之。安陵富人有谓盎曰："吾闻剧孟博徒，将军何自通之？"盎曰："剧孟虽博徒；然母死，客送丧车千余乘，此亦有过人者。且缓急人所有。夫一旦叩门，不以亲为解；不以在亡为辞，天下所望者，独季心、剧孟。今公阳从数骑，一旦有缓急，宁足恃乎？"徙豪富茂陵也，郭解家贫不中訾，吏恐不敢不徙，诸公送者出千余万。彼有缓急，岂待叩人之门户哉？郑庄行千里不赍粮，敛客之财以养客，徒取诸彼以与此，虽鄙夫岂有爱焉？此足方季次、原宪乎？

子曰："吾未见刚者。"或对曰："申枨。"子曰："枨也欲，焉得刚？"故曰：志士不忘在沟壑，勇士不忘丧其元。今汉之所谓游侠者，欲奸公法，则相与探丸为弹：得赤丸者斫武吏，得黑者斫文吏，白者主治丧。死而不忘埋葬，可谓勇乎？然而千金之子，坐不垂堂，此为郭解报仇者之所以多与？公孙弘则可谓知治矣。

〔一六〕巧 吏

　　汉宣帝号留意吏治，然所奖进者，王成、黄霸，皆作伪之徒也。《晋书·良吏传》：王宏，"泰始初，为汲郡太守，抚百姓如家，耕桑树艺，屋宇阡陌，莫不躬自教示，曲尽事宜。"武帝下诏，称其"督劝开荒，五千余顷，而熟田常课，顷亩不减。比年普饥，人不足食，而宏郡界，独无匮乏"，则合王成、黄霸为一人矣。然俄迁卫尉、河南尹、大司农，无复能名，而暮年且以谬妄获讥于世。今迹其所为，"桎梏罪人，以泥墨涂面，置深坑中，饿不与食"；代刘毅为司隶校尉，"检察士庶，使车服异制，庶人不得衣紫绛及绮绣锦缋。帝常遣左右微行，观察风俗，宏缘此复遣吏科检妇人衵服，至襄发于路"，此亦黄霸之所为耳。且使黄霸之事，而使张敞记之，其可发笑，必尤甚于今之《汉书》也。然而此等人之获浮名者，至今犹不乏矣。

〔一七〕汉吏治之弊

　　章帝元和二年诏曰："俗吏矫饰外貌，似是而非，揆之人事则悦耳，论之阴阳则伤化。安静之吏，恬愉无华，日计不足，月计有余。如襄城令刘方，吏人同声谓之不烦，虽未有他异，斯亦殆近之矣。夫以苛为察，以刻为明，以轻为德，以重为威，四者或兴，则下有怨心。"案贡禹言汉世吏治之弊曰：习于计簿能欺上府者为右职，勇猛操切苛暴者居大位。《汉书》本传。左雄曰：谓杀害不辜为威风，聚敛整辨为贤能，以理己安民为劣弱，以奉法循理为不化。《后汉书》本传。李固论吏治之弊曰：伏闻诏书务求宽博，疾恶严暴。而今长吏多杀伐致声名者，必加迁赏；其存宽和、无党援者，辄见斥逐。《后汉书》本传。皆即章帝诏之所云也。盖欲考绩而不知其方，"观政于亭传，责成于期月"，亦左雄语。则求进者不得不苟饰外表急图见功矣。当时所谓循吏若黄霸等，其所行亦未尝非涂饰表面，特其所以涂饰之者异耳。然此等人卒少，而以杀戮立威者多，则又秦世吏治之余敝也。

　　秦世吏治何以严酷邪？盖吏之所行者有二：一民间固有之纲纪，后以国家之力维持之，虽已不如人民自治时之善，然其利害与人民之利害犹不甚相违，人民亦自能维持之，不待官以强力行之守之也，故其施政可宽。一则在上者有求人，其利害与人民适相反，如是则非以强力行之守之不可矣，如糜烂其民以战之，刻剥其民以自奉皆是也。战争愈烈，奢侈愈甚，则此等事愈多。吏治严急，殆六国之通弊，秦特其尤甚者耳。

蒋琬为广都长，先主因游观奄至，见琬众事不理，时又沈醉，大怒，将加罪戮。诸葛亮请曰："蒋琬，社稷之器，非百里之才也。其为政以安民为本，不以修饰为先，愿主公重加察之。"《三国·蜀志》本传。骆统上疏孙权曰："方今长吏亲民之职，惟以辨具为能，取过目前之急，少复以恩惠为治，副称殿下天覆之仁，勤恤之德者。官民政俗，日以凋弊，渐以陵迟，势不可久。"《三国·吴志》本传。事荒废而见称，辨具而见斥者，辨具者徒修饰，荒废者乃实仁惠也。所以荒废得为仁惠者，以所谓辨具者不过以国之所求民所不利者，强力而推行之耳，此茧丝保障之异也。夫欲保障其民，则有时不得不距国家之政令，若堤防之于洪水矣。

马贵与言：自孝文策晁错之后，贤良方正，皆承亲策；至孝昭年幼未即政，无亲策之事，乃诏有司，问以民所疾苦，所议者盐铁均输榷酤，皆当时大事，令建议之臣，与之反覆诘难，讲究罢行之宜。又谓汉武帝之于董仲舒也，意有未尽，则再策之，三策之；晋武帝之于挚虞、阮种也亦然。《文献通考·选举考》。今案淮南王安受诏作《离骚传》；河间献王亦对诏策所问三十余事；安帝永初二年诏谓："间令公卿郡国举贤良方正，而所对皆循尚浮言，无卓尔异闻。其百僚及郡国吏人，有道术明习灾异阴阳之度璇玑之数者，各使指变以闻。二千石长吏明以诏书，博衍幽隐，朕将亲览，待以不次，冀获嘉谋，以承天诫。"顺帝阳嘉三年，河南三辅大旱，五谷灾伤，亦以周举才学优深，特加策问。《后汉书·周举传》。可见策问之始，实非疑其人之冒滥而思有以考试之，乃诚以其人为贤能而咨询之也。然章帝建初五年诏引建武诏书曰："尧试臣以职，不直以言语笔札。"则时之重言语笔札也久矣。人人面问，事烦而难行，故终必又偏重笔札。《汉书·

尹翁归传》：田延年召翁归辞问，甚奇其对，除补卒史。师古注："为文辞而问之。"此亦策之类也。然则即守相之试其下，亦有不能尽用语言者矣。葛洪言格言不吐庸人之口，高文不堕顽夫之笔。此自今日文辞冒滥之世观之，或疑其不实，然亦由衡鉴者之无识。言为心声，诚不可掩。苟司衡文之责者，诚为学识超群之士，亦未尝不可衡其文而知其人也。特以观其人之志识趣向则有余，欲知应变之才，则终须试之以事耳。

〔一八〕官南方者之贪

　　古称不宝远物，斯言似易而实难；盖见纷华靡丽而不说者，惟味道之腴者能然，固非所语于人人也。儒家之贵恭俭至矣，然其称孝，曰"以天下养"。《孟子·万章》上。所谓以天下养者，则三牲鱼腊，极四海九州之美味而已，非宝远物而何？

　　西域、南海，皆异物之所自来也，而贸迁往来，水便于陆，故南琛之至尤早。《史记·货殖列传》言番禺为珠玑、犀、瑇瑁、果、布之凑，此语必非指汉时，可见陆梁之地未开，蛮夷贾船，已有来至交、广者矣。赵佗以翠鸟、紫贝、生翠、孔雀遗汉朝，越繇王闽侯亦以荃、葛、珠玑、犀角、羽翠遗江都王建，其宝爱之情可想。职是故，宦于南方者，遂多贪墨之徒。湘成侯益昌，坐为九真太守盗使人出卖犀、奴婢，臧百万以上，不道，诛；《汉书·景武昭宣元成功臣表》。张恢为交阯太守，坐臧千金，征还伏法，《后汉书·钟离意传》。皆是物矣。《后汉书·循吏传》：孟尝，"迁合浦太守。郡不产谷实，而海出珠宝，与交阯比境，常通商贩，贸籴粮食。先时宰守并多贪秽，诡人采求，不知纪极，珠遂渐徙于交阯郡界。于是行旅不至，人物无资，贫者死饿于道。"《贾琮传》云："旧交阯土多珍产，明玑、翠羽、犀、象、瑇瑁、异香、美木之属，莫不自出。前后刺史率多无清行，上承权贵，下积私赂，财计盈给，辄复求见迁代，故吏民怨叛。中平元年，交阯屯兵反，执刺史及合浦太守,自称柱天将军。灵帝特敕三府精选能吏,有司举琼为交阯刺史。琼到部,讯其反状,咸言赋敛过重,百姓莫不空单,京师遥远,告冤无所,民不聊生自活,故聚为盗贼。"其暗无天日,可见一斑。珠崖、儋耳二郡,率数岁一反,《后汉书·南蛮传》。盖有由也。《马援传》云:"初,援在交阯,常饵薏苡实,用能轻身省欲,以胜瘴气。南方薏苡实大,援欲以为种,军还,载之一车,时人以为南土珍怪,权贵皆望之。援时方有宠,故莫以闻。及卒后,有上书谮之者,以为前所载还,皆明珠文犀。"《吴祐传》:"父恢为南海太守,祐年十二,随从到官。恢欲杀青简以写经书,祐谏曰:今大人逾越五岭,远在海滨,其俗诚陋,然旧多珍怪,上为国家所疑,下为权戚所望。此书若成,则载之兼两。昔马援以薏苡兴谤,王阳以衣囊徼名,嫌疑之间,诚先贤所慎也。恢乃止。"观此二事,可见权贵之涎于南产。《三国·吴志·孙权传》建安二十五年《注》引《江表传》云:"是岁,魏文帝遣使求雀头香、大贝、明珠、象牙、犀角、瑇瑁、孔雀、翡翠、斗鸭、长鸣鸡。群臣奏曰:荆、扬二州,贡有常典,魏所求珍玩之物,非礼也,宜勿与。权曰:彼在谅暗之中,而所求若此,宁可与言礼哉?皆具以与之。"盖其求之之切如此。晋武帝幸王济宅,供馔悉贮琉璃器中。《晋书·王济传》。时石崇与王恺、羊琇之徒,以奢靡相尚。武帝每助恺,尝以珊瑚树赐之,高三尺许,枝柯扶疏,世所罕比。恺以示崇,崇便以铁如意击之,应手而碎。恺既惋惜,又以为嫉己之宝,声色方厉。崇曰:不足多恨,今还卿。乃命左右悉取珊瑚树,有高三四尺者六七株,条干绝俗,光采耀目,如恺比者甚众。《晋书·石崇传》。琉璃、珊瑚,非来自西域,则必出于南海。合魏文帝之事观之,知当时勋戚之家,能致南琛者,亦必不少也。

　　交、广而外,益州亦为异物所自来。张骞在大夏,见邛竹杖,蜀布,问曰:安得此?大夏国人曰:吾贾人往市之身毒。其后武帝使骞发间使以求大夏，其北方闭氐、莋，南方闭巂、昆明，终莫得通，然闻其西可千余里，有乘象国，名曰滇越，而蜀贾间出物者或至焉。《汉书·张骞传》。此自今缅甸通云南之道，邛竹杖、蜀布，盖即由是而入身毒。哀牢至荒陋，而《传》述其物产，乃有光珠、虎魄、水精、瑠璃、轲虫、蚌珠、孔雀、翡翠、犀、象，又有梧桐木华，绩以为布，皆海外之珍也。葛亮南征，军资所出，国以富饶，其所取资，盖不仅蛮中土物矣。《后汉书·朱晖传》载张林上言，欲因交阯、益州上计吏往来市珍宝，收采其利，武帝时所谓均输者也。其视之，一如宋人之视香药宝货矣。

安南为中国郡县逾千载，至宋而失之，明又复之，然其隶版图，不及二十载也。五口通商之役，为近世四夷交侵之始，其事固为旷古之变局，非昔日驭夷之策所能弭，然其致变之由，官吏之贪求，不得谓非其一，古事之传于后者希，观于近世之事，而其情形可以想见也。知今古之同符，又知祸患之来，非一朝一夕之故矣。

原刊一九四九年四月八日《东南日报》

〔一九〕资格用人之始

　　资格用人，始于北魏崔亮，乃为应付武夫起见，人皆知之矣；然其事，实不始于此。《后汉书·董卓传》言李傕、郭汜、樊稠皆开府，与三公合为六府，皆参选举。《注》引《献帝起居注》曰："傕等各欲用其所举，若一违之，便忿愤恚怒。主者患之，乃以次第用其所举，先从傕起，汜次之，稠次之；三公所举，终不见用。"此虽与崔亮"以停解日月为断"异，然其用意则一也。

〔二〇〕汉不守秦制

《汉书·百官公卿表》云："大率十里一亭，亭有长。十亭一乡，乡有三老、有秩、啬夫、游徼……县大率方百里，其民稠则减，稀则旷，乡、亭亦如之，皆秦制也。列侯所食县曰国，皇太后、皇后、公主所食曰邑，有蛮夷曰道。凡县、道、国、邑千五百八十七，乡六千六百二十二，亭二万九千六百三十五。"案县方百里，为方十里者十，当有十乡，乡有十亭，则千五百八十七县，当得万五千八百七十乡，十五万八千七百亭。表所载乡亭之数，去此甚远，岂皆以民稀故乎？案《续汉志》注引应劭《汉官》云：三边始发，武皇帝所开，县户数百而或为令。荆扬江南七郡，唯有临湘、南昌、吴三令耳。及南阳穰中，土沃民稠，四五万户而为长。盖汉之不能守秦制久矣，官以治事，事生于有人，随人户多少而置官，于理最得，而汉之不能守旧制如此知。

〔二一〕汉世选举之弊

《汉书·何武传》云："武为郡吏时，事太守何寿。寿知武有宰相器，以其同姓故，厚之。后寿为大司农，其兄子为庐江长史。时武为扬州刺史。奏事在邸，寿兄子适在长安，寿为具，召武弟显及故人杨覆众等；酒酣，见其兄子，曰：此子扬州长史，材能驽下，未尝省见。显等甚惭，退以谓武。武曰：刺史古之方伯，上所委任，一州表率也，职在进善退恶。吏治行有茂异，民有隐逸，乃当召见，不可有所私问。显、覆众强之，不得已，召见，赐卮酒。岁中，庐江太守举之。"师古曰："终得武之力助也。"夫终得武之力助，则不可谓之大公也。《后汉书·第五伦传》："或问伦曰：公有私乎？对曰：昔人有与吾千里马者，吾虽不受，然三公有所选举，心不能忘，而亦终不用也。"伦之峻峭，盖无可疑。既不受其马，而犹不能忘者，则其时习以选举为报，已成习俗也。亦可见积弊之深矣。

〔二二〕汉末名士

　　东汉之末，士之矫伪极矣。何武为京兆尹，举方正，所举者召见，槃辟雅拜，有司以为诡众虚伪，武坐左迁。《汉书·何武传》。而赵壹举郡上计，到京师，司徒袁逢受计，计吏数百人，皆拜伏庭中，壹独长揖而已。既出，往造河南尹羊陟，不得见。壹以公卿中非陟无足以托名者，乃日往到门，陟自强许通，尚卧未起，壹径入上堂，遂前临之，举声哭。西还，道经弘农，过候太守皇甫规。门者不即通，壹遂遁去。《后汉书·文苑传》。其诡众虚伪，视何武所举者何如？使有纪纲，必蒙大戮。郡守且当坐选举不实之罪，而逢等方共奖借之，为之延誉，其时所谓名士者，尚可问哉！

　　《后汉书·符融传》云：“汉中晋文经、梁国黄子艾，并恃其才智，炫曜上京，卧托养疾，无所通接。洛中士大夫好事者，承其声名，坐门问疾，犹不得见。三公所辟召者，辄以询访之，随所臧否，以为与夺。融察其非真，乃到太学，并见李膺，曰：二子行业无闻，以豪桀自置，遂使公卿问疾，王臣坐门。融恐其小道破义，空誉违实，特宜察焉。膺然之。二人自是名论渐衰，宾徒稍省，旬日之间，惭叹逃去。”夫赵壹逃去，而皇甫规追书以谢，已异矣；乃至三公辟召，访诸晋、黄，岂不甚哉！徐幹言：“桓灵之世，自公卿大夫，州牧郡守，王事不恤，宾客为务，冠盖填门，儒服塞道，饥不暇餐，倦不获已，殷殷沄沄，俾夜作昼；下及小司，列城墨绶，莫不相商以得人，自矜以下士。星言凤驾，送往迎来，亭传常满，吏卒传问，炬火夜行，阍寺不闭，把臂捩腕，扣天矢誓，推托恩好，不较轻重；文书委于官曹，系囚积于图圄，而不皇省也。详察其为也，非欲忧国恤民，谋道讲德也，徒营己治私，求势逐利而已。"《中论·谴交》。盖既结党连群，则或能有所轻重，于是或倚之求进取，或则惧其谤毁，故其势至于如此也。卒之求食者多，禄位有限，求度者十一未能得，身没他邦，长幼不归，父母怀茕独之思，室人抱《东山》之哀，亲戚隔绝，闺门分离，无罪无辜，亡命是效，亦《谴交》篇语。亦何为哉！此九品中正之制，所以不得不继之而起也。

黄允以俊才知名，司徒袁隗欲为从女求姻，见允而叹曰：得婿如是，足矣。允闻而黜遣其妻夏侯氏。妇谓姑曰：今当见弃，方与黄氏长辞，乞一会亲属，以展离诀之情。于是大集宾客三百余人，妇中坐攘袂，数允隐匿秽恶十五事，言毕，登车而去。允以此废于世。《郭太传》。李充家贫，兄弟六人，同食递衣，妻窃谓充曰：今贫居如此，难以久安，妾有私财，愿思分异。充伪酬之曰：如欲别居，当酝酒具会，请呼乡里内外，共议其事。妇从充，置酒燕客，充于坐中前跪白母曰：此妇无状，而教充离间母兄，罪合遣斥。便呵叱其妇，逐令出门，妇衔涕而去。《独行传》。此两事可以参观。夫不听其妇可也，伪酬之而显逐之，又何为乎？《记》曰：不可怒子放妇出而不表礼焉。充后为博士，所行如此，岂无隐慝哉？其妇不起而数之，何也？人固有强弱乎？夫好名之士之得名，非必人人皆心服之也，固有劫于势，不得发口言者。使其人而其时而未合败，虽数其罪百五十事，犹无伤也。何者？众人固战战如羊，虽心知善恶，口不能言也。然则若黄允者，沽名之才，则有之矣，劫众之术，犹未工也，能不为李充所笑乎？

李充后遭母丧，行服墓次，人有盗其墓树者，充手自杀之。此大辟之罪也，而太守鲁平请署功曹。延平中，诏公卿、中二千石各举隐士大儒，务取高行，以劝后进，特征充为博士。时鲁平亦为博士，每与集会，常叹服焉。迁侍中。大将军邓骘贵戚倾时，无所下借，以充高节，每卑敬之。知当时之所谓高节者，如此而已。岂特以薄屋为高，藿食为清邪？仲长统语，见本传。

　　鲁平之请充署功曹也，充不就，平怒，乃援充以捐沟中，因谪署县都亭长，似过矣。不特此也，公孙述之于谯玄、李业，皆以死胁之，于王皓、王嘉，则系其妻子；业、皓、嘉竟以是死，皎并累及家属，亦见《独行传》。似尤过矣。然桥玄贤者，召姜岐为吏不就，敕吏逼之，曰：岐若不至，趣嫁其母。则亦有激而然也。观迫之者之激，而知为之者之伪也。

　　蜀汉先主薄许靖不用，法正说曰：天下有获虚誉而无其实者，许靖是也。然人不可户说，靖之浮称，播流四海，若其不礼，人以主公为贱贤也；宜加敬重，以眩远近。先主乃厚待靖。《三国志·法正传》。此虚名之士所以获处也。大抵欲养望者，不宜身任事，当多以虚誉奖进人；必审其人实不能自立，乃从而贬议之，亦所谓推亡固存之道也。如是，则党与多，而仇怨我者，皆焉能为有无之人也，则名誉可以长保，而权利可以获处矣。权豪秽恶，当与之疏，以免讥议。至其人怀忿，实欲相雠，则又宜下之，所谓勿以虚名受实祸也。苟其虚誉隆洽，私党众多，人自莫我訾议，我固不难设辞以自解也。故陈寔、郭泰、徐穉、申屠蟠，皆术之最工者也。若黄允、晋文经、黄子艾者则下矣。允何以败？以耆利冒进太甚也。文经、子艾何以败？以矫激太甚，据非所据也。大抵好立名者当远利；于声势货财，必能勿亟取，然后名高而不危。故虽矫伪之士，亦不能令废自克之功也。

　　孔融之称盛宪也，曰："天下谭士，依以扬声。"又曰："今之少年，喜谤前辈,或能讥乎孝章,孝章要为有天下大名,九牧之民,所共称叹。"《三国·吴志·孙韶传注》引《会稽典录》。亦何惭于许靖哉?然终已不免,则所遇者之异也。少年喜谤前辈,何也?曰:不谤人,不足以立名。故立虚誉者多危,欲图保之,亦非易也。亦劳日矣,拙也。

名高易招嫉忌,故多危。荀爽就谒李膺,因为其御,既还,喜曰:今日乃得御李君矣。郭泰行陈梁间,遇雨,巾一角垫,时人乃故折巾一角,以为林宗巾。膺以声名自高,士有被其容接者,名为登龙门。泰名显,士争归之,载刺常盈车。其为众所归附,指目同而祸福异者,膺持风裁,而泰不为危言核论也。故真能免患者必乡原。袁闳不修异操,致名当时;见《王龚传》。法真逃名而名随,避名而名追;见《逸民传》。皆术之最工者也。

史叔宾少有盛名,后以论议阿枉败。《郭太传》。所谓论议阿枉者,扶翼所不当扶翼之人,未知推亡固存之道者也。然此等人必犹顾念私交,未肯落阱下石,故其人实未必大恶。若乃见私党之将败,从而攻之,以冀自免,或且徼利焉,则又叔宾之徒所不忍为矣。或曰:凡人说话不可太切实;平时说话太落边际,至缓急时,更欲改变则难矣。故处世之道,莫如模棱两可,貌似慷慨激昂,而实不著边际,以狂狷之行,饰乡原之心,此处世之术之最工者也。叔宾之不克自拔于阿枉,亦其平时议论,太落边际故与?

何以诬人?曰:莫如暗昧不明之事。非必谓帷薄之不修也。门以内事,世之所重,而其真伪,则非门以外人所得悉也。以是立名,以是造谤,术至工矣。许武举为孝廉,以二弟晏、普未显,欲令成名,乃割财产以为三分,武自取肥田广宅,奴婢强者,二弟所得,并悉劣少。乡人皆称弟克让而鄙武贪婪,晏等以此并得选举。武乃会宗亲,泣曰:吾为兄不肖,盗声窃位,二弟年长,未豫荣禄,所以求得分财,自取大讥;今理产所增,三倍于前,悉以推二弟,一无所留。于是郡中翕然，远近称之。《循吏·许荆传》。高凤名声著闻，太守连召请，恐不得免；自言本巫家，不应为吏，又诈与寡嫂讼田，遂不仕。《逸民传》。骆秀被门庭之谤，众论狐疑，赖有谢渊，乃得证明。《三国·吴志·陆逊传注》引《会稽典禄》。则其事也。许靖与从弟劭俱知名，而私情不协。劭为郡功曹，排摈靖不得齿叙，以马磨自给。《三国志·许靖传》。靖岂默然受谤之士？所以难于自明者，盖亦以谤之者为门内人也。张劭之丧，至圹将窆，柩不肯进，范式执引，于是乃前。《后汉书·独行传》。有是理乎？会葬千人，纵为所蔽，执绋者岂不知其情，犹莫能发其覆也，况于门以内事哉！

　　陈蕃年十五，闲处一室，庭宇芜秽，父友候之，谓曰：孺子何不洒扫以待宾客？蕃曰：大丈夫处世，当扫除天下，安事一室乎！为豫章太守，性方峻，不接宾客，士民亦畏其高。征为尚书令，送者不出郭门。蕃丧妻，乡人毕至，惟许子将不往，曰：仲举性峻，峻则少通，故不造也。《陈蕃传》并《注》。此犹白日出而鬼魅匿形也。《易》曰：诬善之人其辞游，失其守者其辞屈。结党造作声誉之人，必畏严气正性之士。

　　谢甄、边让，并善谈论，共候林宗，未尝不连日达夜。符融每见李膺，幅巾奋袖，谈辞如云。《郭太传》。此《易》所谓躁人之辞多也。仇览与融同郡，入太学，又与融比宇；融宾客盈室，览常自守，不与融言。融谓曰：今京师英雄四集，志士交结之秋，虽务经学，守之何固？览正色曰：天子修设太学，岂但使人游谈其中！高揖而去，不复与言。后融以告郭林宗，林宗与融赍刺就房谒之，遂请留宿。林宗嗟叹，下床为拜。《循吏传》。览其陈仲举之俦乎？符融虽为所拒，犹能屈己下之，林宗亦为下拜，此又二人之所以能获盛名也。何者？严气正性之人，容或持正论不阿，造次之间，为所败也；先为之下，则敌寡矣。故盛名之下，必无骨鲠之士。

《三国·魏志·杜畿传注》引《杜氏新书》曰:"杜恕少与冯翊李丰俱为父任,总角相善。及各成人,丰砥砺名行以要世誉,而恕诞节直意,与丰殊趣。丰竟驰名一时,京师之士多为之游说。而当路者或以丰名过其实,而恕被褐怀玉也。由是为丰所不善。恕亦任其自然,不力行以合时。丰以显仕朝廷,恕犹居家自若。"明知其名过其实,而仍畀之肮仕者,毛羽既丰矣,为之游说者既众矣,孰肯逆舆情为国家正选拔哉? 即为游说者,宁不知其非实,然拔茅茹以其汇征,所谓以同利为朋也。《潜夫论·实贡篇》曰:"志道者少与,逐俗者多俦,是以朋党用私,背实趋华。其贡士者,不复依其质干,准其才行,但虚造声誉,妄生羽毛。"《后汉书·王符传》。声誉可以虚造,况其人本能矫情伪饰者乎?

《实贡篇》又曰:"略计所举,岁且二百。览察其状,则德侔颜、冉;详核厥能,则鲜及中人。夫士者贵其用也,不必求备。故四友虽美,能不相兼;三仁齐致,事不一节。今使贡士必核其实,其有小疵,勿强衣饰,出处默语,各因其方,则萧、曹、周、韩之伦,何足不致,吴、邓、梁、窦之属,企踵可待。"诸葛恪与陆逊书曰:"君子不求备于一人,自孔氏门徒,大数三千,其见异者七十二人,然犹各有所短,师辟由嗸,赐不受命,岂况下此而无所阙? 加以当今取士,宜宽于往古,何者? 时务从横,而善人单少,国家职司,常苦不充。苟令性不邪恶,志在陈力,便可奖就,骋其所任。若于小小宜适,私行不足,皆宜阔略,不足缕责。"《三国·吴志·诸葛恪传》。观此,知当时选举之弊,全在才不核其所长,德则务于求备。才不核其所长,故无能者得以滥竽;德则务于求备,则真率者寡得自全,此选政之所以大坏,风俗之所以日偷也。恪又曰:"自汉末以来,中国士大夫如许子将辈,所以更相谤讪,或至于祸,原其本起,非为大雠,惟坐克己不能尽如礼,而责人专以正义。夫己不如礼,则人不服;责人以正义,则人不堪。

内不服其行,外不堪其责,则不得不相怨。相怨一生,则小人得容其间。得容其间,则三至之言,浸润之谮,纷错交至,虽使至明至亲者处之,犹难以自定,况已为隙,且未能明者乎? 是故张、陈至于血刃,萧、朱不终其好,本由于此而已。夫不舍小过,纤微相责,久乃至于家户为怨,一国无复全行之士也。"然则当时以行取人,而行之所以难全,又正因造谤者多故也。杜恕、李丰,总角之交,后更不善,其去张、陈、萧、朱亦无几矣,危哉! 即许劭,亦幸其终处广陵、豫章,而未尝与许靖同客蜀也。法正入蜀,为州邑俱侨客者所谤无行,志意不得,及为蜀郡太守,擅杀毁伤己者数人。太史公曰:"怨毒之于人甚矣哉!《史记·伍子胥列传》。其本皆以求名而已。凡求名者,未有不实为利者也。故曰:"放于利而行,多怨。"

《后汉书·荀彧传》:"父绲,畏惮宦官,为彧取中常侍唐衡女。彧以少有才名,故得免于讥议。"《三国志·彧传注》引《典略》曰:"衡欲以女妻汝南傅公明,公明不娶,转以与彧。父绲慕衡势,为彧娶之。彧为论者所讥。"裴氏辩之曰:"案《汉纪》云唐衡以桓帝延熹七年死,计彧于时年始二岁,则彧婚之日,衡没久矣,慕势之言为不然也。"魏文帝非苟作者,而其言舛误如此,悠悠之说,尚可信哉?《后汉书·郭太传》曰:太名闻天下,"后之好事,或附益增张,故多华辞不经,又类卜相之书。今录其章章效于事者,著之篇末。"观其所录,亦无以征其必信也。夫史之不可信久矣,亦曷尝不多载虚誉? 观其多载虚誉,又知名闻天下之徒,事之丑恶不传者众也。

《太传》所录,太之所拔擢者,非贱人,则恶人也。人伦之鉴,未必全无,然亦以太声势既盛,故所拔擢,易于成名也。丁谓出于役伍,张秉生于庶民,吴粲、殷礼起乎微贱,顾邵皆拔而友之,为立声誉,事亦由此。《三国·吴志·顾雍传》。太史公曰:"闾巷之人,欲砥行立名者,非附青云之士,恶能施于后世哉?"《史记·伯夷列传》。岂独施于后世为然，此植党要名之事，所以不绝于世与！

顾亭林訾魏武帝崇奖跅弛之士，于是权诈迭进，奸逆萌生。谓经术之治，节义之防，光武、明、章数世为之而未足；毁方败常之俗，孟德一人变之而有余。《日知录·两汉风俗》。亭林欲敬教善俗，其心良苦。然所论史事，则全非其真。汉武帝元封五年，诏曰："盖有非常之功，必待非常之人，故马或奔踶而致千里，士或有负俗之累而立功名。夫泛驾之马，跅弛之士，亦在御之而已。其令州郡察吏民有茂材异等，可为将相及使绝国者。"《汉书》《本纪》。魏武建安十五年春、十九年十二月、二十二年八月令，意与此全同，所求者皆非常之才也。古之用人，必由乡举，乡里之评，率本行实，此固《周官》六德六行之旧，然徒能得束身自好之士，不能得才足济变之人也，且亦不能无矫饰。故扬雄自序云不修廉隅以徼名当世；虞延不拘小节，则无乡曲之誉；杜笃不修小节，亦不为乡人所礼。《史记·淮阴侯列传》云："始为布衣时，贫无行，不得推择为吏。"所谓无行，亦不过不能修饰，以要世誉，非必有恶行为乡里所患苦也。太史公《报任安书》，亦自言长无乡曲之誉。若太史公者，岂犹不足任使与？郡国廉孝，岁以百计，若汉武帝、魏太祖所求非常之才，不知天下能得一二人否？安能变及风俗？亭林言："董昭太和之疏，已谓当今年少，不复以学问为本，专更以交游为业；国士不以孝弟清修为首，乃以趋势求利为先；至正始之际，而一二浮诞之徒，骋其知识，蔑周、孔之书，习老、庄之教，风俗又为之一变。"昭之所言，乃汉末奔竞之俗，党祸起时，太学中久如此矣，于魏武之令乎何与？而习老、庄而蔑周、孔，亦与奔竞之俗何涉哉？

乡举里选所以不可行于后世者，非徒曰俗夸诈，而诚俗不可究诘也。乃其所举之人，本不足以治当世之事。何者？（未完）

〔二三〕附　庸

　　《汉书·高惠高后文功臣表》："陆量侯须无,诏以为列诸侯,自置吏令长,受令长沙王。"案此以其地远,为天子号令所不及故也。古之附庸亦必有如此情形者。

〔二四〕计相主计

《史记·张丞相列传》:"好书律历。秦时为御史,主柱下方书。燕王臧荼反,高祖往击之,苍以代相从攻臧荼有功,以六年中封为北平侯,食邑千二百户。迁为计相,一月,更以列侯为主计四岁。是时萧何为相国,而张苍乃自秦时为柱下史,明习天下图书计籍。苍又善用算律历,故令苍以列侯居相府,领主郡国上计者。"《汉书》同。略有删字,乃钞胥所节,不足为异同也。凡《史》《汉》辞句异同皆如此。《高祖功臣年表》云"为计相四岁",《汉书·高惠高后文功臣表》同,不云更为主计,则苍居相府时,仍居计相之职也。计相即御史,《汉书·宣帝纪》:黄龙元年,诏御史察计簿,其证。《表注》引如淳曰:"计相,官名,但知计会。"《传注》引如淳释主计曰:"以其所主,因以为官号,与计相同。时所卒立,非久施也。"师古曰:"去计相之名,更号主计。"皆以为特设之官,非也。

〔二五〕入财者得补郎

　　《史记·平准书》：“所忠言：世家子弟富人，或斗鸡走狗马，弋猎博戏，乱齐民。乃征诸犯令，相引数千人，命曰株送徒。入财者得补郎，郎选衰矣。”《汉书·食货志》同。如淳曰：“诸坐博戏事决为徒者，能入钱得补郎也。”师古曰：“言被牵引者为其根株所送，当充徒役，而能入财者，即当补郎。”皆以入财者得补郎，即指株送徒言之。然或别为句，与上文不相蒙也。

〔二六〕汉时珠玉之价

昔人说经,每以当时之事为况。此无以见经义之必然,特颇可考作注者之时之情形耳。如《周官》司市思次介次,郑《注》云:思次若今市亭也,介次市亭之属别小者也。司农则云:思,辞也;次,市中候楼也。赵注孟子之滕馆于上宫,曰:上宫,楼也;孟子舍止宾客所馆之楼上也。作《周官》时市中是否有候楼,孟子时楼上是否可舍止,皆有可疑。然汉时市中有候楼,楼上可舍止,则于此可见矣。肆长职云:各掌其肆之政令,陈其货贿,名相近者相远也,实相近者相尔也;而平正之。郑司农云:谓若珠玉之属,俱名为珠,俱名为玉;而贾或百万,或数万,恐农夫愚民见欺,故别异,令相远。价值百万或数万之物,安得为农夫愚民所求,拟不于伦,真堪发噱。然汉时珠玉之价,则于此可见也。又案《史记·平准书》颜异言:今王侯朝贺以苍璧,直数千,而其皮荐反四十万,本末不相称。则汉世之璧,固有直仅数千者。

原刊《中华文史论丛》第一辑,一九八三年二月出版

〔二七〕汉人不重黄金

《后汉书·西羌传》：汉阳人杜琦，及弟季贡，同郡王信等，与羌通谋，聚众入上邽城。诏购募得琦首者，封列侯，赐钱百万。羌、胡斩琦者，赐金百斤，银二百斤。汉世黄金一斤值钱万，则金百斤恰与钱百万相当，羌、胡无封侯之赏，故赢银二百斤也。夫使汉人果重黄金，诏书何难亦以金百斤为购。案汉世赐外夷，罕用钱者。《汉书·韩安国传》：安国言汉遣刘敬，奉金千斤，以结和亲。《匈奴传》：昭帝时属国千长义渠王骑士射杀犁污王，赐黄金二百斤。建平四年，乌珠留单于上书，愿朝五年，汉初弗许，以扬雄谏，召还使者，更报单于书许之，赐缯帛五十四，黄金十斤。王莽拜右犁污王咸为孝单于，赐黄金千斤，杂缯千匹。《莽传》同。咸子助为顺单于，赐黄金五百斤。《乌孙传》：楚主与汉使谋，击伤狂王，汉遣中郎将张遵持医药治狂王，赐金二十斤。小昆弥乌就屠死，子拊离代立，为弟日贰所杀，汉遣使者立拊离子安日为小昆弥，日贰亡，阻康居。汉徙己校屯姑墨，欲候便讨焉。安日使姑墨匿等三人诈亡从日贰，刺杀之，都护廉褒赐姑墨匿等金人二十斤。《后汉书·南匈奴传》：南单于比遣子入侍，赐黄金锦绣，缯布万匹，絮万斤。单于岁尽，辄遣奉奏送侍子入朝，元正朝贺，拜祠陵庙毕，汉乃遣单于使，令谒者将送，赐采缯千匹，锦四端，金十斤。建武二十七年，北单于使诣武威求和亲，汉遗以杂缯五百匹，又赐献马左骨都侯、右谷蠡王杂缯各四百匹。《倭传》：汉赐卑弥呼白绢五十匹，金八两。《西南夷传》：哀牢王类牢反，邪龙县昆明夷卤承等应募，率种人与诸郡兵破斩之，赐卤承帛万匹。除前汉时呼韩邪来朝，赐黄金二十斤，钱二十万；《后书·鲜卑传》言：鲜卑大人，皆来归附，并诣辽东受赏赐，青、徐二州，给钱岁二亿七千万为常外，无以钱赐外夷者。盖呼韩邪身入汉地，有所贸易，可以用钱；《鲜卑传》所云，则以钱供经费，非以之赐蛮夷也。《袁安传》：安奏封事，言汉故事，供给南单于费直岁亿九十余万，西域岁七千四百八十万，亦以是计经费，非径以之畀蛮夷。盖钱在胡地无所用，即与汉人互市有用，以为赐亦虑重赍。而在汉地，则金又无所用之也。知此，则知黄金本非平民所好矣。

或言《汉书·赵充国传》：天子告诸羌人，犯法者能相捕斩，除其罪。斩大豪有罪者一人，赐钱四十万，中豪十五万，下豪二万，大男三千，女子及老小千钱。又以其所捕妻子财物尽与之。明赐羌人亦以钱，而购杜琦以金银，足见其以金为贵重也。然羌人在塞内久，或在塞上，可以用钱。后汉则兼募羌、胡，胡者，西域胡人，其地固行金银之钱，故以金银为购耳。此又见在汉地者之不重金银也。

原刊《中华文史论丛》第一辑，一九八三年二月出版

〔二八〕汉聘皇后金

《汉书·王莽传》：有司奏故事，聘皇后黄金二万斤，为钱二万万。而《后汉书·杜乔传》，谓桓帝将纳梁冀妹，冀欲令以厚礼迎之，乔据执旧典，不听。注云：于是悉依惠帝故事，聘黄金一万斤。则汉初皇后聘金止万斤，后乃增至二万也。莽以杜陵女史氏为皇后，聘黄金三万斤。莽之作事，固恒较前人为侈。

《后汉书·献穆曹皇后纪》：建安十八年，操进三女宪、节、华为夫人，聘以束帛玄纁五万匹。《三国魏志·武帝纪》注引《献帝起居注》云：使赍璧帛玄纁绢五万匹之郫纳聘。则未尝用金。盖后汉时金已少于前汉，献帝当丧乱之时，多金尤不易致故也。

原刊《中华文史论丛》第一辑，一九八三年二月出版

〔二九〕汉武以酷法行币

　　历代泉币之值，与其物不相称者，莫如汉武帝之皮币。纸币又当别论。观颜异讥其王侯朝贺以苍璧值数千，而其皮荐反四十万可知。职是故，不得不以酷法行之。《汉书·王子侯表》：建成侯拾，元鼎二年，坐使行人奉璧皮荐贺元年十月不会免是也。不独皮币，他泉币亦然。《高惠高后文功臣表》：曲成侯皇柔，元鼎二年，坐为汝南太守，知民不用赤侧钱为赋，为鬼薪；郸侯仲居，元鼎二年，坐为大常收赤侧钱不收，完为城旦；《百官公卿表》：元鼎三年，郸侯周仲居为大常，坐不收赤侧钱收行钱论。师古曰：赤侧当收而不收，乃收见行之钱也。慎阳侯买，元狩五年，坐铸白金弃市是也。《酷吏义纵传》曰：是时赵禹、张汤为九卿矣，然其治尚宽，辅法而行，纵以鹰击毛鸷为治。后会更五铢钱白金起，民为奸，京师尤甚，乃以纵为右内史，王温舒为中尉。武帝之于行钱，则可谓尽其法矣，其如终不可行何？故曰：下令于流水之原。

原刊《中华文史论丛》第一辑，一九八三年二月出版

〔三〇〕皮　币

　　《聘礼》：庭实，皮则摄之，毛在内。郑《注》：皮，虎豹之皮。凡君于臣，臣于君，麇鹿皮可也。《礼》又云：劳者礼辞，宾揖先入，劳者从之，乘皮设。《注》曰：皮，麇鹿皮也。《礼》又云：凡庭实随入，左先，皮马相间可也。《注》云：间犹代也。土物有宜，君子不以所无为礼。畜兽同类，可以相代。《疏》：《郊特牲》云：虎豹之皮，示服猛也。文无所属，则天子诸侯皆得用之，此聘使为君行之，故知皮是虎豹之皮也。《齐语》云：桓公知诸侯归己，令诸侯轻其币，用麇鹿皮，非其正也。臣聘君，降于享天子，法用麇鹿皮。当国有马，而无虎豹皮，则用马。或有虎豹皮，并有马，则以皮为主而用皮也。案聘使用币，详见《管子书》；《疏》徒引《国语》，殊未尽。《管子·大匡》曰：诸侯之礼，令齐以豹皮往，小侯以鹿皮报；齐以马往，小侯以犬报。《小匡》曰：桓公知诸侯之归己也，故使轻其币而重其礼。故使天下诸侯以疲马犬羊为币，齐以良马报。诸侯以缕帛布鹿皮四分以为币，齐以文锦虎豹皮报。《霸形》曰：君何不发虎豹之皮文锦以使诸侯，令诸侯以缦帛鹿皮报。《揆度》曰：令诸侯之子将委质者，皆以双武之皮，卿大夫豹饰，列大夫豹幨。然则皮以虎为贵，豹次之，鹿为下；畜以马为贵，犬、羊为贱。又《郊特牲》曰：罗氏致鹿与女。《乐记》曰：大辂者，天子之车也。龙旗九旒，天子之旌也。青黑缘者，天子之宝龟也。从之以牛羊之群，则所以赠诸侯也。则鹿亦可以生者为赠；而犬、羊之外，并可用牛。

原刊《中华文史论丛》第一辑，一九八三年二月出版

〔三一〕商贾以币变易积货逐利

　　钱所以易物也，挟钱则百物可得，故人争求之。然遇变乱时，物不可必得，则复贱钱而贵物，以钱实无用也。每逢世乱或币制变易时，物价必贵；人第知为物之贵，而不知实钱之贱也。《汉书·食货志》言：汉铸荚钱，而不轨逐利之民，畜积余赢，以稽市物，痛腾跃，米至石万钱，马至匹百金。"稽市物"，即今所谓屯积也。汉武时，商贾以币之变，多积货逐利，亦由于此。

　　"痛腾跃"三字殊不辞。晋灼曰：痛，甚也。言计市物贱，豫益畜之，物贵而出卖，故使物甚腾跃也。师古曰：今书本痛字或作踊者，误耳。踊腾一也，不当重累言之。然则腾跃独不重累乎？《史记·平准书》此数语作物踊腾，粜米至石万钱，马一匹则百金。《集解》曰：晋灼曰：踊，甚也，言计市物贱而豫益稽之也，物贵而出卖，故使物甚腾也。《汉书》粜字作跃。《索隐》曰：如淳曰：踊腾，犹低昂也。低昂者，乍贵乍贱也。《汉书》粜字作跃者，谓物踊贵而价起，有如物之腾跃而起也。案《集解》引晋灼语无跃字，而如淳径释踊腾，则《汉书》引晋灼语有跃字者，其为原文与否，殊未可知。痛，甚也。训诂既不精确，"痛腾跃"三字之不辞，亦岂师古所不知？则今之《汉书》注，难保非后人改易也。窃疑：《汉书》原文当作：物踊腾，粜至石万钱，马至匹百金。今本夺物字，衍米字，又妄改粜为跃；即

《史记》亦衍米字也。《索隐》云：粜者出卖之名。意谓该米及马言。然谷物之外，古人罕称出卖为粜，其说亦非也。

原刊《中华文史论丛》第一辑，一九八三年二月出版

〔三二〕居边而富

《汉书·货殖传》言：塞之斥也，唯桥姚以致马千匹，牛倍之，羊万，粟以万钟计。《后汉书·马援传》：援亡命北地遇赦，因留牧畜，宾客多归附者，遂役属数百家，转游陇、汉间，因处田牧，至有牛、马、羊数千头，谷万斛。此固由其人材力殊绝，亦以边地遗利多，资本少，法禁宽故也。乌氏倮献遗戎王，戎王十倍其价予畜，此岂以力致之邪？卓氏求致临邛，程郑山东迁虏，皆以财雄于蜀，亦其类也。《汉书·叙传》言：始皇之末，班壹避地楼烦，致马牛羊数千群。值汉初定，与民无禁，当孝惠、高后时，以财雄边，出入弋猎，旌旗鼓吹。然则卓氏射猎之乐，拟于人君，亦以蜀与民无禁故与？周汉之间，故贱商也，然子贡结驷连骑，以聘享诸侯，所至国君，无不分庭与之抗礼。秦始皇令乌氏倮比封君，以时与列臣朝请。客巴寡妇，为筑女怀清台。孔氏连骑游诸侯，因通商贾之利，有游闲公子之名，亦得谓之贱商与？或曰：此特以商为业耳，其人固士君子之流也。然刁闲之奴，有连车骑交守相者，亦得谓其人固士君子之流邪？大同之治云遥，小康之世武力把持之局亦去，人之地位实由财力为之。虽奴虏，苟饶于财，吾未见人不愿与交接者也。巴寡妇能以财自卫，则亦可以财陵轹人。班壹富而民慕之，北方多以壹为字者。则民惟知豪富之慕矣，此政教之所由废与！

廉范世在边,广田地,积财粟,悉以振宗族朋友。史称其以气侠立名,振危急,赴险厄,有足壮者,然依倚窦宪,以此为世所讥,盖习于雄豪,未知礼义也。

原刊《中华文史论丛》第一辑,一九八三年二月出版

〔三三〕牢　盆

《史记·平准书》：孔仅、东郭咸阳言愿募民自给费，因官器作煮盐，官与牢盆。苏林曰：牢，价直也，今世人言顾手牢。《史记·索隐》引下多盆字。衍。如淳曰：牢，廪食也，古者名廪为牢；盆，煮盐盆也。《索隐》引乐彦云：牢乃盆名。案牢者养牲之室，盖引申为凡室之称。咸阳之法，盖犹宋赵开之"隔酿"，官给房屋器具，令民就其所煮盐，外此则皆为私煮矣。

《盐铁论·复古篇》：大夫言：往者豪强大家，得管山海之利，采铁石鼓铸，煮盐，一家聚众或至千余人，大抵尽放流人民也。远去乡里，弃坟墓，依倚大家，聚深山穷泽之中，成奸伪之业，遂朋党之权，其轻为非亦大矣。《刺权篇》言：鼓金煮盐，其势必深居幽谷，人民所罕至。奸猾交通山海之际，恐生大奸。大农盐铁丞孔仅等上请愿募民自给费，因县官器煮盐，予用，以杜浮伪之路。此亦令就官场之一因。用即庸，当时庸有官给庸资之事。然顾手牢之语，恐未必可以释《史记》也；乐彦说更非。

〔三四〕畴　官

　　《汉书·高帝纪》：二年五月，萧何发关中老弱未傅者悉诣军。《注》引如淳曰：律：年二十三，傅之畴官，各从其父畴学之。高不满六尺二寸以下为罢癃。案《国语·齐语》述管子作内政寄军令曰：五家为轨，故五人为伍，轨长帅之。十轨为里，故五十人为小戎，里有司帅之。四里为连，故二百人为卒，连长帅之。十连为乡，故二千人为旅，乡良人帅之。五乡一帅，故万人为一军，五乡之帅帅之。内教既成，令勿使迁徙。伍之人，祭祀同福，死丧相恤，祸灾共之。人与人相畴，家与家相畴。世同居，少同游。故夜战声相闻，足以不乖；昼战目相见，足以相识，其欢欣足以相死。居同乐，行同和，死同哀。是故守则同固，战则同强。然则所谓畴官者，即轨长、里有司、连长、乡良人、军帅也。《国语》又曰：政既成，罢士无伍，罢女无家。无伍，即莫与相畴之谓也。不满六尺二寸，乃体格不及，律免其从军者。

　　如淳此注，专以军制言。其注《律历志》“畴人子孙分散”，则云：家业世世相传为畴。则各从其父畴学之者，初不限于军事，而畴之义亦遂不限于并世。盖畴之义本为匹为类，然古者士之子恒为士，工之子恒为工，商之子恒为商，农之子恒为农：业既世而不迁，则子孙所与为匹类者，自与父祖无异，故畴又引申为世业之称也。

原刊《中华文史论丛》第一辑，一九八三年二月出版

〔三五〕盗摩钱质取镕

　　《史记·平准书》：奸或盗摩钱里取镕。《汉书·食货志》作盗摩钱质而取镕。如淳曰：钱一面有文，一面幕，幕为质。民盗摩漫面而取其镕，以更铸作钱也。臣瓒曰：许慎云：镕，铜屑也。摩钱漫面，以取其屑，更以铸钱，《西京黄图叙》曰民摩钱取屑是也。然则质即里，亦即幕也。漫幕一语，以其无文，故谓之幕。幕可摩取，此后世之钱，所以两面有文也。镕冶器法，非其义。《史记》原文亦当作镕，传写误。《集解》引徐广曰音容，非也。

　　《平准书》又云：有司请铸五铢钱，周郭其下，令不可摩取镕。《汉书》作周郭其质，令不可得摩取镕。镕字亦《史记》误，质字疑当依《史记》作下，谓钱之四边也。

原刊《中华文史论丛》第一辑，一九八三年二月出版

〔三六〕处乱之道

《后汉书·淳于恭传》:"初遭贼寇,百姓莫事农桑,恭常独力田耕,乡人止之。曰:时方淆乱,死生未分,何空自苦为? 恭曰:纵我不得,他人何伤? 垦耨不辍。"此不分人我,故无利害之见;无利害之见,则偿利矣。《刘般传》:"转侧兵革中,西行上陇,遂流至武威,般虽尚少,而笃志修行,讲论不怠;母及诸舅以为身寄绝域,死生未必,不宜苦精若此,数以晓般,般犹不改其业。"此则性之所好,以此为乐,正可忘尤,焉知其苦? 知此者,可以处乱离矣。

〔三七〕商者不农

《后汉书·文苑传》：黄香，"迁魏郡太守。郡旧有内外园田，常与人分种，收谷岁数千斛。香曰：《田令》商者不农；《王制》仕者不耕，伐冰食禄之人，不与百姓争利。乃悉以赋人，课令耕种。"案汉武帝时公卿上算缗之法，曰贾人有市籍者，及其家属，皆无得名田。哀帝时师丹之法，贾人亦不得名田为吏。则禁止兼并之法，汉世自有存者，特不能行耳。

〔三八〕汉世振贷

时愈近古，则振济之出于官者愈多，以距公产之世较近，公家之财产较多也。汉时之振贷即然。《汉书·元帝纪》：初元元年，诏以三辅、太常、郡国公田及苑可省者振业贫民，赀不满千钱者赋贷种、食。师古注曰："赋，给与之也。贷，假也。"给与者不须还；假则须偿还者也，然时亦豁免之，如永光四年诏所贷贫民勿收责是也。昭帝元凤三年，诏三年以前所振贷，非丞相御史所请，边郡受牛者勿收责，则豁免又有等差。又有与逋租赋并免者，如武帝元封元年诏，谓民田租逋赋贷已除；成帝建始三年诏诸逋租赋所振贷勿收是也。其贷与舍，皆以财产多寡为差。初元元年赋贷，以赀不满千钱为率；鸿嘉四年，诏被灾害什四以上，民赀不满三万，勿出租赋，逋贷未入皆勿收是也。河平四年，遣光禄大夫博士嘉等十一人行举濒河之郡水所毁伤、困乏不能自存者财振贷。师古曰："财与裁同，谓量其等差而振贷之。"所谓量其等差者，盖不徒计所毁伤，亦并计其赀产矣。永光元年，诏无田者皆假之，贷种、食如贫民。所谓贫民，亦当按赀产定之也。

所振贷者多实物，故神爵元年诏谓所振贷物勿收也。文帝二年，开借田，诏贷种食未入、入未备者皆赦之。始元二年，诏往年灾害多，今年蚕麦伤，所振贷种、食勿收责。地节三年，三月，诏云：前下诏，假公田，贷种、食；十月，诏流民还归者，假公田，贷种、食。种、食盖所贷之两大端。《后汉书·章帝纪》：永平十八年，牛疫，京师及三州大旱，诏勿收兖、豫、徐州田租刍稿，其以见谷振给贫人。谓既勿收，又有以振给之，非谓当时之振给，不以谷而以财货也。武帝徙贫民于关以西，及充朔方以南新秦中，七十余万口，衣食皆仰给县官。数岁，贷与产业，使者分部护，冠盖相望，费以亿计。《汉书·食货志》。所赋贷者必甚广，然非常典。

章帝建初元年，诏三州郡国："方春东作，恐人稍受廪，往来烦剧，或妨耕农；其各实核，尤贫者计所贷并与之。"此亦赋与贷有别之证。贷盖皆并与，赋则稍受者也。和帝永元五年诏："去秋麦入少，恐民食不足，其上尤贫不能自给者户口人数。往者郡国上贫民，以衣履釜鬵为赀，而豪右得其饶利。诏书实核，欲有以益之，而长吏不能躬亲，反更征召会聚，令失农作。若复有犯者，二千石先坐。"征召会聚，弊更甚于往来稍受。计赀而及于衣履釜鬵，其弊亦与后世之推排、通检等矣。

顺帝永和六年，诏假民有赀者户钱一千。此盖特异之事。假民以钱者，两《汉书》仅此一见。所假转以有赀为限，失振贷之意矣。岂计其能偿邪？《金史·世宗纪》：大定二十一年，三月，上初闻蓟、平、滦等州民乏食，命有司发粟粜之，贫不能粜或贷之。有司以贷贫民恐不能偿，止贷有户籍者。上至长春宫闻之，更遣人阅实振贷。以监察御史石抹元礼、郑达卿不纠举，各笞四十，前所遣官皆论罪。闰月，渔阳令夹谷移里罕、司候判官刘居渐以被命振贷，止给富户，各削三官。通州刺史郭邦杰总其事，夺俸三月。盖无赀者本有振贷之法，著为常典，故此不之及也。

假贷本意，必非所以取息也，然其后则有因以为利者。武帝时，令民得畜边县，官假马母，三岁而归，及息十一；后又著令，令封君以下至三百石吏以上，差出牝马天下亭，亭有畜字马，岁课息十一，《汉书·食货志》。是矣。畜牧简易，苟使官吏无他诛求，虽取其息，或犹

　　未为大害，若以农业之耕耘收获，手胼足胝，而其贷之也，亦振救之意少而取息之意多，则其弊之所及，有不忍言者矣。

　　汉世富人，亦有能助官假贷者。《武帝纪》：元狩三年，遣谒者劝有水灾郡种麦，举吏民能假贷贫民者以名闻。《食货志》云：募豪富人相假贷。盖特奏名以歆动之也。《宣帝纪》：本始四年，丞相以下至都官令丞上书入谷，输长安仓，助贷贫民者，得毋用传。此犹后世之义振。《后汉书·桓帝纪》：永寿元年，司隶、冀州饥，人相食。敕州郡振给贫弱。若王侯吏民有积谷者，一切资得十分之三，以助禀贷；其百姓吏民以见钱雇直，王侯须新租乃偿。此则官贷之于豪富，以济贫民，颇有后世公债之意矣。延熹四年，减公卿以下奉，贳王侯半租。五年，假公卿以下奉，又换王侯租以助军粮，出濯龙中藏钱还之。事亦相类。

〔三九〕汉士大夫散财振施

　　让爵、让产、散财、振施之事，以汉世为最多。让爵、让产，事仅在一家之中，无足深论，今略论其散财、振施之事。

　　《后汉书·朱晖传》：同县张堪素有名称。尝于太学见晖，甚重之，接以友道，乃把晖臂曰：欲以妻子托朱生。晖以堪先达，举手未敢对。自后不复相见。堪卒，晖闻其妻子贫困，乃自往候视，厚振赡之。晖又与同郡陈揖交善。揖早卒，有遗腹子友，晖尝哀之。及司徒桓虞为南阳太守，召晖子骈为吏，晖辞骈而荐友。《三国·蜀志·张裔传》：少与犍为杨恭友善。恭早死，遗孤未数岁，裔迎留，与分屋而居，事恭母如母。恭之子息长大，为之娶妇，买田宅产业，使立门户。《张嶷传》：得疾困笃，家素贫匮。广汉太守蜀郡何祗，名为通厚。嶷夙与疏阔，乃自舆诣祗，托以治疾。祗倾财医疗，数年除愈。《吴志·陆瑁传》：少好学笃义。陈国陈融、陈留濮阳逸、沛郡蒋纂、广陵袁迪等，皆单贫有志，就瑁游处。瑁割少分甘，与同丰约。及同郡徐原，爱居会稽，素不相识，临死遗书，托以孤弱，瑁为起立坟墓，收导其子。此皆施诸知故者也。《后汉书·伏湛传》：更始立，以为平原太守。时仓卒兵起，天下惊扰，而湛独晏然，教授不废。谓妻子曰：一谷不登，国君彻膳。今民皆饥，奈何独饱？乃共食粗粝，悉分俸禄，以振乡里，来客者百余家。《党锢传》：张俭，献帝初，百姓饥荒,而俭资计差温,乃倾竭财产,与邑里共之,赖其存者以百数。《三国·魏志·常林传》:避地上党,耕种山阿。当时旱蝗,林独丰收,尽呼比邻,升斗分之。《吴志·陈武传》:仁厚好施,乡里远方客多依托之。《骆统传》:时饥荒,乡里及远方客多有困乏,统为之饮食衰少。姊问其故。统曰:士大夫糟糠不足,我何心独饱?姊曰:诚如是,何不告我?乃以私粟与统,又以告母,母亦贤之,遂使分施。此则及于众庶矣。而同遭丧乱者,其情为尤切。《三国·魏志·管宁传注》引《傅子》,言每所居,姻亲、知旧、邻里有困穷者,家储虽不盈儋石,必分以赡救之。《王朗传》:虽流移穷困,朝不谋夕,而收恤亲旧,分多割少,行义甚著。《杨俊传》:以兵乱方起,而河内处四达之衢,必为战场,乃扶持老弱,诣京密山间,同行者百余家。俊振济贫乏,通共有无。宗族、知故,为人所略作奴仆者凡六家,俊皆倾财赎之。转避地并州。本郡王象,少孤特,为人仆隶,年十七八,见使牧羊,而私读书,因被棰楚。俊嘉其才质,即赎象著家,聘娶立屋,然后与别。《赵俨传》:避乱荆州,与杜袭、繁钦通财同计,合为一家。《蜀志·许靖传》:奔扬州。许贡、王朗与有旧故,往保焉。靖收恤亲里,经纪振赡,出于仁厚。孙策东渡江,皆走交州,以避其难。靖身坐岸边,先载附从,疏亲悉发,乃从后去。袁徽寄寓交州,与荀彧书,言许文休自流宕以来,与群士相随,每有患急,常先人后己,与九族中外,同其饥寒。其纪纲同类,仁恕恻怛,皆有效事,不能复一二陈之。《吴志·全琮传》:父柔,尝使琮赍米数千斛到吴,有所市易。琮至,皆散用,空船而还。柔大怒。琮顿首曰:愚以所市非急,而士大夫方有倒县之患,故便振赡,不及启报。是时中州士人避乱而南,依琮居者以百数,琮倾家给济,与共有无。凡此,皆在流离转徙之中,益敦睦姻任恤之行者也。《后汉书·独行传》:刘翊,"黄巾贼起,郡县饥荒。翊救给乏绝,资其食者数百人。乡族贫者,死亡则为

具殡葬，嫠独则助营妻娶。献帝迁都西京，翊举上计掾。是时寇贼
兴起，道路隔绝，使驿稀有达者。翊夜行昼伏，乃到长安。诏书嘉其
忠勤，特拜议郎，迁陈留太守。翊散所握珍玩，惟余车马，自载东归。
出关数百里，见士大夫病亡道次，翊以马易棺，脱衣敛之。又逢知故
困馁于路，不忍委去，因杀所驾牛，以救其乏。众人止之，翊曰：视
没不救，非志士也。遂俱饿死。"此固不必逆知其死，然其易至于不
济，则亦至易见矣。而曾不为身豪发计留，不亦造次颠沛必于是乎？
《刘虞传》：虞为幽州牧，青、徐士庶避黄巾之难归之者百余万口，皆
收视温恤，为立产业，流民皆忘其迁徙。此非居高位有大权者不能。
若平民，则如鱼之相煦以沫耳。然流离转徙之中，借是而获济者
多矣。

　　杨恽受父财五百万，及身封侯，皆以分宗族。后母无子，财亦数
百万，死皆与恽，恽尽复分后母昆弟。再受訾千余万，皆以分施。郇
越，附《王贡两龚鲍传》。散其先人訾千余万，以分施九族、州里。马援
亡命北地，因留牧畜，宾客多归附者，遂役属数百家。转游陇、汉间，
因处田牧，至有牛马羊数千头，谷数万斛。既而叹曰：凡殖货财产，
贵其能施振也，否则守钱虏耳。乃尽散以班昆弟、故旧。樊梵，宏孙。
悉推财物二千万与孤兄子。荀恁，资财千万，父越卒，悉散与九族。
见周燮等传首。种暠，父为定陶令，有财三千万，父卒，悉以振恤宗族
及邑里之贫者。折像，有赀财二亿，家僮八百人，周施亲疏。至终，
家无余赀。《方术传》。此等能施，似以其富。然如范迁，有宅数亩，
田不过一顷，而推与兄子，四子无立锥之地，见《郭丹传》。则仁义之
附，亦匪以其富矣。要不可谓非一时风气所鼓荡也。

　　此其故何哉？曰：去封建之世近，士之好名，甚于其好利，故能
施者较多，而其事亦易传于后耳。王符尝讥当时之人，"疏骨肉而亲
便辟，薄知友而厚犬马。宁见贯朽千万，而不忍贷人一钱；情知积粟

腐仓，而不忍贷人一斗。骨肉怨望于家，细人谤讟于道。"《潜夫论·
贵忠》。与史所言之风气适相反，何哉？王朗"尝讥世俗有好施之名，
而不恤穷贱"，《三国志》本传《注》引《魏略》。一人之所为，固可自其两
面观之也。要之封建之世养士之习未尽亡耳。然则受之者当何如？
曰：以所识穷乏得我之情为之，是嗟来之食也。然其谢也可食，虽
曾子亦言之矣。要之当以免死为限耳。蔡茂素与窦融善，避难归
之，每所饷给，计口取足，是其道也。

　　散施盖亦有为免祸之计者。《晋书·氾腾传》言其叹曰："生于
乱世，贵而能贫，乃可以免。"散家财五十万，以施宗族。吴明彻，侯
景寇京师，天下大乱。明彻有粟麦三千余斛，而邻里饥馁。乃白诸
兄曰："当今草窃，人不图久，奈何有此而不与乡家共之？"于是计口
平分，同其丰俭。皆其事也。此亦不必乱世。《后汉书·周党传》言
其家产千金，少孤，为宗人所养，而遇之不以理，及长，又不还其财；
党诣乡、县讼，主乃归之，既而散与宗族，悉免遣奴婢。盖讼虽胜，其
地仍不可居也。

〔四○〕并耕而食，饔飧而治

　　观于后世，有可以知古者。许行曰："贤者与民并耕而食，饔飧而治。"论者或以为诞而不可信，然乌桓大人以下，各自畜牧治产，不相徭役，《三国志·乌丸传注》引《魏书》，《后汉书》袭之。即并耕而食，饔飧而治也。不特此也，田畴之隐徐无山也，百姓归之五千余家。"畴谓其父老曰：诸君不以畴不肖，远来相就。众成都邑，而莫相统一，恐非久安之道，愿择贤长者以为之主。皆曰：善。同金推畴。畴乃为约束，相杀伤、犯盗、诤讼之法，法重者至死，其次抵罪，二十余条。又制为婚姻嫁娶之礼，兴举学校讲授之业，班行其众，众者便之。"《三国魏志》本传。可谓能为君矣。然《先贤行状》载太祖表论畴功曰："耕而后食。"《先贤行状》又言："王烈避地辽东，躬秉农器，编于四民，而东域之人，奉之若君。"此亦所谓"并耕而食，饔飧而治"者也。太祖表又言"人民化从，咸共资奉"，则后或不复躬耕。此"劳心者治人，劳力者治于人，治于人者食人，治人者食于人"之渐。

〔四一〕古者官为民造屋之事甚多

　　古者官为民造屋之事甚多。晁错之论移民也,曰:"古之徙远方以实旷虚也;相其阴阳之和,尝其水泉之味,审其土地之宜,观其草木之饶;然后营邑立城,制里割宅,通田作之道,正阡陌之界;先为筑室,家有一堂二内,门户之闭,置器物焉。民至有所居,作有所用。"一堂二内,即今三开间之屋,中为堂,左右为室者也。《汉书·平帝纪》:元始二年,罢安定呼池苑,以为安民县。起官寺,市里。募徙贫民,县次给食。至徙所,赐田宅,什器,假与犁、牛、种、食,又起五里于长安城中。宅二百区,以居贫民。民疾疫者,舍空邸第,为置医药。安民县之所营者新邑,长安中之所起者,则所以改良旧都市者也。又有不由官营,官特唱率人民为之者。《后汉书·钟离意传》《注》引《东观汉记》曰:意在堂邑,为政爱利。初到县市无屋。意出俸钱,率人作屋。人赍茅竹,或持林木,争赴趋作,浃日而成。所营虽陋,其程功则可谓速矣。房屋之适于居住与否,实视所处之地,及其占地充足与否,不在其材料之贵重也。此犹行古之道也。魏晋而后,政事日以苟简,并此等事而亦罕闻矣。

　　古人之所以易于营建也有故。古者建屋之地曰廛。记言市廛而不税,谓徒收其地租;许行之滕也,踵其君门,乞受一廛;可见地之皆在官。《汉书·高帝纪》:十二年,赐列侯第,《注》引孟康曰:"有甲乙次第,故云第",可见室屋之在官者亦不少。

〔四二〕王莽六管

　　王莽设六管之令。《后汉书·隗嚣传注》云：谓酤酒、卖盐、铁器、铸钱、名山大泽，此谓六也。案《汉书·食货志》，莽下诏曰："夫盐，食肴之将；酒，百药之长，嘉会之好；铁，田农之本；名山大泽，饶衍之藏；五均赊贷，百姓所取平，卬以给澹；钱布铜冶，通行有无，备民用也。此六者，非编户齐民所能家作，必卬于市。虽贵数倍，不得不买。豪民富贾，即要贫弱。先圣知其然也，故斡之。"则《后书·注》夺五均赊贷。钱布铜冶，他本钱皆讹铁；惟闽本作钱，据《后书·注》，则闽本是也。

〔四三〕甘　棠

古今人不必不相及也，所处之境相类，则其所行者自亦相类矣。诗言：曾孙来止，以其妇子，馌彼南亩，田畯之喜。与金昭肃皇后所为极相类。《三国志·杜畿传》注引《魏略》言：孟康为弘农太守，时出案行，皆豫敕督邮平水，不得令属官遣人探候，修设曲敬，又不欲烦损吏民，常豫敕吏卒，行各持镰，所在自刈马草，不止亭传，露宿树下，又所从常不过十余人，郡带道路，其诸过宾客，自非公法，无所出给，若知旧造之，自出于家，此虽甘棠之美不逮也。

〔四四〕斛制之本①

　　凡量皆口大而下小，惟斛不然。以量之多少，系乎其表面之平与不平。而表面平否，几微之差，极难辨别。口小，则因表面之不平以致羡不足者小也。此制定于宣和时，足见赵宋国势虽弱，厘定制度，自有其度越前人之处。然《齐书·陆澄传》言："竟陵王子良得古器，小口方腹而底平，可将七八升，以问澄。澄曰：此名服匿，单于以与苏武。子良后详视器底有字，仿佛可识，如澄所言。"南北朝人说古物多不确，陆澄之言，未必可信。然小口之器，世固有之，则由此可见。惟其器不甚通行，齐时几已绝迹，故子良称为古器也。岂以其不可出入，不为豪强驵贾所利，故稍微以至于绝欤。

---

① 曾改题为《斛制》。

〔四五〕除　关

　　《史记·魏其武安侯列传》:"魏其、武安俱好儒术,推毂赵绾为御史大夫,王臧为郎中令。迎鲁申公,欲设明堂,令列侯就国,除关。"《索隐》曰:"谓除关门之税也。"

　　案《索隐》之言非也。汉世关门,不闻有税,惟以稽察出入耳。《汉书·武帝纪》:太初四年,使弘农都尉治武关,税出入者,以给关吏卒食。自此以前,未闻有税出入者之事也。

　　文帝十二年,除关毋用传。至景帝四年乃复置诸关,用传出入。文帝之举,当时颂为仁政。晁错对策,美其通关去塞。路温舒亦称其通关梁,一远近。魏其、武安之举盖亦欲如是。孟子称关讥而不征,而汉人乃以不讥为仁政。一统之规模固非分立时所能想见也。

〔四六〕桥梁边版

《汉书·文帝纪》：二年五月，"诏曰：古之治天下，朝有进善之旌，诽谤之木。"服虔曰："尧作之桥梁交午柱头也。"应劭曰："桥梁边版，所以书政治之愆失也，至秦去之，今乃复施也。"师古曰："应说是也。"师古盖目击其制，故以应说为是。此盖所以为障，防堕落，交午柱头，意亦如此，本非所以书政治愆失也，后乃因而书之耳。

〔四七〕飞行术

　　飞行，人之所愿也。虽不能遂，然不能禁人不试之。《汉书·王莽传》：莽募有奇技术可攻匈奴者，"或言能飞，一日千里，可窥匈奴。莽辄试之。取大鸟翮为两翼，头与身皆着毛，通引环纽，飞数百步堕。"大鸟翮非仓卒可得，能飞数百步堕，亦不易。可见其人必习之有素。

　　《隋书·刑法志》：北齐文宣帝"尝幸金凤台，受佛戒，多召死囚，编篷簟为翅，命之飞下，谓之放生，坠皆致死，帝视以为欢笑。"文宣虽残虐，当时亦必有获免者，故以放生为名，而于受佛戒时行之。《北史》云：元世哲从弟黄头，文宣使与诸囚自金凤台各乘纸鸱以飞，独能飞至紫陌，仍付御史狱，乃饿杀之。即飞行者不死之证。

　　自金凤台至紫陌，盖不翅数百步矣，足见人非必不可飞，此其所以有试为之者欤。"一日千里"，盖传者夸侈之辞，其人自诡，或亦曰数百千步耳。此原不能如今日之空军，掷炸弹以击敌，然当时亦无今之高射炮等，能攻空中之人，以此窥敌，固有余矣。知一日千里之为语增，则其人初非诞谩也。

　　　　原刊一九四六年天津《民国日报》副刊"史与地"

〔四八〕汉人多从母姓

　　《廿二史札记》言"汉皇子未封者,多以母姓为称",举卫太子、史皇孙为例。实则其以母姓为称,与其封不封无涉。馆陶公主以为窦太后女,号窦太主。见《汉书·东方朔传》。岂其身无封号邪?元帝称许太子,见《外戚·孝宣王皇后传》。淮南太子亦称蓼太子,见《伍被传》。盖时俗语言如此。景帝子王者十三人,其母五人,《史记》谓之《五宗世家》。《索隐》说,《后汉书·窦融传注》同。此犹黄帝二十五子,得姓者十四人,显系子从母姓余习。《汉书·外戚侯表》,有扶柳侯吕平,以皇太后姊长姁子侯。师古曰:"平既吕氏所生,不当姓吕。盖史家惟记母族。"《史表》作昌平,昌盖误字。赵氏所举,有滕公曾孙颇,尚平阳公主,主随外家姓,号孙公主。故滕公子孙,更为孙氏。此非从母姓,乃改氏以示其为皇室之所自出耳,氏固可随意改易也。

　　献帝,灵帝母自养之,号曰董侯。此以祖母姓为姓也。然少帝养于史道人家,号曰史侯。则献帝亦非以祖母姓为姓,而以所养之家之姓为号尔。汉人视姓无甚不可改易,以姓所以本其所自生,是时已无可知,氏则本可随意自立也。必欲求其姓者,则有如京房推律定姓之法,转非依父祖以来之称号所可得也。

　　《景十三王传》言:胶东康王寄,于上最亲。师古曰:"寄母王夫人,即王皇后之妹,于上为从母,故寄于诸兄弟之中又更亲也。此下有常山王云天子为最亲，其义亦同。"《五宗世家》之名，已足显母弟亲于异母，此更推广之而及于从母。知礼家虽以父母何算讥野人，而言情亦卒莫能外矣，此尚文之所以不如反质也。

《三国·蜀志·简雍传注》：或曰："雍本姓耿，幽州人语谓耿为简，遂随音变之。"《吴志·是仪传》："本姓氏，初为县吏，后仕郡，郡相孔融嘲仪，言氏字民无上，可改为是，乃遂改焉。"是姓亦可随音易字。以其本非姓，无关系也。徐众议之。见《是仪传注》。《魏志·管宁传注》引《傅子》，言宁以衰乱之时多妄变氏族者，著《氏姓论》以原本世系。其说未知如何，度亦不过如《潜夫志》之所论耳。

〔四九〕汉世昏姻多出自愿

《左氏》昭公元年："郑徐吾犯之妹美，公孙楚聘之矣，公孙黑又使强委禽焉。犯请于二子，请使女择焉。"此固一时免患之计，然亦可见古昏姻固许男女自择。《公羊》之非郜季姬，乃谓其不待父母之命，媒妁之言，而径使郜子来请己，有背男不亲求女不亲许之义耳，僖十四年。非谓嫁娶可全由父母主之也。汉世犹知此义。《后汉书·宋弘传》："帝光武姊湖阳公主新寡，帝与共论朝臣，微观其意。主曰：宋公威容德器，群臣莫及。帝曰：方且图之。后弘被引见，帝令主坐屏风后，因谓弘曰：谚言贵易交，富易妻，人情乎？弘曰：臣闻贫贱之知不可忘，糟糠之妻不下堂。帝顾谓主曰：事不谐矣。"是虽以帝王之尊，至于昏姻，亦曲从本人之意也。《三国·魏志·陈思王传注》引《魏略》言：太祖欲以爱女妻丁仪，以问五官将。五官将曰：女人观貌，而正礼目不便，诚恐爱女未必悦也。以为不如与伏波子楙。太祖从之。此虽未尝问诸本人，然亦可谓曲体本人之意矣。

〔五○〕汉时嫁娶之年

古之欲蕃育其民者,大抵冀嫁娶之早。汉惠帝六年令:女子年十五以上至三十不嫁,五算《汉书》本纪。是也。王吉言世俗嫁娶太早,未知为人父母之道而有子,是以教化不明,而民多夭,《汉书·王吉传》。其言固是一理。然知为父母之道与否,由于教化之废兴;民之夭寿,系乎生计之舒蹙,不尽由于嫁娶之迟早也。汉时嫁娶之年可考者:班昭十四而适曹氏,见其所作《女诫》;陆绩女郁生,十三而适张白,见《三国·吴志·绩传注》;皆较惠帝之令为早。盖时俗固尚早婚,惟贫人不及者,乃有待于法令之迫促耳。然则欲蕃育人民,而徒立法以迫之,亦非计之善者也。

刘攽曰:"予谓女子五算,亦不顿谪之,自十五至三十为五等,每等加一算也。"此说颇近冯亿。攽盖疑自十五至三十,罪谪之不当相同耳。予谓自十五至三十,为生育之年,故不嫁者罪谪之。三十以上,生育之力稍减,故不嫁者又不罪也。

〔五一〕 汉时男女交际之废

　　《记》曰："阳侯杀缪侯而窃其夫人，故大飨废夫人之礼。"然则男女交际，古本自由，至后世乃稍因争色而致废坠也。汉高祖十二年，还过沛，置酒沛宫，沛父老诸母故人日乐饮极欢，道旧故为笑乐。光武建武十七年，幸章陵，修园庙，祠旧宅，观田庐，置酒作乐，赏赐。时宗室诸母因醼悦，相与语曰："文叔少时谨信，与人不款曲，唯直柔耳，今乃能如此！"安帝延光三年，祀孔子及七十二弟子于阙里，自鲁相、令、丞、尉及孔氏亲属、妇女、诸生悉会。此古大聚会时男女皆与之证。《三国·魏志·王粲传注》引《典略》，言太子尝请诸文学，酒酣坐欢，命夫人甄氏出拜；又引《吴质别传》，言帝尝召质及曹休欢会，命郭后出见质等，帝曰："卿仰谛视之。"其至亲如此。《卫臻传》言夏侯惇为陈留太守，举臻计吏，命妇出宴；《吴志·孙策传注》引《吴录》：策母谓策：王晟与汝父，有升堂见妻之分。然则司马德操造庞德公，径入其室，呼其妻子作黍，《蜀志·庞统传注》引《襄阳记》。亦不足怪矣。《蜀志·刘琰传》："琰妻胡氏入贺太后，太后特令留胡氏，经月乃出。胡氏有美色，琰疑其与后主有私，呼卒五百挝胡，至于以履搏面，而后弃遣。胡具以告言琰，琰坐下狱。有司议曰：卒非挝妻之人，面非受履之地。琰竟弃市。自是大臣妻母朝庆遂绝。"此亦阳侯杀缪侯而窃其夫人之类也。

〔五二〕妻死不娶

　　《汉书·王吉传》：子骏，妻死不复娶，或问之，骏曰："德非曾参，子非华元，亦何敢娶？"《三国·吴志·孙权传》黄武四年《注》引《吴书》言：陈化妻早亡，以古事为鉴，乃不复娶。权闻而贵之，以其年壮，敕宗正妻以宗室女，化固辞以疾。似乎惩羹而吹虀矣。然世固有后妻疾前妻之子而杀之如庞参者，见《后汉书》本传。则王骏、陈化之所为，亦有所不得已邪？孔子曰人之性，本不独亲其亲，不独子其子也。而必使之各亲其亲，各子其子焉，亲于此，则不亲于彼矣；子于此，则不子于彼矣。相生也，而相杀之机伏焉矣，安得不戈矛起于骨肉之间，肝脑涂于萧墙之内邪？《诸葛瑾传注》引《吴书》，言瑾妻死不改娶，有所爱妾，生子不举。盖亦虑变起庭闱。然生子不举，则是先犯杀人之罪矣。拘儒以为所谓家庭者，是以为人相生养之地也，而不知人之死于其中者不知凡几也。"人皆曰予知，驱而纳诸罟擭陷阱之中而莫之知辟也"，《礼记·中庸》。哀哉！

〔五三〕出妻改嫁上

汉人于出妻及改嫁，视之初不甚重。然屡易妻亦究非美事。故光武帝降赤眉，称其酋帅有三善：攻破城邑，周遍天下，本故妻妇，无所改易，其一。《后汉书·刘盆子传》。而冯衍亦自伤有去两妇之名也。本传《注》引衍与宣孟书。光武欲以湖阳公主妻宋弘，谓曰："谚言贵易交，富易妻，人情乎？"弘曰："臣闻贫贱之知不可忘，糟糠之妻不下堂。"《后汉书·宋弘传》。此或以汉世尚主非易，为此托辞。参看《汉尚主之法》条。然其言，则固先贫贱后富贵不去之义矣。鲍永事后母至孝，妻尝于母前叱狗，即去之。李充家贫，兄弟六人，同食递衣。妻窃谓充曰："今贫居如此，难以久安，妾有私财，愿思分异。"充伪酬之曰："如欲别居，当酝酒具会，请呼乡里内外，共议其事。"妇从充，置酒燕客，充于坐中前跪白母曰："此妇无状，而教充离间母兄，罪合遣斥。"便呵叱其妇，逐令出门，妇衔涕而去。《后汉书·李充传》。皆矫激以立名，非人情之正也。子曰："听讼吾犹人也，必也使无讼乎！无情者不得尽其辞，大畏民志，此谓知本。"《礼记·大学》。苟使听讼者而皆能大畏民志如充者，固在所必诛，而如永者亦清议所必斥矣。

《后汉书·应奉传注》引《汝南记》曰："华仲妻奉曾祖父顺，字华仲。本是汝南邓元义前妻也。元义父伯考为尚书仆射，元义还乡里，妻留事姑，甚谨，姑憎之，幽闭空室，节其食饮，嬴露日困，妻终无怨言。后伯考怪而问之，时义子朗年数岁，言母不病，但苦饥耳。伯考流涕曰：何意亲姑，反为此祸？因遣归家。更嫁为华仲妻。仲为将作大匠，妻乘朝车出，元义于路旁观之，谓人曰：此我故妇，非有他过，家夫人遇之实酷，本自相贯。其子朗时为郎，母与书皆不答，与衣裳辄烧之。母不以介意，意欲见之，乃至亲家李氏堂上，令人以他词请朗。朗至，见母，再拜涕泣，因起出。母追谓之曰：我几死，自为汝家所弃，我何罪过，乃如此邪？因此遂绝也。"朗之不答其母，盖不欲彰其王母之过。犹《春秋》不以父命辞王父命之义。然《春秋》之义，乃为有国家者，统绪不可以二，统二则事权不一，而祸将延于下民尔，非以人情论也。以人情论，母固亲于王母，虽以此绝其王母可矣。元义怜其故妇，而白其母之过于路人，若违内大恶讳之义者。然是非者天下之公。孟子曰："名之曰幽厉，虽孝子慈孙，百世不能改也。"《离娄》上。夫欲改之者，孝子慈孙之心；不能改者，天下之公义也。元义之母既尽人知之矣，虽欲讳之，又可得乎？抑岂可因为母讳而诬其妻乎？缄口不言，固无不可，然情之至而不能已于言，亦君子之所不诛也，不得绳以为亲隐之义。

　　《三国·魏志·刘晔传》："父普，母修，产涣及晔。涣九岁，晔七岁，而母病困。临终，戒涣、晔以普之侍人有谄害之性，身死之后，惧必乱家；汝长大能除之，则吾无恨矣。晔年十三，谓兄涣曰：亡母之言，可以行矣。涣曰：那可尔！晔即入室杀侍者，径出拜墓。"汉人重复儤，云"惧必乱家"，饰辞；此必晔之母有深怒积怨于侍者耳。王母固不可杀，然以晔之所为揆之，邓朗绝其王母，亦无讥焉。

〔五四〕 出妻改嫁下

汉人不讳改嫁，故虽皇帝后宫，亦恒出之。《汉书·文帝纪》：十二年二月，出孝惠皇帝后宫美人，令得嫁；帝崩，遗诏归夫人以下至少使。景帝崩，亦出宫人归其家，复终身。《成帝纪》：永始四年，出杜陵诸未尝御者归家。《哀帝纪》：绥和二年，掖庭宫人年三十以下出嫁之。平帝之崩也，诏曰：“皇帝仁惠，无不顾哀，每疾一发，气辄上逆，害于言语，故不及有遗诏。其出媵妾皆归家得嫁，如孝文时故事。”《汉书·平帝纪》。景帝称文帝之德曰：“除宫刑，出美人，重绝人之世也。”《汉书·景帝纪》。晁错对策，亦以后宫出嫁为美谈，诚厌于人心也。秦始皇之死也，二世曰：“先帝后宫非有子者，出焉不宜，皆令从死。”《史记·秦始皇本纪》。此秦人之暴政，何足法，而霍光厚葬武帝，且皆以后宫女置于园陵，见《贡禹传》。所谓不学无术，宦官宫妾之孝也。

魏文帝之为人不足取，然能自为终制，革汉人厚葬之习则贤。疾笃，即遣后宫淑媛、昭仪已下归其家，尤汉帝之所不及矣。有学问者，毕竟不徒然也。

张敞条奏昌邑王曰：“臣敞前书言昌邑哀王歌舞者张修等十人无子，又非姬，但良人，无官名，王薨当罢归；太傅豹等擅留，以为哀王园中人，所不当得为，请罢归。故王闻之曰：中人守园，疾者当勿治,相杀伤者当勿法,欲令呕死,太守奈何而欲罢之?"《汉书·武五子传》。不知诚贺言邪? 抑敞故诬之而实欲保全之也? 使其诚然,则其心乃侔于秦二世,其见废也宜矣。而霍光之所为,亦昌邑太傅之所为也。文、景再世之仁政,而光一举坏之,不学无术者之不可以为国如此。

汉人不讳改嫁,故亦不讳取再嫁之女。谷永劝成帝益纳宜子妇人,毋避尝字,是也。《汉书·谷永传》。王章攻王凤,引羌胡杀首子为言,见《元后传》。乃欲文致凤罪耳,非当时之通义也。魏文帝甄皇后,本袁绍中子熙妻;孙权徐夫人,初适同郡陆尚,皆其证。后汉桓帝邓皇后,母宣,初适邓香,生后,改嫁梁纪,后随母居,亦冒姓梁氏,则再醮妇之女也。

《吴志》孙壹降魏,魏以故主芳贵人邢氏妻之,此后宫之改适者也。弘农王之见杀也,谓妻唐姬曰:"卿王者妃,势不复为吏民妻,自爱。"则谓尊卑之不敌耳,非谓不可改嫁。故其归乡里,其父犹欲嫁之,姬誓不许。及李傕破长安,遣兵钞关东,略得姬,傕欲妻之,固不听,亦以傕之不足偶也。抑古之贞妇,不于寻常之时而每于存亡之际,此固意气感激,亦以存亡所系,平时固无所用之也。曹爽从弟文叔早死,妻夏侯文宁女,名令女,居止常依爽。及爽被诛,曹氏尽死。令女叔父上书与曹氏绝婚,强迎令女归。文宁使讽之,令女以刀断鼻,血流满床席。或谓之曰:"人生世间,如轻尘栖弱草耳,何至辛苦乃尔! 且夫家夷灭已尽,守此欲谁为哉?"令女曰:"闻仁者不以盛衰改节,义者不以存亡易心,曹氏前盛之时,尚欲保终,况今衰亡,何忍弃之!"《爽传注》引皇甫谧《列女传》。彼其视衰亡时之不可弃背,尤甚于盛时也。语曰:"疾风知劲草,世乱识忠臣。"草木无知,不能以疾风而自奋。人则不然,愈危亡,愈激厉于忠义。此忠臣义士之所以史不绝书,而伦纪之所以维持于不敝也。古今中外,忠臣孝子,义夫节妇,其所守者不同,其为不肯相背负则一也。唐姬之誓死,其亦以此乎? 陆绩女郁生,适同郡张白,侍庙三月,妇礼未卒,白遭罹家祸,迁死异郡。郁生抗声昭节,义形于色,冠盖交横,誓而不许。见《吴志·陆绩传注》引《姚信集》信表文。

汉季婚配,颇重门第。魏氏三世立贱,栈潜抗疏以谏,孙盛著为讥评,无论矣。文德郭皇后外亲刘斐与他国为婚,后闻之,敕曰:"诸亲戚嫁娶,自当与乡里门户匹敌者,不得因势,强与他方人婚也。"《三国·魏志·后妃传》。盖乡里难得高门,外方差易,故刘斐于是求之耳,而后犹以为戒,则知昏嫁视门户甚重。弘农王属付唐姬,盖亦以此也。

《蜀志·后主张皇后传注》引《汉晋春秋》曰:"魏以蜀宫人赐诸将之无妻者,李昭仪曰:我不能二三屈辱。乃自杀。"此盖以国亡感慨,然亦以录赐等于强配,非其所愿故也。古者昏嫁,本由官主,故《周官》有媒氏之官,《管子》有合独之政。见《入国》篇。降逮汉世,遗意犹存。淮南异国中民家有女者,以待游士而妻之,见《汉书·地理志》。此即《吴越春秋》谓句践以寡妇淫佚过犯,皆输山上,士有忧思者,令游山上,以喜其意,实仍官为婚配之制耳。合男女之法,秦汉而后,平时已不复存,然至变动时犹行之。《汉书·王莽传》:民犯铸钱,伍人相坐,没入为官奴婢,传诣钟官,以十万数;到者易其夫妇,愁苦死者什六七。地皇二年。所谓易其夫妇者,非谓其夫妇本相保而故易之,亦其既已离散,而更为之择配耳。三国之世,录夺妇女以配战士之事乃极多。《魏志·明帝纪》青龙三年《注》引《魏略》,言是时录夺士女前已嫁为吏民妻者,还以配士,既听以生口自赎,又简选其有姿色者内之掖庭。太子舍人张茂上书谏,言:"诏书听得以生口年纪、颜色与妻相当者自代,故富者则倾家尽产,贫者举假贷贳,贵买生口以赎其妻;县官以配士为名而实内之掖庭,其丑恶者乃出与士。得妇者未必有欢心，而失妻者必有忧色。"其弊至于如此。然《杜畿传》言畿在河东十六年，文帝即王位，征为尚书，《注》引《魏略》言："初畿在郡，被书录寡妇。是时他郡或有已自相配嫁，依书皆录夺，啼哭道路。畿但取寡者，故所送少；及赵俨代畿而所送多。文帝问畿，畿对曰：臣前所录皆亡者妻，今俨送生人妇也。帝及左右顾而失色。"则明帝所行虽弊，而其事实不始于明帝。《文德郭皇后传》言："后姊子孟武还乡里，求小妻，后止之。遂敕诸家曰：今世妇女少，当配将士，不得因缘取以为妾也。宜各自慎，毋为罚首。"《吴志·孙晧传》元兴元年《注》引《江表传》言："晧初立，发优诏，恤士民，开仓廪，振贫乏，科出宫女以配无妻，禽兽扰于苑者皆放之。当时翕然称为明主。"《陆凯传》言：凯上疏曰："伏闻织络及诸徒坐，乃有千数，愿陛下料出赋嫁，给与无妻者。"又疏言："先帝爱民过于婴孩，民无妻者以妾妻之。"而韩综谋叛，且尽以亲戚姑姊嫁将吏，所幸婢妾赐亲近，以市恩。《韩当传注》引《吴书》。则录士女以配将士，实为当时通行之政。其行之虽弊，固犹自古者合独之政来也。然其行之则不能无弊矣。《张温传注》引《文士传》言："温姊妹三人皆有节行，为温事，已嫁者皆见录夺。其仲妹先适顾承，官以许嫁丁氏，成婚有日，遂饮药而死。"盖婚姻必出自愿，官为许嫁，不能合于本人之意审矣。李昭仪之自杀，或亦以此欤？《后汉书·独行刘翊传》云："黄巾贼起，郡县饥荒，翊救给乏绝，死亡则为具殡葬，嫠独则助营妻娶。"可见古人虽当乱离之世，未尝不行合独之政。特不当由官一切行之，不顾本人之愿不耳。《魏志·钟繇传》：子毓，曹爽既诛，"入为侍史中丞、侍中廷尉。听君父已没，臣子得为理谤，及士为侯，其妻不复配嫁，毓所创也。"配嫁固非仁政，为侯则其妻可免，亦以尊卑之不敌也。殿本《考证》云《太平御览》作不复改嫁。此后人不知古事而妄改之。天子媵妾犹可嫁，况侯之妻邪？邓香为名族，其妻不讳改嫁。孙权步夫人生二女,长曰鲁班,字大虎,前配周瑜子循,后配全琮。少曰鲁育,字小虎,前配朱据,后配刘纂。二女在当时为帝女,亦不讳改嫁,下此者更不可胜数。如李密祖父为朱提太守,父早亡。母何氏亦更适人。见《蜀志·杨戏传注》引《华阳国志》。

贞妇二字,昉见《礼记·丧服四制》,盖汉人语也。其见于法令者,《汉书·宣帝纪》神爵四年,赐颍川贞妇顺女帛。《平帝纪》元始元年,复贞妇乡一人。

《史记·张耳陈余列传》:"张耳尝亡命游外黄,外黄富人女甚美,嫁庸奴,亡其夫,去抵父客。《汉书》作"庸奴其夫,亡邸父客"。父客素知张耳,乃谓女曰:必欲求贤夫,从张耳。女听,乃卒为请决,嫁之张耳。"是则欲离婚者,亦必须有居间之人。

汉世宫人出嫁,略无限制,惟不得适诸国。见《后汉书·孝明八王传》。

《后汉书·方术传》:谢夷吾举孝廉,为寿张令。《注》引《谢承书》曰:"县人女子张雨,早丧父母,年五十,不肯嫁,留养孤弟二人,教其学问,各得通经。雨皆为聘娶,皆成善士。夷吾荐于州府,使各选举,表复雨门户。"张雨之所以不嫁,亦以遭家不造也。

合男女之政,汉世虽不行,然儒者仍知其义,扬雄《校猎赋》"俪男女使莫违",《长杨赋》"婚姻以时,男女莫违",是也。

〔五五〕汉世妾称

妻之外,女子共居处者,古称妾媵,后世则但称妾;以古有媵,后世则无之也。然妾谓女子执事之得接于君者,则必有执事之女子然后称,否则其不合,亦与媵等矣。故汉人称妻以外共居处之女子,名目颇多,无曰妾者。

《史记·齐悼惠王世家》:"高祖长庶男也。其母外妇也,曰曹氏。"外妇,谓不处家中也。然不称外妇者非必皆处家庭之中,如《汉书·枚乘传》言:"乘在梁时,娶皋母为小妻。乘之东归也,皋母不肯随乘。"明其亦不处家中也。小妻之称,汉时最为通行。《孔光传》言:淳于长坐大逆诛,长小妻乃始等六人皆以长事未发觉时弃去,或更嫁;《后汉书·赵孝王良传》:玄孙乾,赵相奏其居父丧,私娉小妻;《窦融传》:女弟为大司空王邑小妻;《梁节王畅传》:畅上疏谢,言臣畅小妻三十七人,其无子者愿还本家,是也。亦曰傍妻。《汉书·元后传》言其父禁多取傍妻,是也。亦曰下妻。《王莽传》:始建国二年十一月,立国将军建奏"今月癸酉,不知何一男子遮臣建车前,自称汉氏刘子舆,成帝下妻子也";《后汉书·光武帝纪》:建武七年五月,"诏吏人遭饥乱及为青徐贼所略为奴婢下妻,欲去留者,恣听之,敢拘制不还,以卖人法从事";十三年十二月,"诏益州民自八年以来被略为奴婢者,皆一切免为庶民;或依托为人下妻,欲去者,恣听之;敢拘留者,比青徐二州以略人法从事",是也。《方术传》:樊英:"颍川陈实少从英学,尝有疾,妻遣婢拜问,英下床答拜。实怪而问之,英曰:妻,齐也,共奉祭祀,礼无不答。"则妻之称实不可妄用。然字之义多端,妻固有齐义,亦有共居处之义,汉人于妻,盖专取其后一义尔。《礼记》"聘则为妻,奔则为妾",然《后汉书·赵孝王传》,于其取小妻亦称聘,此聘字亦仅为娶义尔。

《后汉书·明帝纪》:中元二年四月,诏:"边人遭乱为内郡人妻,在(中元元年四月)己卯赦前,一切遣还边,恣其所乐。"此与建武七年及十三年之诏同,不曰下妻而径曰妻,盖所依托之人,亦有本无妻者;或间阎之间,妻妾之位,不能尽依礼法分别也。《酷吏传》:黄昌,"迁蜀郡太守。初昌为州书佐,其妇归宁,遇贼被获,遂流转入蜀为人妻;其子犯事,乃诣昌自讼。昌疑母不类蜀人,因问所由,对曰:妾本会稽余姚戴次公女,州书佐黄昌妻也。妾尝归家,为贼所略,遂至于此。昌惊,呼前谓曰:何以识黄昌邪?对曰:昌左足心有黑子,尝自言当为二千石。昌乃出足示之,因相持悲泣,还为夫妇。"更嫁既生子长大,与故夫不相识,而犹得还者,以其本被略,非所欲,以法律人情论,均不得视同嫁娶也。

许皇后姊为淳于长小妻,窦融女弟亦为王邑小妻,见融本传。则汉人不甚以小妻为讳。

〔五六〕取女不专为淫欲①

《后汉书·周举传》：举对策言："竖宦之人，虚以形势，威侮良家，取女闭之，至有白首殁无配偶，逆于天心。"《宦者传》言四侯之横，亦云"多取良人美女以为姬妾，皆珍饰华侈，拟则宫人"。盖当时贵戚专横，取女闭之者甚多。取女闭之，原不过以供执事由之仆役之逾侈，本未必尽为淫欲也。

---

① 曾改题为《取女闭之》。

〔五七〕適庶之别

　　汉人虽不禁娶妾,然適庶之别颇严。《汉书·外戚恩泽侯表》:孔乡侯傅晏,"元寿二年,坐乱妻妾位免,徙合浦"是也。《三国·魏志·钟会传注》引《魏氏春秋》言:"会母见宠于繇,繇为之出其夫人。卞太后以为言,文帝诏繇复之。繇恚愤,将引鸩,弗获,餐椒致噤,帝乃止。"虽幸免于罚,然亦危矣。孙权谢夫人,权母吴,为权聘以为妃,爱幸有宠。后权纳姑孙徐氏,欲令谢下之,而谢不肯。《三国·吴志·妃嫔传》。则虽人主,亦不能得之于其妃匹也。

　　適子庶子,地位亦颇不同。《后汉书·王符传》言:"安定俗鄙庶孽,而符无外家,为乡人所贱。自和、安之后,世务游宦,当涂者更相荐引,而符独耿介不同于俗,以此遂不得升进。"《公孙瓒传》:"家世二千石,以母贱,为郡小吏。"《三国志·瓒传注》引《典略》载瓒表袁绍罪状,有云:"《春秋》之义,子以母贵。绍母亲为婢使,绍实微贱,不可以为人后,以义不宜,乃据丰隆之重任,忝辱王爵,损辱袁宗。"是正適之与庶孽,进取之途,大有殊异也。以财产论亦然。《汉书·景十三王传》言:常山宪王舜,有不爱姬生长男棁,雅不以为子数,不分与财物。太子代立,又不收恤棁。《卫青传》言:青少时归其父,父使牧羊。民母之子皆奴畜之,不以为兄弟数。则贵族与民间皆然矣。

〔五八〕禁以异姓为后

　　《三国·蜀志·卫继传》:"父为县功曹。继为儿时,与兄弟随父游戏庭寺中,县长蜀郡成都张君无子,数命功曹呼其子省弄,甚怜爱之。张因言宴之间,语功曹欲乞继,功曹即许之,遂养为子。"时法禁以异姓为后,故复为卫氏。案《刘封传》:"封本罗侯寇氏之子,长沙刘氏之甥也。先主至荆州,以未有继嗣,养封为子。"《吴志·朱然传》云:"然,治姊子也,本姓施氏。初治未有子,然年十三,乃启策乞以为嗣。"刘备、朱治,皆一国之君,而不讳乞人为嗣,则当时风俗,于亲生子及养子,实不甚歧视。《魏志·曹爽传注》引皇甫谧《列女传》言:爽诛,其从弟文叔妻夏侯令女,不肯与曹氏绝婚,至于以刀断鼻。司马宣王闻而嘉之,听使乞子字养,为曹氏后。乞子字养必得许可者,以曹氏当诛戮之余也。朱治乞子为后必请于孙策者,亦以其有爵禄也。民间乞子为后与否,本不与公家事,安可得而尽禁邪?父母之恩,不在生而在养。朱然为治行丧竟,乞复本姓,孙权不许。盖以鞠育之恩,不可负也。然然乞复本姓,必犹在行丧之后。今之人乃有躬受鞠育尸骨未寒视如陌路者,则吾不知其何心矣。《汉书·韩安国传》:"语曰:虽有亲父,安知不为虎?虽有亲兄,安知不为狼?"此所生不必有恩之证。

　　父母之恩,固不在生而在养,父之于子也亦然。今之人尽有依倚既久,亲其所养,转过于所生者。同居则恩生焉,隔绝则意自睽,人之性则然也。故不独亲其亲,不独子其子,人之性本然也。各亲其亲,各子其子,非人性之本然,社会之组织,实为之也。

汉世非立异姓之议,盖颇盛。故孟达与刘封书,讥其弃父母而为人后非礼。朱然乞复本姓不许,五凤中其子绩卒表还施氏也。又蜀马忠,少养外家,姓狐名笃,后乃复姓改名。王平本养外家何氏,后复姓王。观汉人随母姓者之多,此盖所以救其弊。

灌夫父张孟,为灌婴舍人,得幸,因进之,至二千石,故蒙灌氏姓为灌孟。张燕,本姓褚,黄巾起,聚合少年为群盗。张牛角亦起与燕合,燕推牛角为帅。牛角且死,令众奉燕,燕因改姓张。此固或凭借其权势,有所利而为之,亦未尝无感恩之念也,养焉而去之薄矣。

《汉书·宣帝纪》:元康三年,"封(张)贺所子弟子侍中中郎将彭祖为阳都侯。"师古曰:"所子者,言养弟子以为子。"《三国·魏志·后妃传》:"明帝爱女淑甍,取(甄)后亡从孙黄与合葬,追封黄列侯,以夫人郭氏从弟德为之后,承甄氏姓。"此尚不足以言所子,然袭封亦无禁忌。魏明帝始诏诸侯入奉大统,不得尊其所生。见《纪》太和三年。其于宗法甚重,然其所为如此,可见当时俗,于异姓为后,并不禁忌也。《三国·魏志》:文聘甍,子岱先亡,养子休嗣。

《后汉书·皇后纪》:"桓帝邓皇后,和熹皇后从兄子邓香之女也。母宣,初适香,生后,改嫁梁纪。后少孤,随母为居,因冒姓梁氏。梁冀诛,立为后,帝恶梁氏,改姓为薄。永兴四年,有司奏后本郎中邓香之女,不宜改易他姓,乃复为邓氏。"当时虽恶梁氏而欲改之,然初不亟亟于复本姓也,此亦汉人不甚重视本宗之证。

〔五九〕探　筹

《后汉书·胡广传》：顺帝欲立皇后，而贵人有宠者四人，莫知所建议，欲探筹以神定选。广与尚书郭虔、史敞上疏谏，乃止。探筹立后，后世必以为怪谈，然彼固曰以觇神意。古之立君者，年钧以德，德钧则卜。《左氏》昭公二十六年，王子朝告诸侯之辞。楚共王无冢适，有宠子五人，无适立焉。乃大有事于群望，而祈曰："请神择于五人者，使主社稷。"乃遍以璧见于群望曰：当璧而拜者，神所立也。谁敢违之？《左氏》昭公十三年。此等事后世亦必以为至愚，行之亦不足以服人，然在尔时，固曰听于神，非以为听于物也；神之意，可见于龟也，而何不可见于筹？可见于当璧而拜也，而何不可见于探筹而得？此等处皆汉俗近古使然，不足异也。

〔六〇〕汉尚主之法

　　自昔男权昌盛以来，女子之臣伏于男子久矣。然女子苟别有凭借，则男子亦有反为所制者，历代公主之骄横，即其一端也。汉世尚主之法，王吉、荀爽、荀悦皆非之。吉之言曰："汉家列侯尚公主，诸侯则国人承翁主，使男事女，夫诎于妇，逆阴阳之位，故多女乱。"《汉书·王吉传》。爽之言曰："汉承秦法，设尚主之仪，以妻制夫，以卑临尊，违乾坤之道，失阳唱之义。"悦亦言"以阴乘阳违天，以妇陵夫违人"。《后汉书·荀爽荀悦传》。此固不免拘墟之见，然此特帝王家事，于国计民生所关实小，而诸儒亟以为言者，盖当时之公主，实有骄纵不可制驭者在也。赵瓯北《廿二史札记》，以馆陶公主宠董偃，鄂邑公主通丁外人，讥当时淫逸之甚。卷三。其实此并在寡居之后。若班始尚清河孝王女阴城公主，贵骄淫乱，与嬖人居帷中，而召始入，使伏床下者，方之蔑矣。始以积怒，拔刃杀主。始，班超孙，事见《超传》。又光武女郦邑公主，适新阳侯世子阴丰，亦为所害。后汉一代之中，公主被杀之祸再见，岂偶然哉！光武欲以湖阳公主妻宋弘，弘拒之曰："贫贱之知不可忘，糟糠之妻不下堂。"《后汉书·宋弘传》。其论固正矣，安知非逆知尚主之难，乃为是以拒之邪？杨琁兄乔为尚书，容仪伟丽，数上言政事。桓帝爱其才貌，诏妻以公主，乔固辞，不听，遂闭口不食，七日而死。见《后汉书·杨琁传》。欲尚主而至以死拒，知其中必有大不得已之故矣。

　　阴丰，《明帝纪》云自杀，永平二年。《后纪》云诛死，《阴识传》亦云被诛。盖被诛而后自杀也。《阴识传》云："父母当坐，皆自杀，国除。帝以舅氏故，不极其刑。"云不极其刑者，班始要斩，同产皆弃市。《顺帝纪》永建五年及《班超传》。丰获自杀，同产不坐，盖即所谓"不极其刑"也。汉赵王友以诸吕女为后，弗爱，爱他姬。诸吕女怒，去，谗之太后。太后召赵王幽之，以饿死。《汉书·高五王传》。夏侯尚有爱妾嬖幸，宠夺适室；适室，曹氏女也，文帝遣人绞杀之。《三国·魏志·夏侯尚传》。与大族为耦者，其生命岌岌乎不可保矣。

　　公主骄纵，特其□□①之咎，王吉、荀爽、荀悦等皆以制度为言者，盖汉承秦法，公主亦立家；尚公主及承翁主者，皆不齿赘婿，故爽、悦并引尧女釐降、帝乙归妹、王姬嫁齐为言也。此女系之世，女权所以必张于男系之世。

---

① 原稿缺字。

〔六一〕王莽妃匹无二

三夫人，九嫔，二十七世妇，八十一御妻，首见《礼记·昏义》；《昏义》者，《士昏礼》之传，安得忽言天子之礼。《三国·魏志·王朗传》：朗上疏言：“《周礼》六宫内官百二十人，而诸经常说，咸以十二为限。”知此为古周礼说，莽造之，以为其和嫔美御之张本者也。《蜀志·董允传》：“后主常欲采择以充后宫，允以为古者天子后妃之数不过十二，今嫔嫱已具，不宜增益，终执不听。”知尔时《周礼》之说，犹未盛行。然张竦为陈崇草奏，称莽功德，云妃匹无二，则莽非溺于色者。其立和嫔美御之制，亦徒欲夸盛大而越前人而已。其信方士为淫乐，盖亦非以纵淫，而信其可以致神仙也。大抵溺于旧说，而不察情实，为莽一生受病之根。

又案：言天子娶十二，已非经说之朔。盖汉人以为天子不当与诸侯同而增之；原其朔，则亦一取九女而已。古天子、诸侯，本无大别也。汉儒经说，亦有仍主九女之制者，如杜钦、谷永皆是。

〔六二〕北　邙

　　明帝制上陵之礼，鱼豢非之，以为甚违古不墓祭之义。蔡邕虽以为不可省，然其初亦以为古不墓祭，谓为可损也。《后汉书·公孙瓒传》言："瓒举上计吏，太守刘君坐事，槛车征，官法不听吏下亲近，瓒乃改容服，诈称侍卒，身执徒养，御车到洛阳。太守当徙日南，瓒具豚酒于北芒上，祭辞先人，酹觞祝曰：昔为人子，今为人臣，当诣日南；日南多瘴气，恐或不还，便当长辞坟茔。慷慨悲泣，再拜而去，观者莫不叹息。"《三国志》同。瓒辽西令支人，安得有坟墓在北邙？盖时人墓祭者多，瓒乃亦于此祭其先耳；则又甚于墓祭者矣。

　　汉之有北邙也，犹晋之有九原也。盖所谓择不食之地而葬焉者也。《易》曰："古之葬者，厚衣之以薪，葬之中野，不封不树。"盖古之葬其亲者，如是而已。后世乃葬之于山，一以求高燥，一亦以其为不食之地，难见毁坏。凡以求其永久而已。然《三国·吴志·孙晧传》宝鼎元年《注》引《汉晋春秋》云："初望气者云荆州有王气破扬州而建业宫不利，故晧徙武昌，遣使者发民掘荆州界大臣名家冢与山冈连者以厌之。"则虽葬于山，亦有不得保其棺者矣，可为谋永久者戒也。

　　《诸葛恪传》曰："建业南有长陵，名曰石子冈，葬者依焉。"此犹洛阳之有北邙也，故至汉世，葬者尚多于山择不食之地。

〔六三〕医疗贵人有四难

　　《后汉书·方术传》郭玉,"和帝时为太医丞,多有效应;帝奇之,仍试令嬖臣美手腕者与女子杂处帷中,使玉各诊一手,问所疾苦。玉曰:左阳右阴,脉有男女,状若异人,臣疑其故。帝叹息称善。"此故不难知也。又曰:"玉仁爱不矜,虽贫贱厮养,必尽其心力,而医疗贵人,时或不愈;帝乃令贵人羸服变处,一针即差。召玉诘问其状,对曰:医之为言意也,腠理至微,随气用巧,针石之间,豪芒即乖。神存于心手之际,可得解而不可得言也。夫贵者处尊高以临臣,臣怀怖慑以承之,其为疗也,有四难焉:自用意而不任臣,一难也;将身不谨,二难也;骨节不强,不能使药,三难也;好逸恶劳,四难也。针有分寸,时有破漏,重以恐惧之心,加以裁慎之志,臣意且犹不尽,何有于病哉? 此其所为不愈也。帝善其对。"此对则不尽实,要之贵人身弱,贫贱者身强,其真原因也。

〔六四〕执金吾

执金吾，应劭曰："吾者，御也。掌执金革，以御非常。"师古曰："金吾，鸟名也，主辟不祥。天子出行，职主先导，以御非常，故执此鸟之象，因以名官。"案应说是也。《古今注》曰："金吾，亦棒也，以铜为之，黄金涂两末。御史大夫、司隶校尉亦得执焉。御史、校尉、郡守、都尉、县长之类，皆以木为吾。"盖有金吾，有木吾，金吾或象鸟以为饰，非取义于鸟也。

〔六五〕汉初赏军功之厚

《汉书·高帝纪》：六年，"上已封大功臣三十余人，其余争功，未得行封。上居南宫，从复道上，见诸将往往耦语，以问张良。良曰：陛下与此属共取天下，今已为天子，而所封皆故人所爱，所诛皆平生仇怨。今军吏计功，以天下为不足用遍封，而恐以过失及诛，故相聚谋反耳。"此事见《史记·留侯世家》，盖所谓留侯语者，不必实。然当时必有此等情势，乃能附会为此言，则仍可考汉初情事也。封赏即厚，何至举天下不足遍，读者不能无惑。案五年诏，军吏卒七大夫以上，皆令食邑，十二年诏曰："其有功者上致之王，次为列侯，下乃食邑。"即此所谓七大夫以上也。则汉初之食邑者多矣，此其所以云计天下不足遍欤？

秦汉之际，封有三等：一、当时之所谓王，汉初封地大者几侔于战国时之七国，此沿自楚汉之际，实亦远袭战国而来；项籍之分封，固颇复七国时之旧规模也。二、当时所谓列侯者，大率以县为国，此如战国时穰侯、文信侯之类。在古为大国之封，在战国时则为□□①矣。又次则七大夫食邑之类，所谓封君也。张良难郦食其封六国之后曰："天下游士离亲戚、弃坟墓、去故旧从陛下游者，徒欲日

———————

① 原稿缺字。

夜望咫尺之地。"《史记·留侯世家》。所望者亦此七大夫食邑之类而已，非敢望列侯之封也。

五年诏又曰："七大夫、公乘以上，皆高爵也。诸侯子及从军归者甚多高爵，吾数诏吏先与田宅，及所当求于吏者逐与。爵或人君，上所尊礼，久立吏前，曾不为决，甚亡谓也。异日秦民爵公大夫以上，令丞与亢礼；今吾于爵非轻也，吏独安取此！且法以有功劳行田宅，今小吏未尝从军者多满，而有功者顾不得，背公立私，守尉长吏教训甚不善，其令诸吏善遇高爵，称吾意。"师古曰："爵高有国邑者，则自君其人，故云或人君也。"《续汉书·百官志》云：列侯"功大者食县，小者食乡亭，得臣其所食吏民"。据此诏观之，则有人君之尊者，正不止于列侯矣。法既以有功劳行田宅矣，而五年五月诏曰："诸侯子在关中者复之十二岁，其归者半之。"《史记》作"其归者复之六岁，食之一岁"。十一年六月，"令士卒从入蜀汉关中者，皆复终身。"十二年诏："入蜀汉定三秦者，皆世世复。"汉初之于从军者，可谓甚厚矣。此等疑皆颇袭秦故，可见秦人厉战之道也，然平民之儋负则因此而加重矣。十二年诏曰："吾于天下贤士功臣，可谓亡负矣。其有不义背天子擅起兵者，与天下共伐诛之。"此可见当时浮动者之众。以沙中者为谋反，虽不必实，然亦可见当时自有此等情势也。

〔六六〕汉世犹用铜兵

　　《日知录》言:"古者以铜为兵。战国至秦,攻争纷乱,铜不充用,以铁足之;是故铜兵转少,铁兵转多。渐染迁流,遂成风俗。铁工比肩,铜工稍绝。二汉之世,愈见其微。"其说是矣。然汉世铜之在官者,犹远较后世为多。贾谊说汉文收铜勿令布。设使铜布民间,亦如后世,此策岂可行,而谊亦安得作是想乎? 即此一端观之,而铜在官之多可见矣。张良为铁椎以击秦皇;而淮南王自袖金椎以椎辟阳侯,金椎者,铜椎也;然则民间得铜不易,贵人固多有之。民间之兵,或以铁为之,贵人之兵,则犹多以铜为之也。贾山《至言》言秦为驰道,隐以金椎。此则形容之语,筑道者未必能用铜椎也。故服虔以铁椎释之。

　　古代兵器,多由官收藏,至战时然后给之,汉世犹有此意,各地多有武库。《汉书·成帝纪》:建始元年,"立故河间王弟上郡库令良为王。"《注》引如淳曰:"《汉官》:北边郡库,官之兵器所藏,故置令。"《食货志》言言武帝时边兵不足,益以武库工官兵器。所谓边兵,当即藏于此等库中也。田千秋子为雒阳武库令,见《魏相传》。《后汉书·方术·杨由传》:广柔县蛮夷反,郡发库兵击之。则后汉时犹是如此矣。《三国·魏志·徐邈传》:邈为凉州刺史,以渐收敛民间私仗,藏之府库。**作乱者多盗库兵**。成帝阳朔三年颍川铁官徒申屠圣等,鸿嘉三年广汉男子郑躬等,永始三年山阳铁官徒苏令等,平帝元始三年阳陵任横等作乱,皆盗库兵。见《本纪》。永始三年樊并作乱,亦取库兵。见《天文志》及《五行志》,郑躬事亦见《五行志》。戾太子之叛,出武库兵;燕刺王诈言武帝时受诏领库兵,见《武五子传》。《后汉书·梁统传》:统言陇西北地西河之贼,越州度郡,万里交结,攻取库兵,劫略吏人。《后汉书·羌传》言永初元年羌叛:"时羌归附既久,无复器甲,或持竹竿木枝以代戈矛,或负板案以为楯,或执铜镜以象兵。"则揭竿斩木,非贾生过甚之辞。知秦汉之世,民间兵器尚不多,故秦皇欲销天下之兵,公孙弘欲禁民挟弓弩,见《吾丘寿王传》。而王莽亦禁民挟弩铠也。《莽传》始建国二年。然民间亦非遂无军械,吕母散家财买兵弩,亦见《莽传》。《后汉书·刘盆子传》云:买刀剑。光武起兵时市兵弩。见《后汉书·本纪》。此等民间兵器,当皆以铁为之;在官者或犹兼以铜,燕剌王旦赋敛铜铁作甲兵其证。见《汉书·武五子传》。

汉世外夷,不甚能用铁,观西域之铸铁器及它兵器,由汉亡卒之教可知也。见《西域传》。故律:胡市吏民不得持兵器及铁出关,《汲黯传注》引应劭说。然《后汉书·鲜卑传》蔡邕言"关塞不严,禁网多漏,精金良铁,皆为贼有",则亦具文而已矣。

《三国·魏志·牵招传》:"年十余岁,诣同县乐隐受学。后隐为车骑将军何苗长史,招随卒业。直京都乱,苗、隐见害,招俱与隐门生史路等触蹈锋刃,共殡敛隐尸,送丧还归。道遇寇钞,路等悉皆散走。贼欲斫棺取钉,招垂泪请赦。贼义之,乃释而去。"贼欲斫棺取钉,盖亦欲以为兵也。可见民间铜铁之乏。

内地禁民藏兵器,边垂则又欲令民藏兵器。《后汉书·陆康传》:"除高成令。县在边垂,旧制,令户一人具弓弩以备不虞,不得行来。"是其事。

〔六七〕汉武用将

　　贾生谓匈奴之众，不过汉一大县；中行说、桑弘羊谓匈奴之众，不当汉之一郡。其辞非诬，予既著之《匈奴人口》条矣。王恢之策匈奴也，曰："臣闻全代之时，北有强胡之敌，内连中国之兵，然尚得养老长幼，种树以时，仓廪常实，匈奴不轻侵也。今以陛下之威，海内为一，天下同任"，是为"万倍之资，遣百分之一以攻匈奴，譬犹以强弩射且溃之痈也"，《汉书·韩安国传》。非虚词也。然武帝用兵匈奴，至于海内疲弊，而匈奴卒不可灭者，其故何也？是则其用人行政，必有不能不负其责者矣。

　　汉武之大攻匈奴，莫如元狩四年之役。是役也，出塞者官及私马凡十四万匹，入塞不满三万匹，汉自是遂以马少，不复能大出击匈奴矣。果战争之死亡至于如此乎？李陵以步卒五千出塞，及其败也，士尚余三千人，脱至塞者四百余人。而贰师之再攻大宛，出敦煌者六万人，牛十万，马三万匹；军还，入玉门者万余人，马千余匹而已。史称"后行非乏食，战死不甚多，而将吏贪，不爱士卒，侵牟之，以此物故者众"。《汉书·李广利传》。然则元狩四年之役，马亡失之多，可推而知矣。以贰师之事比例之，其士卒之亡失又可知，史莫之传也。史称霍去病"少而侍中，贵，不省士。其从军，天子为遣太官赍数十乘，既还，重车余弃粱肉，而士有饥者。其在塞外，卒乏粮，或不能自振，而骠骑尚穿域蹹鞠。事多此类"。《史记·卫将军骠骑列传》。此士马丧亡之所以多也。李广之将兵也："乏绝之处，见水，士卒不尽饮，广不近水；士卒不尽食，广不尝食。"《史记·李将军列传》。使如广者将，士卒有丧亡至此者乎？史又言："诸宿将所将士马兵，不如骠骑；骠骑所将常选，然亦敢深入；常与壮骑先其大军，军亦有天幸，未尝困绝也。"《史记·卫将军骠骑列传》。夫其所以未尝困绝者，以其所将常选，而每出皆为大举，匈奴避其锋不敢婴耳。使亦如李广等居一郡，恐蚤为虏所生得矣。史又云："天子尝欲教之孙吴兵法，对曰：顾方略何如耳，不至学古兵法。"同上。此其所以敢深入，既不如李广之远斥候，亦不如程不识之正部曲行伍营陈也；其不困绝，诚天幸而已。使此等人将，几于弃其师矣，贰师之殁匈奴是也。

　　太史公曰："予睹李将军悛悛如鄙人，口不能道辞。及死之日，天下知与不知，皆为尽哀。彼其忠实心诚信于士大夫也？谚曰：桃李不言，下自成蹊。此言虽小，可以谕大也。"《史记·李将军列传》。又言："骠骑将军为人少言不泄。"《史记·卫将军骠骑列传》。夫其少言，非其沈毅，乃其本不能言。其不泄也，非其重厚，乃其本无所知，不知有何事可泄也。此非予之厚诬古人，所谓贵不省士者，固多如此，予见亦多矣。荀子论为将之道曰："可杀而不可使处不完，可杀而不可使击不胜，可杀而不可使欺百姓。"故曰："受命于主而行三军，三军既定，则主不能喜，敌不能怒。"《议兵》。故将非以从令为贵也。而史谓大将军（卫青）"以和柔自媚于上"，此所谓容悦于其君者也。此等人而可使将乎？李广之杀霸陵尉，暴矣；然武夫之暴也。元朔六年，卫青之出定襄也，"苏建尽亡其军，独以身得亡去，自归大将军。大将军问其罪正闳、长史安、议郎周霸等：建当云何？霸曰：自大将军出，未尝斩裨将。今建弃军，可斩以明将军之威。闳、安曰：不然。兵法：小敌之坚，大敌之禽也。今建以数千当单于数万，力战一日余，士尽，不敢有二心，自归；自归而斩之，是示后无反意也。不当斩。大将军曰：青幸得以肺腑待罪行间，不患无威，而霸说我以明威，甚失臣意。且使臣职虽当斩将，以臣之尊宠而不敢自擅专诛于境外，而具归天子，天子自裁之，于是以见为人臣不敢专权，不亦可乎？军吏皆曰：善。遂囚建诣行在所。"《史记·卫将军骠骑列传》。夫青之不杀苏建是也。其所以不杀苏建者，则非也。果如所言，信赏必罚何？且既不敢专擅矣，何以擅徙李广部也？元狩四年之出也，《李将军列传》云："广数自请行，天子以为老，弗许；良久乃许之，以为前将军。既出塞，青捕虏，知单于所居，乃自以精兵走之，而令广并于右将军军，出东道。广自请。大将军青亦阴受上诫，以为李广老，数奇，毋令当单于，恐不得所欲。"故弗之许。夫既以为李广老，数奇，何为以为前将军？则天子以为老弗许之语，不足信也。青时以公孙敖新失侯，欲使与俱当单于耳。《卫将军骠骑列传》云："元狩四年春，上令大将军青、骠骑将军去病将各五万骑，步兵转者踵军数十万，而敢力战深入之士皆属骠骑。骠骑始为出定襄，当单于。捕虏言单于东，乃更令骠骑出代郡，令大将军出定襄。"然则上本不令大将军当单于，而乌得有毋令李广当单于之诫？上本不令青当单于，而青知单于所居，乃徙李广也而自以精兵走之，是违上命而要功也，可无诛乎？而天子不之责。李敢怨青之恨其父，击伤之，骠骑又射杀敢，而上又为之讳，此岂似能将将者邪？

《李将军列传》言陵之降，"李氏名败，而陇西之士居门下者皆用为耻焉"；其《报任安书》亦云"李陵生降，隤其家声"。以李广之含冤负屈，而陵犹愿心为汉武效力。及其败也，汉不哀其无救，而又收族其家，可谓此之谓寇仇矣，而其门下与友人犹以为愧。知汉承封建余习，士之效忠于其君者，无一而非愚忠也。有此士气，岂唯一匈奴可平？虽平十匈奴大宛，中国之损失犹未至如元狩、太初两役之甚也。而武帝专任椒房之亲以败之。夏侯胜之议武帝也，曰："虽有攘四夷广土斥境之功，亡德泽于民。"《汉书·夏侯胜传》。恶知夫武帝之失，不在其思拓境土，而别有所在乎？

《诗》曰："琐琐姻娅，则无膴仕。"《小雅·节南山》。吾尝见民国初年以来，武人之所任者，非其嬖幸，则其乱党，然后叹汉世之任卫青、霍去病、公孙敖、李广利，前后如出一辙；而卫青和柔自媚，则又以姻戚而兼嬖幸者也。《史记·佞幸·李延年传》言：李延年之后，"内宠嬖臣大抵外戚之家，然不足数也。卫青、霍去病亦以外戚贵幸，然颇用材能自进。"则当时之视卫、霍，本以为佞幸之流。夫用法贵于无私。汉武之析狄山，责功效矣。然李陵欲自当一队，则亿其恶属贰师；路博德羞为陵后距，则疑陵教其上书；司马迁盛言李陵之功，则又疑其欲沮贰师，为陵游说；皆所谓逆诈亿不信者也。惟公生明，岂有逆诈亿不信而能先觉者乎？然既有私其姻戚矣，焉能无逆信哉？

李陵虽生降，然其非畏死偷生，而欲得其当以报汉，此人人之所可信者也。然卒不获收其效者，则收族其家，为世大僇，君臣之义已绝矣。子思曰："毋为戎首，不亦善乎？又何反服之礼之有？"《礼记·檀弓》。李陵之于汉，厚于子胥之于楚矣，此盖民族不同为之，非汉君之能得此于陵也。卒之为匈奴深谋者卫律也，李延年之所荐；举大军以降匈奴者贰师也，亲李夫人之兄也，姻娅之效何如哉？

《史记·淮南衡山列传》：淮南王谓伍被曰："山东即有兵，汉必使大将军将而制山东，公以为大将军何如人也？"被曰："被所善者黄义，从大将军击匈奴，还，告被曰：大将军遇士大夫有礼，于士卒有恩，众皆乐为之用；骑上下山若蜚，材干绝人。被以为材能如此，数将习兵，未易当也。及谒者曹梁使长安来，言大将军号令明，当敌勇敢，常为士卒先。休舍，穿井未通，须士卒尽得水，乃敢饮；军罢，卒尽已渡河，乃渡；皇太后所赐金帛，尽以赐军吏；虽古名将弗过也。"

此被自首之词，多引汉美，以求苟免；抑被烈士，未必出此，或汉人改易之，以为信然，则谬矣。《汲郑列传》曰："淮南王谋反，惮黯，曰：好直谏，守节死义，难惑以非，至如说丞相弘，如发蒙振落耳。"此亦汉人附会之辞。公孙丞相之高节，决非策士所能动也。

《汉书·卫霍传赞》曰："苏建尝说责大将军至尊重，而天下之贤士大夫无称焉；愿将军观古名将所招选者，勉之哉！青谢曰：自魏其、武安之厚宾客，天子尝切齿。彼亲待士大夫，招贤黜不肖者，人主之柄也。人臣奉法遵职而已，何与招士？票骑亦方此意，为将如此。"此与伍被言大将军遇士大夫有礼者，适相反矣。

〔六八〕塞　路

《汉书·高惠高后文功臣表》：河陵顷侯郭亭"以塞路入汉"。师古曰："塞路者，主遮塞要路，以备敌寇也。"案遮塞要路，必有所据以为守。《武帝纪》太初三年《注》："师古曰：汉制：每塞要处别筑为城，置人镇守谓之候城，此即障也。"盖即主塞路之将所守。《表》又云：东武贞侯郭蒙"入汉为城将"。师古曰："城将，将筑城之兵也。"南安严侯宣虎"以重将破臧荼"。师古曰："重将者，主将领辎重也。"则当时之兵，各有所主，故临时筑城，不以为难也。《表》又云：厌次侯爰类"以慎将元年从起留"。师古曰："以谨慎为将也。"案此说恐非是。慎将，盖亦别有职守，今不可考矣。

要路必有塞，而塞不必其当要路。《匈奴传》言王恢为马邑之权，匈奴绝和亲，攻当路塞，则塞之当路者也。

〔六九〕山泽堡坞

　　古之为盗者,率多保据山泽。贾山言秦群盗满山;严安言秦穷山通谷,豪士并起;其见于史者:桓楚亡在泽中;高祖隐芒砀山泽间;彭越常渔巨野泽中为盗;黥布论输骊山,率其曹耦亡之江中为群盗;陈余不得封王,亦与其麾下数百人之河上泽中渔猎,皆是。汉高帝五年五月诏曰:"民前或相聚保山泽,不书名数。今天下已定,令各归其县,复故爵田宅。"案《后汉书·刘玄传》言:"王莽末,南方饥馑,人庶群入野泽,掘凫茈而食之,更相侵夺。新市人王匡、王凤为平理诤讼,遂推为渠帅,众数百人。于是诸亡命马武、王常、成丹等往从之;共攻离乡聚,藏于绿林中。数月间至七八千人。"则其初原不过相聚求食,其后人多势众,乃乘机为盗。若聚众不多,或无渠帅,则亦始终为良民矣。此武陵所以有桃花之源也。然观汉高帝之诏,则其入山泽,不过为暂时之计。此乱世隐居山泽者虽多,而至治平即复出。山泽之地,终不得开辟,盖人之力犹未足以语于此也。

　　《汉书·武帝纪》:天汉二年,"泰山、琅邪群盗徐教等阻山攻城,道路不通。遣直指使者暴胜之等衣绣衣杖斧,分部逐捕。刺史郡守以下皆伏诛。"《王尊传》:"南山群盗傰宗等数百人为吏民害,拜故弘农太守傅刚为校尉,将迹射士千人逐捕,岁余不能禽。"《萧望之传》:"鄠名贼梁子政阻山为害,久不伏辜。"又言:"哀帝时,南郡江中多盗贼。"《儒林传》：东门云为荆州刺史，"坐为江贼拜辱命，下狱诛。"则为群盗者，犹以山泽为依阻之所。然至前后汉间，则人民颇有能结营垒自固者：《后汉书·刘盆子传》言赤眉入长安城，"三辅郡县营长遣使贡献，兵士辄剽夺之。又数虏暴吏民百姓保壁，由是皆复固守。"《郭伋传》言："更始新立，三辅连被兵寇，百姓震骇，强宗右姓各拥众保营，莫肯先附。"《樊宏传》言："宏与宗家亲属作营堑自守，老弱归之者千余家。"《冯鲂传》言："王莽末，四方溃畔，鲂乃聚宾客，招豪桀，作营堑，以待所归。"《第五伦传》言："王莽末，盗贼起，宗族闾里争往附之。伦乃依险固，筑营壁，有贼，辄奋厉其众，引强持满以拒之。铜马、赤眉之属前后数十辈，皆不能下。"《酷吏·李章传》言："光武即位，拜阳平令。时赵魏豪右往往屯聚，清河大姓赵纲遂于县界起坞壁，缮甲兵，为在所害。"《儒林传·孙堪》："王莽末，兵革并起，宗族老弱在营保间，堪常力战陷敌，无所回避。数被创刃，宗族赖之，郡中咸服其义勇。"《文苑传》夏恭："王莽末，盗贼纵横，攻没郡县。恭以恩信为众所附，拥兵固守，独安全。"此等结营垒自保之事，前此似罕所见。岂莽末乱势盛，故民之图自保者亦力邪？

《三国·魏志·许褚传》："汉末，聚少年及宗族数千家，共坚壁以御寇。"当时北方山贼亦多，然此等保据自固者尚不少也。

至保据山泽为盗贼者，莽末亦自非无之。如《后汉书·侯霸传》言："王莽初，迁随宰。县界旷远，滨带江湖，而亡命者多为寇盗。霸到，即案诛豪猾，分捕山贼，县中清静。"《郭伋传》言："颍川盗贼群起，征拜颍川太守。召见辞谒，帝劳之曰：君虽精于追捕，而山道险厄，自斗当一士耳，深宜慎之。伋到郡，招怀山贼，阳夏赵宏、襄城召吴等数百人，皆束手诣伋降，悉遣归附农。"是也。

《史记·田儋列传》："田横与其徒属五百余人入海，居岛中。高帝闻之，以为田横兄弟本定齐，齐人贤者多附焉；今在海中，不收，后恐为乱；乃使使赦田横罪而召之。"此所谓为乱者，盖虑其招引郡县，再图割据，非虑其为海盗也。《后汉书·刘盆子传》言："吕母入海中，招合亡命，还攻破海曲。"此为据海岛为盗之始。其后遂稍多。安帝永初中，有海贼张伯路等；详见《法雄传》。顺帝阳嘉元年，又有海贼曾旌。法雄之讨伯路也，"赦诏到，贼犹以军甲未解，不敢归降。御史中丞王宗召刺史太守共议，皆以为当遂击之。雄曰：贼若乘船浮海，深入远岛，攻之未易也。及有赦令，可且罢兵，以慰诱其心，势必解散，然后图之，可不战而定也。宗善其言。即罢兵，贼闻大喜，乃还所略人。而东莱郡兵独未解甲，贼复惊恐，遁走辽东，止海岛上。五年春，乏食，复抄东莱间。雄率郡兵击破之。贼逃还辽东，辽东人李久等共斩平之。于是州界清静。"

〔七〇〕山　越

山越为患，起于灵帝建宁中。《后汉书·本纪》：建宁二年九月，丹阳山越贼围太守陈夤，夤击破之。至后汉之末，而其势大盛。孙吴诸将，无不尝有事于山越者。《三国·吴志·孙权传》：黄武五年，置东安郡，以全琮为太守，平讨山越。据琮本传，则前此已尝为奋威校尉，授兵数千人，以讨山越矣。权徐夫人兄矫，以讨平山越，拜偏将军。孙贲，袁术尝表领豫州刺史，转丹阳都尉，行征虏将军，讨平山越。顾雍孙承，为吴郡西部都尉，与诸葛恪等共平山越。黄盖，诸山越不宾，有寇难之县，辄用为守长，又迁丹阳都尉，抑强扶弱，山越怀附。韩当，领乐安长，山越畏服。蒋钦，尝为讨越中郎将。陈武庶子表，嘉禾三年，诸葛恪领丹阳太守，讨平山越，以表领新安都尉，与恪参势。董袭，尝拜威越校尉。凌统父操，守永平长，平治山越。朱治，丹阳故鄣人也，年向老，思恋土风，自表屯故鄣，镇抚山越。吾粲与吕岱讨平山越。均见《吴志》本传。徐陵子平，诸葛恪为丹阳太守，以平威重思虑，可与效力，请平为丞，见《虞翻传注》引《会稽典录》。以上皆明言其为山越者。其不明言为山越，而实与山越同者，则不可胜举。如《周泰传》云："策入会稽，署别部司马，授兵。权爱其为人，请以自给。策讨六县山贼，权住宣城，使士自卫，不能千人，意尚忽略，不治围落，而山贼数千人卒至。权始得上马，而贼锋刃已交于左右，或斫中马鞍，众莫能自定。惟泰奋击，投身卫权，胆气倍人，左右由泰并能就战。贼既解散，身被十二创，良久乃苏。"《周鲂传》云："贼帅董嗣负阻劫钞，豫章、临川并受其害。吾粲、唐咨尝以三千兵攻守，连月不能拔。鲂表乞罢兵，得以便宜从事。鲂遣间谍，授以方策，诱狙杀嗣。嗣弟怖惧，诣武昌降于陆逊，乞出平地，自改为善，由是数郡无复忧惕。”《钟离牧传》云：“建安、鄱阳、新都三郡山民作乱，出牧为监军使者，讨平之。贼帅黄乱、常俱等出其部伍，以充兵役。”《陆凯传》云：弟胤，“为交州刺史、安南校尉。贼帅百余人，民五万余家，深幽不羁，莫不稽颡，交域清泰。就加安南将军，复讨苍梧建陵贼，破之，前后出兵八千余人，以充军用。”此等虽或言贼，或言民，实与言越者无别。以其皆与越杂处，而越已为其所化也。见后。**张温、陆逊、贺齐、诸葛恪，特其尤佼佼者耳。山越所据，亘会稽、吴郡、丹阳、豫章、庐陵、新都、鄱阳，几尽江东西境。**《孙权传》：“策薨，以事授权。是时惟有会稽、吴郡、丹阳、豫章、庐陵，然深险之地犹未尽从。权乃分部诸将，镇抚山越，讨不从命。”《诸葛恪传》：“恪求官丹阳，众议以丹阳地势险阻，与吴郡、会稽、新都、鄱阳四郡邻接，周旋数千里，山谷万重”云云。案江南本皆越地，越皆山居，故其蟠结之区，实尚不止此。特僻远之地，不必其皆为患；即为患亦无关大局，不如此诸郡者处吴腹心之地，故史不甚及之耳。是时南北交争，无不思借以为用。孙策之逐袁胤也，袁术深怨之，乃阴遣间使，赍印绶与丹阳宗帅陵阳祖郎，使激动山越，图共攻策。见《孙辅传注》引《江表传》。太史慈之遁芜湖也，亡入山中，称丹阳太守。已而进驻泾县，立屯府，大为山越所附。是孙策未定江东时，与之争衡者，莫不引山越为助。策之将东渡也，周瑜将兵迎之。及入曲阿，走刘繇，策众已数万。乃谓瑜曰：“吾欲以此众取吴会、平山越已足。卿还镇丹阳。”孙权代策，即分部诸将，镇抚山越，讨不从命。是孙氏未定江东时，视山越为劲敌；及其既定江东，仍兢兢以山越为重也。不特此也，孙权访世务于陆逊，逊建议：“山寇旧恶，依阻深地。夫腹心未平，难以图远。”而权之遣张温使蜀也，亦曰：“若山越都除，便欲大构于丕。”其欲亲征公孙渊也，陆瑁疏谏，谓“使天诛稽于朔野，山虏乘间而起，恐非万安之长虑”。则当江东久定之后，仍隐然若一敌国矣。以上所引，皆见《吴志》各本传。**无怪曹公以印绶授丹阳贼帅，使扇动山越，为作内应也。**见《陆逊传》。**而吴人亦即思借是以谲敌。**《周鲂传》云：“为鄱阳太守，被命密求山中旧族名帅为北敌所闻知者，令谲挑曹休。”鲂虽谓民帅不足仗任，事或漏泄，遣亲人赍笺七条以诱休；然其三曰：

"今此郡民,虽外名降首,而故在山草,看伺空隙,欲复为乱,为乱之日,鲂命讫矣。"当时山越之强,可以想见。宜乎张温、陆逊、诸葛恪之徒,咸欲取其众以强兵也。《逊传》云:部伍东三郡,强者为兵,羸者补户,得精卒数万人。《恪传》:自诡三年可得甲士四万,其后岁期人数,皆如本规。《温传》:孙权下令罪状温曰:"闻曹丕出自淮、泗,故豫敕温有急便出,而温悉内诸将,布于深山,被命不至。"然骆统表理温曰:"计其送兵,以比许晏,数之多少,温不减之,用之强羸,温不下之,至于迟速,温不后之,故得及秋冬之月,赴有警之期。"则温所出兵,已不为少矣。夫老弱妇女,数必倍蓰于壮丁。逊得精卒数万,恪得甲士四万,则总计人数,当各得二三十万。然《陈武传》言武庶子表,领新安都尉,与恪参势,在官三年,广开降纳,得兵万余人,则此等参佐之徒所得之众,又在主将所得之外。《逊传》言逊建议:"克敌宁乱,非众不济。"主大部伍,取其精锐,而《周瑜传注》引《江表传》,载黄盖欺曹公之辞曰:"用江东六郡山越之人,以当中国百万之众。"则吴之用山越为兵,由来旧矣。可见所谓山越者,不徒其人果劲,即其数亦非寡弱也。夫越之由来亦旧矣。乃终两汉之世,寂寂无闻,至于汉魏之间,忽为州郡所患苦、割据者所倚恃如此,何哉?曰:此非越之骤盛,乃皆乱世,民依阻山谷,与越相杂耳。其所居者虽越地,其人固多华夏也。何以言之?案《后汉书·循吏·卫飒传》曰:"迁桂阳太守。先是含洭、浈阳、曲江三县,越之故地,武帝平之,内属桂阳。民居深山,滨溪谷,习其风土,不出田租。去郡远者,或且千里。吏事往来,辄发民乘船,名曰传役。每一吏出,徭及数家,百姓苦之。飒乃凿山通道,五百余里,列亭传,置邮驿,于是役省劳息,奸吏杜绝。流民稍还,渐成聚邑,使输租赋,同之平民。"云"习其风土",则其本非越人审矣。诸葛恪之求官丹阳也,众议以丹阳地势险阻,"逋亡宿恶,咸共逃窜。"骆统之理张温也,亦曰:"宿恶之民,放逸山险,则为劲寇,将置平土,则为健兵。"夫曰"逋亡",曰"宿恶",固皆中国人也。《贺齐传》曰:"守剡长。县吏斯从,轻侠为奸,齐欲治之,主簿谏曰:从,县大族,山越所附,今日治之,明日寇至。齐闻大怒，便立斩从。从族党遂相纠合，众千余人，举兵攻县。齐率吏民，开城门突击，大破之，威震山越。"又曰："王朗奔东冶，侯官长商升为朗起兵。策遣永宁长韩晏领南部都尉，将兵讨升，以齐为永宁长。晏为升所败，齐又代晏领都尉事。升畏齐威名，遣使乞盟。齐因告喻，为陈祸福，升遂送上印绶，出舍求降。贼帅张雅、詹强等不愿升降，反共杀升。贼盛兵少，未足以讨，齐住军息兵。雅与女婿何雄争势两乖，齐令越人因事交构，遂致疑隙，阻兵相图。齐乃进讨，一战大破雅，强党震惧，率众出降。"夫能附中国之大族以为乱，且能交构于两帅之间，其名为越而实非越，尤可概见。周鲂被命，密求山中旧族名帅以诱曹休，则并有旧族入居山中者。盖山深林密之地，政教及之甚难。然各地方皆有穷困之民，能劳苦力作者，此辈往往能深入险阻，与异族杂处。初必主强客弱，久则踵至者渐多，土虽瘠薄，然所占必较广；山居既习俭朴，又交易之间，多能腃夷人以自利，则致富易而生齿日繁。又以文化程度较高，夷人或从而师长之。久之，遂不觉主客之易位。又久之，则变夷而为华矣。此三国时山越之盛，所以徒患其阻兵，而不闻以其服左衽而言侏离为患；一徙置平地，遂无异于齐民也。使其服左衽而言侏离，则与华夏相去甚远，固不能为中国益，亦不能为中国患矣。然则三国时之山越，所以能使吴之君臣旰食者，正以其渐即于华，名为越而实非越故。前此史志所以不之及者，以此辈本皆安分良民，蛰居深山穷谷之中，与郡县及齐民，干系皆少，无事可纪也。此时所以忽为郡县患者，则以政纲颓弛，逋逃宿恶，乘间恣行故耳。亦以世乱，阻山险自保者多，故其众骤盛而势骤张也。然溯其元始，固皆勤苦能事生产之民，荒徼之逐渐开辟，异族之渐即华风，皆此辈之力也。

古书简略，古人许多经论，往往埋没不见，是在善读书者深思之。诸葛恪之求官丹阳以出山民也，众议咸以为难。以为"丹阳地势险阻,与吴郡、会稽、新都、鄱阳四郡邻接,周旋数千里,山谷万重,其幽邃民人,未尝入城邑,对长吏,皆仗兵野逸,白首于林莽。逋亡宿恶,咸共逃窜。山出铜铁,自铸甲兵。俗好武习战,高尚气力,其升山赴险,抵突丛棘,若鱼之走渊,猿狖之腾木也。时观间隙,出为寇盗。每致兵征伐,寻其窟藏。其战则蜂至,败则鸟窜,自前世以来,不能羁也。"即恪父瑾闻之,亦以事终不逮,叹曰:"恪不大兴吾家,将大赤吾族也!"而恪盛陈其必捷。其后山民相携而出,岁期人数,皆如本规。恪为丹阳太守,讨山越,事在孙权嘉禾三年八月;其平山越事毕,北屯庐江,在六年十月。见《权传》。问其方略,则曰"移书四郡属城长吏,令各保其疆界,明立部伍,其从化平民,悉令屯居。乃分纳诸将,罗兵幽阻,但缮藩篱,不与交锋,候其谷稼将熟,辄纵兵芟刈,使无遗种"而已。读之,亦似平平无奇者。然以分据之兵,卫屯聚之民,当好武习战必死之寇,至于三年,而能使将不骄惰,兵不挫衄,民不被掠;且山民当饥穷之时,必不惜出其所有,以易谷食,而恪能使"平民屯居,略无所入";其令行禁止,岂易事哉? 恪之治山越,德意或不如清世之傅鼐,其威略则有过之矣。

《后汉书·抗徐传》附《度尚传》。曰:"试守宣城长,悉移深林远薮椎髻鸟语之人,置于县下。由是境内无复盗贼。"此所谓"盗贼",即山越之流也。古人入夷狄者,大率椎髻,不足为异。云"鸟语"则必不然。果皆鸟语,安能徙置县下。徐所徙,盖亦华人之入越地者耳。《后汉书》措辞,徒讲藻采,不顾事实,难免子玄妄饰之讥矣。

《史记·秦始皇本纪》:三十三年,"发诸尝逋亡人、赘婿、贾人略取陆梁地。"《正义》曰:"岭南之人多处山陆,其性强梁,故曰陆梁。"案《尔雅·释地》:"高平曰陆。"而春秋时晋有高梁之虚,楚沈诸梁字子高,则梁亦有高义。疑"陆梁"是复语,《正义》分疏未当也。华阳之地称梁州,盖亦以其高而名之。《太康地记》曰:"梁州,言西方金刚之气强梁,故名。"《尔雅·释地释文》引。亦近望文生义。蜀以所处僻远,不习战斗,故其风气最弱。读司马相如《喻巴蜀檄》可知,何强梁之有?

乱离之世,民率保据山险,初不必百越之地而后然。特越地山谷深阻,为患尤深,而平之亦较难耳。《魏志·吕虔传》:"领泰山太守。郡接山海,世乱,闻民人多藏窜。袁绍所置中郎将郭祖、公孙犊等数十辈,保山为寇,百姓苦之。虔将家兵到郡,开恩信,祖等党属皆降服,诸山中亡匿者尽出安土业。简其强者补战士,泰山由是遂有精兵,冠名州郡。"此所谓亡匿山中者,亦南方山越之类也。又《杜袭传》:"领丞相长史,随太祖到汉中讨张鲁。太祖还,拜袭驸马都尉,留督汉中军事。绥怀开道,百姓自乐出徙洛、邺者,八万余口。"云乐出,则其初亦必亡匿山谷矣。

山越当三国时大致平定,然未尝遂无遗落也。《晋书·杜预传》:平吴还镇,"攻破山夷"。山夷即山越也。《陶侃传》:屯夏口。"时天下饥荒,山夷多断江劫掠。侃令诸将诈作商船以诱之。劫果至,生获数人,是西阳王羕左右。侃即遣兵逼羕,令出向贼,侃整陈于钓台为后继。羕缚送帐下二十人,侃斩之。自是水陆肃清,流亡者归之盈路,侃竭资振给焉。又立夷市于郡东,大收其利。"夫至藩王左右杂处其中,且能诣郡与华人交市,其非深林远薮、椎结鸟语之徒明矣。永嘉丧乱以来,北方人民,亦多亡匿山谷者,以其与胡人杂处也,亦称为山胡;迄南北朝,未能大定,亦山越之类也。

《隋书·苏孝慈传》:"桂林山越相聚为乱,诏孝慈为行军总管击平之。"《北史》同。《唐书·裴休传》:"父肃,贞元时为浙东观察使。剧贼栗锽,诱山越为乱,陷州县。肃引州兵破禽之,自记《平贼》一篇上之,德宗嘉美。"《旧唐书·王播传》:弟起,起子龟,咸通十四年,"转越州刺史、浙东团练观察使。属徐泗之乱,江淮盗起。山越乱,攻郡,为贼所害。"又《卢钧传》:"为广州刺史、岭南节度使。山越服其德义,令不严而人化。"此等山越,未必魏晋屯聚之遗,特史袭旧名名之耳。然其与华人相杂,则前后如出一辙。《旧书》言卢钧之刺广州也,先是土人与蛮僚杂居,昏娶相通,吏或挠之,相诱为乱。钧至,立法,俾华夷异处,昏娶不通;蛮人不得立田宅。由是徼外肃清,而不相犯焉。三国时之山越,乃华人入居越地,此则越人出居华境,其事殊,然其互相依倚,致成寇患则一也。一时之禁令,岂能遏两族之交关,久而渐弛,可以推想,凡此等,皆足考民族同化之迹也。

原刊《光华大学半月刊》第二卷第九期,

一九三四年六月三日出版

〔七一〕 闽越民复出

　　《史记·东越列传》：东越平后，"天子曰：东越狭，多阻；闽越悍，数反覆；诏军吏皆将其民徙处江淮间，东越地遂虚。"案此所谓虚者，亦谓虚其城邑耳；若谓悉其人而徙之，更无一人之遗，自为事理所无。《宋书·州郡志》云："建安太守，本闽越，秦立为闽中郡。汉武帝世，闽越反，灭之，徙其民于江淮间，虚其地。后有遁逃山谷者颇出，立为冶县。"其说当有所据，足补前史之阙。

〔七二〕秦汉文法之学①

秦汉之世,法学亦有专门传授。李斯请欲学法令,以吏为师;后汉樊准上疏:请复召郡国书佐,使读律令;魏明帝时,卫觊奏:"九章之律,自古所传,断定刑罪,其意微妙。百里长吏,皆宜知律。请置律博士,转相教授,事遂施行。"此官学也。郭躬父弘习小杜律,躬少传父业,讲授徒众常数百人,此私学也。路温舒求为狱小吏,因学律令;严延年父为丞相掾,延年少学法律丞相府;此学之于官者也。于定国少学法于父;王霸世好文法;郭躬少传父业,子晊亦明法律;弟子镇少修家业,镇子祯亦以能法律至廷尉;镇弟子禧少明习家业;陈宠曾祖父咸,成哀间以律令为尚书,宠明习家业,宠子忠亦明习法律;钟皓世善刑律;此传之于家者也。文翁选郡县小吏开敏有材者张叔等十余人,遣诣京师,受业博士,或学律令;元后父禁,少学法律于长安;则留学异地者也。黄霸少学律令;梁统性刚毅而好法律;不知其为师承,然其决非无所师承可知。张皓征拜廷尉,虽非法家,而留心刑狱,数与尚书辨正疑狱,多以详当见从;王涣少好侠,尚气力,数通剽轻少年,晚而改节,敦儒学,习《尚书》,读律令,略举大义;此又仕而后学,晚而好学者矣。当时国家于文吏,亦颇重用。史言"郭

① 曾改题为《秦汉法律之学》。

氏自弘后数世皆传法律，子孙至公者一人，廷尉七人，侯者三人，刺史、二千石、侍中、中郎将者二十余人，侍御史、正、监、平者甚众"，《后汉书·郭躬传》。几于官有世功，族有世业矣。又言"吴雄季高以明法律，断狱平，起自孤宦，致位司徒"，同上。此则以孤寒特擢者也。然其时儒学日见隆重，故法家之地盘，卒渐为儒家所夺。

　　以儒家篡法家之统者，莫如以《春秋》折狱。应劭删定律令为《汉仪》，其奏之之辞曰："故胶东相董仲舒老病致仕；朝廷每有政议，数遣廷尉张汤亲至陋巷，问其得失。于是作《春秋决狱》二百三十二事，动以经对，言之详矣。"此为儒家之羼入法学之大宗。《汉书·艺文志·春秋》家有"《公羊董仲舒治狱》十六篇"，当即是书。劭自言："撰具《律本章句》、《尚书旧事》、《廷尉板令》、《决事比例》、《司徒都目》、《五曹诏书》及《春秋断狱》，凡二百五十篇。蠲去复重，为之节文。"则仲舒之议，业已与律、令及比并编。后来魏晋修律，搀入其中者，必不少矣。公孙弘"少时为薛狱吏，年四十余，乃学《春秋》杂说"。史称其"习文法吏事，而又缘饰以儒术"。吕步舒持斧钺治淮南狱，以《春秋》谊颛断于外，不请，既还奏事。上皆是之。《汉书·五行志》。张汤决大狱，欲傅古义，乃请博士弟子治《尚书》、《春秋》补廷尉史，亭疑法。《史记·酷吏列传》。《汉书·儿宽传》："宽以射策为掌故，功次，补廷尉文学卒史。时张汤为廷尉，廷尉府尽用文史法律之吏，而宽以儒生在其间，见谓不习事，不署曹，除为从史，之北地，视畜数年。还至府，上畜簿，会廷尉时有疑奏，已再见却矣，掾史莫知所为，宽为言其意。掾史因使宽为奏，奏成，读之，皆服，以白廷尉汤。汤大惊，召宽与语，乃奇其材，以为掾。上宽所作奏，即时得可。异日，汤见上。问曰：前奏非俗吏所及，谁为之者？汤言儿宽。上曰：吾固闻之久矣。汤由是乡学，以宽为奏谳掾，以古法义决疑狱，甚重之。"何敞"迁汝南太守。立春日，尝召督邮还府，分遣儒术大吏案行属县,显孝悌有义行者。及举冤狱,以《春秋》义断之"。《后汉书》本传。"诸官司有所患疾,欲增重科防,以检御臣下,泽每曰:宜依礼、律。"《三国·吴志·阚泽传》。皆儒术羼入法学之证。当时之为学者,亦多如此。路温舒又受《春秋》,通大义;于定国迎师学《春秋》,身执经北面备弟子礼;丙吉本起狱法小吏,后学《诗礼》,皆通大义;王霸父为郡决曹掾,霸亦少为狱吏,尝慷慨不乐吏职,其父奇之,遣西学长安;郭禧兼好儒学;陈宠虽传法律,而兼通经书;陈球少涉儒学,善律令;张翼高祖父浩兼治律、《春秋》;皆其事。梁统欲改正王嘉所改旧律,三公廷尉以为不宜,统请口对尚书,言"愿陛下采择贤臣孔光、师丹等议";则儒生之议为法家所重,旧矣。《后汉书·儒林传》:何休"以《春秋》驳汉事六百余条,妙得《公羊》本意;服虔又以《左传》驳何休之所驳汉事六十条"。则当时儒家之内,又有分门,亦可谓盛矣。

〔七三〕汉文帝除宫刑

汉景帝元年诏曰：“孝文皇帝临天下，……除宫刑，出美人，重绝人之世也。”《史记》作肉刑，辞异意同。上文已有去肉刑语，王先谦《汉书补注》：“《史记》作除肉刑，与上复出，自是传写误改。且下云重绝人世，知非谓肉刑也。”案此恐后人以为言除肉刑不切而改之，古人于此等处，不甚计较。除宫刑与除肉刑既系一事，即上言肉，下言宫，亦不能谓其不犯复也。晁错对策，亦美文帝“除去阴刑”，则文帝确有除宫刑之事。崔浩《汉律序》云“文帝除肉刑而宫不易”，《史记·孝文本纪索隐》引。误矣。其所以致误者，《汉书·孝文本纪》云：“除肉刑法，语在《刑法志》。”而《刑法志》载张苍等议，但云“当黥者髡钳为城旦舂，当劓者笞三百，当斩左止者笞五百，当斩右止、及杀人先自告、及吏坐受赇枉法、守县官财物而即盗之、已论命复有笞罪者，皆弃市”，而不及宫。孟康遂释文帝令中“今法有肉刑三”之语曰：“黥、劓二，刖左右趾合一，凡三也。”其实令云“断支体”当指斩止，“刻肌肤”当指黥、劓，云“终身不息”则指宫也。《三国志·钟繇传》：繇上疏云：“若今蔽狱之时，讯问三槐、九棘、群吏、万民，使如孝景之令，其当弃市，欲斩右趾者许之。其黥、劓、左趾、宫刑者，自如孝文，易以髡、笞。”则孝文亦以髡、笞易宫刑，而《汉志》不之及，其疏漏殊可异也。

宫刑既废而复用，盖所以代死刑。景帝中四年秋，“死罪欲腐者许之"，其始也。《后汉书·明帝纪》永平八年："诏三公募郡国中都官死罪系囚，减罪一等，勿笞，诣度辽将军营，屯朔方、五原之边县。其大逆无道殊死者，一切募下蚕室。"《章帝纪》元和元年诏："郡国中都官系囚减死一等，勿笞，诣边县；其犯殊死，一切募下蚕室；其女子宫。"章和元年："诏郡国中都官系囚减死罪一等，诣金城戍；犯殊死者，一切募下蚕室；其女子宫。"《和帝纪》永元八年："诏郡国中都官系囚减死一等，诣敦煌戍；其犯大逆，募下蚕室；其女子宫。"盖犯凡死罪者减一等，而全其肢体。大逆无道殊死者，不可与之同科，故又加以宫割耳。《明帝纪》永平十六年："诏令郡国中都官死罪系囚减死罪一等，勿笞，诣军营，屯朔方、敦煌；妻子自随，父母同产欲求从者，恣听之；女子嫁为人妻，勿与俱。谋反大逆无道，不用此书。"王朗驳钟繇之议："以为繇欲轻减大辟之条，以增益刖刑之数，此即起偃为竖，化尸为人矣。然臣之愚，犹有未合微异之意。夫五刑之属，著在科律，自有减死一等之法，不死即为减。施行已久，不待远假斧凿于彼肉刑，然后有罪次也。"而不知科律之或任减死，或又假于斧凿者，固自有其等差也。繇传言"太祖下令，使平议死刑可宫割者"，则仍系欲以之代死刑。

《汉书·外戚传》：孝宣许皇后父广汉，从武帝上甘泉，误取他郎鞍以被其马。发觉，吏劾从行而盗，当死。有诏募下蚕室。孟康曰："死罪囚欲就宫者听之。"则以宫恕死，由来已久。《传》又云：孝武钩弋赵婕伃，"其父坐法宫刑为中黄门"；太史公亦下腐刑。此等皆非大逆无道殊死之属；盖初行时，但以宥凡死者，至后汉时乃分等差也。

〔七四〕法令烦苛之弊

法令之烦，莫甚于汉时。盖以六篇之法不足于用，而令甲及比等纷然并起也。烦苛之弊，众皆知其为酷吏因缘上下其手，所欲活则傅生议，所欲陷则予死比。然又有出于此之外者。《后汉书·杜林传》：建武十四年群臣上言宜增科禁，诏下公卿，林奏曰："夫人情挫辱，则义节之风损；法防繁多，则苟免之行兴。大汉初兴，详览失得，故破矩为圆，斫彫为朴，蠲除苛政，更立疏网。海内欢欣，人怀宽德。及至其后，渐以滋章。吹毛索疵，诋欺无限。果桃菜茹之馈，集以成臧；小事无妨于义，以为大戮。故国无廉士，家无完行。至于法不能禁，令不能止。上下相遁，为敝弥深。臣愚以为宜如旧制，不合翻移。"帝从之。则当时政俗之弊，固由为吏者之苛，亦由法令如牛毛，有以为其所借手。汉人议论，多疾武帝以后法令滋章，亦有以也。

当时州郡造设苛禁，亦为烦扰之一端。《汉书·宣帝纪》五凤二年诏言："今郡国二千石或擅为苛禁，禁民嫁娶不得具酒食相贺召。"《后汉书·质帝纪》本初元年诏："顷者州郡轻慢宪防，竞逞残暴，造设科条，陷入无罪。"亦烦扰之一端也。

〔七五〕古代法律不强求统一

记称"君子行礼,不求变俗"。盖各地方之人,各有其生活;生活不同,风俗自不同;风俗不同,则其所谓犯罪者自异,固不宜强使一律也。南粤请内属,汉为除其故黥劓刑,用汉法。《汉书》本传。《后汉书·马援传》言:"援条奏越律与汉律驳者十余事,与越人申明旧制以约束之,自后骆越奉行马将军故事。"是汉旧本不以汉律强行之越,即马援亦为特别以治之也。此犹曰异族也。《三国志·何夔传》:"迁长广太守。是时太祖始制新科下州郡,又收租税绵绢。夔以郡初立,近以师旅之后,不可卒绳以法,乃上言曰:自丧乱已来,民人失所,今虽小安,然服教日浅。所下新科,皆以明罚敕法,齐一大化也。所领六县,疆域初定,加以饥馑,若一切齐以科禁,恐或有不从教者。有不从教者不得不诛,则非观民设教随时之意也。先王辨九服之赋以殊远近,制三典之刑以平治乱,愚以为此郡宜依远域新邦之典,其民间小事,使长吏临时随宜,上不背正法,下以顺百姓之心。比及三年,民安其业,然后齐之以法,则无所不至矣。太祖从其言。"盖不顾其俗之适宜与否,而一切断之,原非适宜于义礼之事,特以后世之所谓法者,已失弼教之意,而徒能责之以强从。上责民以强从,则民也将及唇而责上之所施之不一。于是不复顾其适宜与否,而徒求其形式之齐

此本非□□□□①之事，刑法所以寝不为人所服以此也。废法而
揆之于义，固非今所能行，然今之所谓法者，实为不厌人心之物，
则亦不可以不知也。

---

① 原稿缺字。

〔七六〕卖首级

俗有所谓宰白鸭者,谓贫困之人,得富人若干钱,则自卖生命,代承死罪是也。《后汉书·刘瑜传》:瑜上书陈事,言民愁郁结,起入贼党,官辄兴兵,诛讨其罪。贫困之民,或有卖其首级,以要酬赏。则汉世已有之矣。亦可哀矣。

〔七七〕西　域

　　中国所谓西域者,本仅指今天山南路之地言之。故曰:南北有大山,_{北为今天山}。南为今新疆省沙漠以南之山脉,入甘肃,即祁连山。中央有河,_{今塔里木河}。东则接汉,厄以玉门_{在今甘肃敦煌县西百五十里}。阳关。_{今敦煌县西百三十里,玉门之南}。西则限以葱岭也。自武帝服乌孙,破大宛,后汉时,甘英部将之迹,且西抵条支,则西域二字之范围,遂愈扩愈广矣。拓跋魏时,分西域为四域:自葱岭以东,流沙以西为一域,即今天山南路,汉最初所谓西域也;葱岭以西,海曲以东为一域,则今波斯、阿富汗之地,所谓伊兰高原也;者舌以南,月氏以北为一域,则今咸海以东,阿母河以北,北抵今西伯利亚西南境;两海之间,水泽以南为一域,则今咸海里海间地也。元时之花剌子模,地皆在今葱岭以西。《元史》亦以西域国称之。又历代所谓犁轩、拂菻、大秦者,即欧洲之罗马。前史亦并列西域传中,则虽谓中国古代所谓西域,包今欧罗巴全洲言之。亦无不可矣。_{罗马盛时,几于统一欧洲}。盖西域二字,其西方并无界限也。

　　其通西域之道,汉时本分为二。自玉门阳关,涉鄯善,傍南山北,波河西行,玉莎车,为南道。南道西逾葱岭,则出大月氏、安息。自车师前王庭,随北山,波河西行,至疏勒,为北道。北道西逾葱岭,则出大宛、康居、奄蔡。后魏时,更为四道:自玉门度流沙,西行二千里,至鄯善为一道。北行者,二千二百里至车师,为一道。从莎车西行,百里至葱岭,葱岭西千三百里至伽倍,为一道。自莎车西南,五百里至葱岭,葱岭西南千三百里至波路,为一道。实则第一第二两道,仍即汉所谓南北道。第三第四两道,则汉所谓南道逾葱岭,西出大月氏、安息者耳。嗣后历代与西域诸国之交通,其大体亦恒不外此也。

原刊《沈阳高师周刊》,一九二二年出版

〔七八〕昆仑考

　　昆仑有二,《史记·大宛列传》:"汉使穷河源,河源出于阗。其山多玉石,采来。天子案古图书,名河所出山曰昆仑云。"此今于阗河上源之山,一也。《禹贡》:"织皮:昆仑、析支、渠搜,西戎即叙。"《释文》引马云:"昆仑,在临羌西。"《汉志》金城郡临羌有昆仑山祠,敦煌郡广至有昆仑障。《太平御览·地部》引崔鸿《十六国春秋》:"酒泉太守马岌上言:酒泉南山,即昆仑之体也。"地望并合。《周书·王会解》:"正西昆仑,请令以丹青白旄纰𦋺为献。"旄,牦牛尾。纰,《说文》:"氐人𦇧也。"𦇧,"西胡毳布也。"牦牛正出甘肃、青海,物产亦符。析支,马云:"在河关西。"《水经·河水注》:"司马彪曰:西羌者,自析支以西,滨于河首,左右居也。河水屈而东北流,经析支之地,是为河曲矣。"《后汉书·西羌传》亦曰:"河关之西南,滨于赐支,至乎河首,绵地千里。"《禹贡》叙述之次,盖自西而东。渠搜虽无可考,《凉土异物志》:"渠搜国,在大宛北界。"《隋书·西域传》:"铍汗国,都葱岭之西五百余里,古渠搜国也。"地里并不合。度必更在析支之东,故《汉志》朔方郡有渠搜县,盖其种落迁徙所居邪? 蒋氏廷锡说。见《尚书地理今释》。析支在河曲,而昆仑更在其西,则必在今黄河上源矣,二也。《书疏》引郑玄云:"衣皮之民,居此昆仑、析支、渠搜三山之野者,皆西戎也。"又申之曰:"郑以昆仑为山,谓别有昆仑之山,非河所出者也。"《山海经·海内西经》："海内昆仑之墟在西北,河水出东北隅。"郭《注》亦曰："言海内者,明海外复有昆仑山。"一似此两昆仑者必不可合矣。然予谓以于阗河源之山为昆仑,实汉人之误,非其实也。水性就下,天山南路,地势实低于黄河上源,且其地多沙漠,巨川下流,悉成湖泊;每得潜行南出,更为大河之源。汉使于西域形势,盖本无所知,徒闻大河来自西方,西行骤睹巨川,遂以为河源在是。汉武不知其诳,遽案古图书,而以河所出之昆仑名之。盖汉使谬以非河为河,汉武遂误以非河所出之山为河所出之山矣。太史公曰:"《禹本纪》言河出昆仑。昆仑,其高二千五百余里,日月所相避隐为光明也。其上有醴泉、瑶池。今自张骞使大夏之后也,穷河源,恶睹《本纪》所谓昆仑者乎?故言九州山川,《尚书》近之矣。至《禹本纪》、《山海经》所有怪物,余不敢言之也。"《禹本纪》等荒怪之说,自不足信。然其所托,实今河源所出之昆仑。史公据于阗河源之山以斥之,其斥之则是,其所以斥之者则非也。《太史公书》,止于麟止。此篇多元狩后本,实非史公作也。《尔雅》"河出昆仑墟",虽不言昆仑所在,然又云:"西方之美者,有昆仑墟之球琳琅玕焉。"《淮南·地形训》作西北方。《禹贡》昆仑之戎,实隶雍州;而雍州之贡,有球琳琅玕。可知《尔雅》河所出之昆仑,即其产球琳琅玕之昆仑,亦即《禹贡》之昆仑矣。《淮南·地形训》:"河水出昆仑东北陬,贯渤海,入禹所导积石山。"《海内西经》则云:"西南又入渤海,又出海外,入禹所导积石山。"《说文》:"河水出敦煌塞外昆仑山,发源注海。"所谓海、渤海者,盖指今札陵、鄂陵等泊,所据仍系旧说。《水经》谓"河水入渤海,又出海外,南至积石山下,又南入葱岭,出于阗国,又东注蒲昌海",则误合旧说与汉人之说为一矣。以山言之则如彼,以河言之则如此。然则河源所在,古人本不误,而汉之君臣自误之也。《周官·大宗伯》,"以黄琮礼地。"郑注:"此礼地以夏至,谓神在昆仑者也。"《典瑞》:"两圭有邸，以祀地旅四望。"郑注："祀地，谓所祀于北郊，神州之神。"疏："案《河图·括地象》，昆仑东南万五千里，神州是也。"案郑氏之说，盖出纬候，故疏引《河图·括地象》为证。江、淮、河、济，古称四渎。汉族被迹，先在北方。北方之水，惟河为大。记曰："三王之祭川也，皆先河而后海。或源也，或委也，此之谓务本。"《大司乐》注谓："禘大祭地祇，则主昆仑。"昆仑为河源所在，故古人严祀之与？

原刊《光华大学半月刊》第二卷第四期，
　一九三三年十一月二十五日出版

〔七九〕匈奴古名

匈奴在古代，盖与汉族杂居大河流域，其名称：或曰猃狁，亦作獯狁。或曰獯鬻，獯亦作熏作荤，鬻亦作粥。或曰匈奴，皆一音之异译。《史记索隐》："应劭《风俗通》曰：殷时曰獯粥，改曰匈奴。又曰匈奴，荤粥其别名。"《诗·采薇》毛传："俨狁，北狄也。"《笺》云："北狄，匈奴也。"《吕览·审为篇》高注："狄人，猃允，今之匈奴。"案伊尹四方令径作匈奴。又案《史记》："唐虞以上，有山戎、猃狁、荤粥。"荤粥两字，盖系自注，史公非不知其为一音之转也。又称昆夷、畎夷、串夷，则胡字之音转耳。昆，又作混，作绲。畎，亦作犬。又作昆戎，犬戎。《诗·皇矣》："串夷载路。"郑《笺》："串夷，即混夷。"《正义》："书传作畎夷，盖犬混声相近，后世而作字异耳。或作犬夷，犬即畎字之省也。"案《诗·采薇》序疏引《尚书大传》注："犬夷，昆夷也。"《史记·匈奴列传》："周西伯昌伐畎夷氏。"又"自陇以西，有绵诸、绲戎。"《索隐》、《正义》皆引"韦昭曰：《春秋》以为犬戎"，足征此诸字皆一音异译。《索隐》又引《山海经》云："黄帝生苗，苗生龙，龙生融，融生吾，吾生并明，并明生白，白生犬，犬有二牡，是为犬戎。"又云："有人面兽身，名犬夷。"则附会字义矣。狄、貉、蛮、闽等字，其初或以为种族所自生。故《说文》有犬种、豸种、虫种之说。然其后则只为称号，不含此等意义。至于犬戎之犬，则确系音译，诸家之说可征也。昆夷、猃狁系一种人，犹汉时既称匈奴，亦称胡也。《孟子》："文王事昆夷"，"大王事獯鬻"，乃变文言之耳。《诗序》："文王之时，西有昆夷之患，北有猃狁之难"，竟以为两族人，误矣。《出车》之诗曰："赫赫南仲，猃狁于襄。"又曰:"赫赫南仲,薄伐西戎。"又曰:"赫赫南仲,狎狁于夷。"狎狁在西北,可称戎,亦可称狄,《诗》取协韵也。《笺》云:"时亦伐西戎。独言平狎狁者,狎狁大,故以为始,以为终",已不免拘滞。序析狎狁、昆戎而二之,益凿矣。

〔八○〕匈奴不讳名而无姓字

　　《史记·匈奴列传》："其俗有名不讳而无姓字。"《汉书》无"姓"字。《集解》："骃案《汉书》曰：单于姓挛鞮氏。"意以《史记》谓匈奴无姓为非。此乃误会。疑《汉书》亦本有"姓"字，而为浅人所删也。挛鞮氏盖庶姓，非正姓。《史记》下文又云："诸大臣皆世官，呼衍氏、兰氏，其后有须卜氏，此三姓其贵种也。"此"姓"字为庶姓；"有名不讳而无姓字"之姓，自为正姓；辞同义异，古人不以为嫌，不拘拘于立别，或自下注脚也。无姓，自谓无姬、姜、姚、姒之伦，非谓无晋重、鲁申之类也。

　　古人著书，有所本者，大抵直录其辞，不加更定，《史记·陈涉世家》，谓其子孙至今血食，而《汉书·涉传》，沿袭其文，是其一例。《史通·因袭篇》讥之，实由未知古书文例也。今《史》、《汉》辞句同异，非传写讹误，即妄人改易，而为钞胥所删节者尤多，《汉书》虚字，恒较《史记》为少以此。以自唐以前，《汉书》传习较广，誊写亦烦也。其元文，恐当与《史记》无异。后人顾据今本，以谈马、班文字异同，亦可笑矣。

原刊《国学论衡》第五期上，一九三五年六月三十日出版

〔八一〕匈奴官制

匈奴官制,《史记》曰:"置左右贤王,左右谷蠡王,左右大将,左右大都尉,左右大当户,左右骨都侯。匈奴谓贤曰屠耆,故常以太子为左屠耆王。自如左右贤王以下至当户,大者万骑,小者数千,凡二十四长,立号曰万骑。诸大臣皆世官。呼衍氏,兰氏,其后有须卜氏,此三姓其贵种也。诸左方王将居东方,直上谷,以往者东接濊貉、朝鲜;右方王将居西方,直上郡,以西接月氏、氐、羌;而单于之庭直代、云中:各有分地,逐水草移徙。而左右贤王、左右谷蠡王最为大国。左右骨都侯辅政。诸二十四长亦各自置千长、百长、什长、裨小王、相封、都尉、当户、且渠之属。"《匈奴列传》。《后汉书》曰:"其大臣贵者左贤王,次左谷蠡王,次右贤王,次右谷蠡王,谓之四角;次左右日逐王,次左右温禺鞮王,次左右渐将王,是为六角;皆单于子弟次第当为单于者也。异姓大臣左右骨都侯,次左右尸逐骨都侯,其余日逐、且渠、当户诸官号,各以权力优劣、部众多少为高下次第焉。单于姓虚连题。异姓有呼衍氏、须卜氏、丘林氏、兰氏,四姓为国中名族,常与单于婚姻。呼衍氏为左,兰氏、须卜氏为右,主断狱听讼,当决轻重,口白单于,无文书簿领焉。"《南匈奴列传》。《晋书》曰:"其国号有左贤王、右贤王、左奕蠡王、右奕蠡王、左于陆王、右于陆王、左渐尚王、右渐尚王、左朔方王、右朔方王、左独鹿王、右独鹿王、左显禄王、右显禄王、左安乐王、右安乐王,凡十六等,皆用单于亲子弟也。其左贤王最贵,唯太子得居之。其四姓有呼延氏、卜氏、兰氏、乔氏。而呼延氏最贵,则有左日逐、右日逐,世为辅相;卜氏则有左沮渠、右沮渠;兰氏则有左当户、右当户;乔氏则有左都侯、右都侯。又有车阳、沮渠、余地诸杂号,犹中国百官也。"《四夷列传》。

三书看似互异,实仍大致相同。《史记》云"自左右贤王至当户,大者万骑,小者数千";又云"各有分地,而左右贤王、左右谷蠡王最为大国";此匈奴同姓封建之制也。云"左右骨都侯辅政",明其不在封建之列。然又云"凡二十四长,立号曰万骑";又云"二十四长皆各自置千长、百长、什长、相邦";王静庵《观堂集林》,有《匈奴相邦印跋》,谓即《史记》之相封,乃汉人避高祖讳改,其说是也。匈奴官名,有与中国同者,亦有与中国异者。予初谓其可与汉制相比附者,则汉人代以中国官名;其不能相比附者,则译其音。然匈奴与中国同文之说如确,则其官名,或本有与中国同者,相邦是其一证。然则王与侯,或亦匈奴本有此封爵也。同姓皆封王,而异姓封侯,亦可见匈奴之制,厚于同姓。**盖野蛮部落皆然。明其皆有众与土者。则封建之世,诸部皆有土有民**,《晋书》云:"北狄以部落为类,其入居塞者,凡十九种,皆有部落,不相杂错。"**特非王室所树为藩屏者耳。**《晋书·刘元海载记》:僭位后,"宗室以亲疏为等,悉封郡县王;异姓以勋谋为差,皆封郡县公侯。"盖犹沿旧制。《刘曜载记》:"置左右贤王已下,皆以胡、羯、鲜卑、氐、羌豪桀为之。"则意存抚纳矣。《史记》云"左右骨都侯辅政";《后汉书》云"呼衍氏为左,兰氏、须卜氏为右,主断狱听讼,当决轻重";二者即是一事,浅演之国,政与刑,常相附丽也。《晋书》云左日逐、右日逐世为辅相,亦即此职。异姓贵者呼衍氏、兰氏最早,须卜氏次之,丘林氏又次之。卜氏盖即须卜氏,乔氏盖即丘林氏。四者虽并称贵种,然辅政即听讼之职,似只《史记》所谓骨都侯即《晋书》所谓日逐者有之。匈奴之制,盖以同姓居外,异姓居内,亦可谓以同姓主兵，异姓主政也。四角六角，次第当为单于，盖呼韩邪以后之制。乌珠留单于时，左贤王数死，以其号不祥，更曰护于，然其后当次立者，仍称左贤王，则系一时之制，或彼中虽称护于，中国人仍以旧名书之也？

　　太子号称贤王，则匈奴之法，似系择贤而立者。然观左大将之让位于狐鹿姑，及呼韩邪颛渠阏氏与大阏氏之相让，则匈奴之法，亦系立嫡立长，立贤盖其初制也。

〔八二〕匈奴人口

　　贾生谓匈奴之众，不过汉一大县，论者多以为疏。然《史记·匈奴列传》载中行说之言，谓匈奴人众，不能当汉之一郡。《盐铁论·论功篇》载大夫之言，亦谓匈奴不当汉家之巨郡。三说符会，则贾生之言，非夸诞也。南部之克北部也，领户三万四千，口二十三万七千三百，胜兵五万一百七十。则匈奴户余六口；而胜兵之数，居其口数四之一强。与《新书·匈奴篇》五口而出介卒一人之说合。盖一夫上父母，下妻子，老弱妇女，皆不能操兵，故其比例如此也。《后汉书》载屈兰储卑胡都须等五十八部之降也，口二十万，胜兵八千人，则仅当口数二十五之一。左部胡之叛，逢侯还入朔方塞也，胜兵四千人，弱小万余口，则又当十之六。盖丧乱之际，壮丁或以争斗而多死亡，老弱或以不能自建而多转死，见虏略，不能以常例绳也。然则欲知匈奴口数，取其丁壮之数，以五乘之，即得矣。《史记·匈奴列传》曰"士力能弯弓，尽为甲骑"，此即《后汉书》所谓胜兵者。又曰"自左右贤王以下至当户，大者万余骑，小者数千。凡二十四长，立号曰万骑"，则匈奴丁壮，尚不足二十四万。又曰"冒顿控弦之士三十余万"，盖其自号之虚辞，或并其所服从之北夷计之也。今即以匈奴丁壮之数为二十四万，以五乘之，不过百二十万；更谓其所谓口者，妇女不与焉，其数当与男子相等，亦不过二百四十万耳。汉郡户口，汝南最盛，户余四十六万，口几二百六十万。汉世口钱重，口数不得无隐匿，其实或尚不止此。谓匈奴人众，不能当汉之一郡，信矣。

《新书》曰："窃料匈奴控弦大率六万骑。五口而出介卒一人，五六三十，此即户口三十万耳。"《匈奴》。此其不过一大县之说所由来，为数未免太少。或但计单于所属，未及左右方王将邪？匈奴兵数，见于《史》、《汉》者，冒顿之围高帝于白登最盛，《史记》云四十万骑，《汉书》云三十余万骑，《匈奴列传》。《史记·刘敬传》云："当是时，冒顿为单于，兵强，控弦三十万。"《汉书》作四十万，此与《匈奴列传》上文，皆举匈奴全国兵数。冒顿即欲大举，岂能扫境内而至平城邪？果如是，断非匿其壮士肥牛马，遂能误汉使使以为可击矣。《韩王信传》云："匈奴使左右贤王将万余骑与王黄等屯广武以南。"此其偏师之数；单于自将大举，度亦不过万余人至数万人耳。盖其自号之虚数。其后单于自将，众率在十万左右；分兵侵掠，则自万骑至三万骑；且鞮侯以前类然。孝文十四年，老上单于入朝那萧关十四万骑。后六年，军臣入上郡、云中各三万骑。聂翁壹诱军臣，军臣以十万骑入武州塞。后六年，以二万骑入，杀辽西太守。伊稚斜既立，以数万骑入杀代郡太守恭。明年，又入代郡、定襄、上郡，各三万骑。元朔五年，以万骑入代郡。越二年，以万人入上谷。其明年，入右北平、定襄各数万骑。浞野侯之没，匈奴以八万骑围之。天汉四年，贰师等之出，单于以十万骑待余吾水南。征和三年，贰师等再出，匈奴使大将与李陵将三万余骑追汉军，至浚稽山；又使大将偃渠与左右呼知王将二万余骑，要汉兵于天山。使右大都尉与卫律将五千骑，要击汉兵于夫羊句山狭。贰师深入要功，度郅居水。左贤王、左大将将二万骑与汉军战，军还，单于又自将五万骑遮击之。**壶衍鞮、虚闾权渠之世，其众似少衰，分兵多不逾万，少裁数千。**壶衍鞮立四岁，发左右部二万骑为四队，并入边为寇，是队五千人也。明年，复遣九千骑屯受降城，其右贤王、犁污王又以四千骑分三队入日勒、屋兰、番和，则队千余人耳。明年，以三千骑入五原，又以数万骑南旁塞猎，行攻塞外亭障，略取吏民去。所谓数万骑，不知可信否。时汉得匈奴降者，言乌桓尝发先单于冢，匈奴怨之，方发二万骑击乌桓，则传闻不审之辞。是时乌桓尚弱，匈奴击之，不必用二万骑也。本始二年，单于自将击乌孙，不过万骑。虚闾权渠立，欲与汉和，左大且渠害之，请与呼卢訾各将万骑南旁塞猎，时又发两屯各万骑以备汉，虽稍盛，亦无复前此数万之众。时匈奴已稍西徙，然遣右大将屯田右地，欲以侵迫乌孙西域，不过各万余骑；其遣左右奥鞬与左大将击汉之田车师者，则各六千骑耳；后又遣兵击丁令，亦不过万骑。惟元康四年虚闾权渠旁塞猎，史称其将十余万骑，盖亦虚辞，不足信。然诸单于之相争也，呼韩邪发左地兵四五万人，以击握衍朐鞮。屠耆以数万人袭呼韩邪；呼韩邪既败，又使左奥鞬王、乌借都尉各将二万骑屯东方以备之。其后乌借、呼揭、车犁各自立，乌借、车犁皆败走，与呼揭合，兵四万人。乌借、呼揭皆去单于号，并力尊辅车犁。屠耆以四万骑西击之。又使左大将、都尉将四万骑分屯东方，以备呼韩邪。呼韩邪、屠耆之战，屠耆兵六万，呼韩邪兵可四万。是拥众相争者，尚自二三万至七八万，而史云呼韩邪复都单于庭，众裁数万人者，以乌厉屈父子既降汉，闰振又自立，分崩离析，众不尽统于单于也。《汉书·宣帝纪》五凤三年诏曰：“匈奴虚闾权渠单于请求和亲，病死。右贤王屠耆堂代立。骨肉大臣立虚闾权渠单于子为呼韩邪单于，击杀屠耆堂，诸王并自立，分为五单于，更相攻击，死者以万数，畜产大耗什八九，人民饥饿，相燔烧以求食，因大乖乱。单于阏氏子孙昆弟及呼邀累单于、名王、右伊秩訾、且渠、当户以下，将众五万余人来降。”匈奴是时，死亡及降中国者盖甚众。呼韩邪之败，伊利目收其余兵，及屠耆余兵，裁数千人，微矣。迨郅支并之，兵五万余。则郅支之众，本余四万，合诸纷争者之众，亦数十万矣。其分部人数可考者：浑邪王杀休屠王，并其众降汉，凡四万余人，号十万；《建元以来侯者年表》，《漯阴侯》：以匈奴浑邪王将众十万降侯。《卫将军骠骑传》云：“降者数万，号称十万。”日逐王先贤掸之降汉，众数万骑；《汉书·宣帝纪》云：“人众万余。”乌厉屈父子降汉，众亦数万人；惟闰振所主，裁五六百骑，则丧乱之际，非其常也。呼韩邪归汉后，左伊秩訾以谗惧诛，将其众千余人降汉。又《汉书·西域传》:"元帝时置戊己校尉,屯田车师前王庭。是时匈奴东蒲类王兹力支将人众千七百余人降都护。"亦承丧乱之后,或故小部也。秦汉时用兵,习为虚号,以自张大,匈奴或亦染此习。又汉家文告,亦有虚辞,张敌军,正所以夸功伐,视威武也。匈奴号称十万骑者,众当数万;号数万者当万骑;号万骑者当数千。《史记》所书,或即其自号之虚辞,或系实数,不一律。《史记》云:"自左右贤王以下至当户,大者万余骑,小者数千。"盖其以数万骑或万骑入寇者,乃其诸王将举部以行;而单于自将,常在十万;则其六万之众所立之虚号也。马邑之役,王恢言三万众不能与单于敌,盖其三万亦虚号。不然,以恢之勇,未必不能以一敌二也。《汉书·苏武传》:卫律谓武:"律归匈奴,幸蒙大恩,赐号称王,拥众数万。"以五口出介卒一人率之,律所统亦当近万骑也。吾故疑《新书》之言,为就单于直属之众计之也。使所疑而确,则二十四长之外,又有单于自统之众六万骑,其数适得三十万,与《史记》冒顿控弦之士三十万之说合。以五乘之,匈奴口数,当得百五十万;谓妇女在其外,则当得三百万;亦尚不敌汉之一郡也。而况乎谓匈奴口数,不计妇女,无征而又远于事情也? 故知贾生、中行说、桑弘羊之言,非夸诞也。古书记事之辞,多有不尽可信者。《史记·李牧传》谓牧破杀匈奴十余万骑。夫至冒顿而匈奴最强大,控弦之士,不过三十万,安得当牧之时见杀者乃如是其众邪? 此亦当时文告之虚辞也。

《史记》、《两汉书》述匈奴之众,曰骑若干与众若干者异。骑即《后汉书》所谓胜兵,《史记》所谓力能弯弓之士,众则合老弱妇女言之也。南单于比之降也,敛所主南边八部,众四五万人。事在建武二十三年,自此下距章和二年屯屠何之求并北庭,凡四十二年,匈奴之众当大盛,而其年屯屠何上言:愿发国中及诸部故胡新降精兵,遣左谷蠡王师子等将万骑出朔方,左贤王安国等将万骑出居延,臣将余兵万人屯五原、朔方塞。则是时南单于之兵,合诸部及新降,不过三万。明年汉兵之出朔方,南单于以三万骑偕,盖倾国以行矣。以五口出介卒一人率之,是时匈奴口数,当得十五万。其来降时,兵当劣近万人。而史云北单于遣万骑击之,见其众不敢进者,以其敛众严备,非谓众寡不相侔也。北单于裁遣万人者,盖亦以比倾所有之众,兵不过万余,不料其遽能尽敛之而厚集其力也,则已为以众击寡矣。比之既降也,遣弟左贤王莫击北单于弟奥鞬左贤王,获之,又破北单于,并得其众,合万余人;北部奥鞬骨都侯与右骨都侯又率众三万余人来归。虽奥鞬左贤王及南部五骨都侯旋叛而北,众亦合三万余人,然未几,五骨都侯子复将其众三千人归南部。永平二年,护于丘又率众千余人南降。建初元年,皋林温禺犊王还居涿邪山,南单于遣轻骑与缘边郡及乌桓兵出塞击之,又降三四千人。八年,北部三木楼訾大人稽留斯等又率三万八千人款五原塞。元和二年,南单于令师子将轻骑出塞,掩击北虏,复斩获千人。是时北部危乱,斩杀降虏,度尚有不尽见于史者,然优留单于之死,章和元年。屈兰储卑胡都须等五十八部来降,口尚二十万。而史犹云"时北虏大乱,加以饥蝗,降者前后而至",则南北分张之际,北部之众,实远盛于南。据此以推,则自呼韩邪降汉之后,休养生息,至于建武之时,其众之盛,必当不减冒顿。莽世之叛,史言其历告左右部都尉、诸边王,入塞寇盗,大辈万余,中辈数千,少者数百。盖以其居近塞,而汉是时缘边无备,不必大众然后可以为寇,故千百骑亦相率而来,而非其众之不逮盛时也。以是时中国之凋敝,安能御之?内徙幽并边人,固其宜矣。然则匈奴之分裂,诚后汉之天幸也。

北部之分崩,其众归中国者多,归南部者顾少。是时南部兵数,都三万骑;以五口出介卒一人率之,口数当十五万。而永元二年,史言南部克获纳降,党众最盛,口数不过二十三万余,胜兵五万余耳。然则北部之众,为所得者,不足十万也。永元六年,师子立为单于,新降胡惊动,叛者十五部二十余万人。则此数年之中,又续有降获。然较诸稽留斯之款塞,屈兰储卑胡之来降,则已微矣。不怀其同种,而甘自托于上邦,又以知贾生五饵之谋,不徒处士之大言,少年之锐气也。

原刊《国学论衡》第五期上,一九三五年六月三十日出版

〔八三〕匈奴风俗

　　匈奴风俗，与中国相类者极多，此亦其出于夏桀之一旁证也。《史记》谓匈奴之俗，岁正月诸长少会单于庭，祠；五月大会龙城，祭其先、天地、鬼神；秋大会蹛林，课校人畜计。《后汉书》称其俗："岁有三龙祠，尝以正月、五月、九月戊日祭天神。"合二书观之，则此三会，皆祭天地鬼神。《史记》又曰："单于朝出营，拜日之始生，夕拜月。"此即朝日夕月之礼，皆极与中国类。犹得曰天地日月先祖鬼神，为凡民族所同尊，不必受之中国也。从古北族无称其君曰天子者，皆曰汗。汗，大也。盖译其音则曰汗，译其意则曰大人。而匈奴独称其君曰撑犁孤涂单于。撑犁，天也；孤涂，子也；单于，广大之貌也；言其象天单于然也。老上遗汉书，自称"天地所生日月所置匈奴大单于"；狐鹿姑遗汉书，亦曰"胡者天之骄子也"，谓非中国之法得乎？韩昌、张猛之送呼韩邪出塞也，见单于民众益盛，塞下禽兽尽，单于足以自卫，不畏郅支；闻其大臣多劝单于北归者，恐北去后难约束，即与为盟约，曰："自今以来，汉与匈奴，合为一家，世世毋得相诈相攻。有窃盗者，相报，行其诛，偿其物；有寇，发兵相助。汉与匈奴敢先背约者，受天不祥，令其世世子孙尽如盟。"俨然见古者束牲载书之辞焉。董仲舒谓如匈奴者，非可说以仁义也，独可说以厚利，结之于天耳。故与之厚利以没其意，与盟于天以坚其约，非偶然也。

夫盟誓，亦中国之古俗也。不特此也，月上戊己，祭天神以戊日；其围高帝于平城也，其骑，西方尽白，东方尽駹，北方尽骊，南方尽骍；此五行干支之说，决不能谓为偶合。夫五行，固出于夏者也。尤足见淳维胄裔之说，不尽虚诬矣。

　　贰师之降也，"卫律害其宠。会母阏氏病，律饬胡巫言：先单于怒曰：胡故时祠兵，常言得贰师以社，今何故不用？遂屠贰师以祠。"《汉书·匈奴列传》。案以人为牺，中国亦有此俗。《左氏》僖公三十三年，"孟明曰：君之惠，不以累臣衅鼓。"则古固有以俘衅鼓者。岂匈奴之祠兵而许以人为牺，亦其类邪？又匈奴之法，汉使不去节，不黥面，不得入穹庐，则以黥为戮，亦与中国同。

　　古谓地道尊右，故以右为尚；又天子之立，左圣、乡仁、右义、背藏，《礼记·乡饮酒义》。而匈奴，其坐长左而北向，适与中国相反。然此等风俗，中国本不能画一，君子行礼，不求变俗，固未尝不修其国之故而慎行之也，不得以小异而疑其大同也。

　　匈奴之俗，持以与中国尚文之世校，诚若不相容；而返诸尚质之世，则有若合符节者。其送死，有棺椁金银衣裳，而无封树丧服，此古者不封不树、丧期无数之俗也。有名不讳而无字；幼名、冠字、五十以伯仲、死谥，本乃周道也；《史记》曰："冒顿死，子稽粥立，号曰老上单于。"徐广曰："一云稽粥第二单于，自后皆以第别之。"《匈奴列传》。老上其号，稽粥其名，直斥之曰稽粥，即所谓有名不讳者。而自稽粥之后，皆以第计，则即嬴政所谓朕为始皇帝，后世以数计者，得毋中国未有谥之世，亦有此法邪。

　　《左氏》成公十六年，晋却至谓楚有六闲，陈不违晦其一，《注》曰："晦，月终，阴之尽，故兵家以为忌。"又昭公二十三年，"戊辰晦，战于鸡父。"《注》曰："七月二十九日。违兵忌晦战，击楚所不意。"《史记》谓匈奴常随月盛壮以攻战，月亏则退兵，亦中国古法也。又曰"利则进，不利则退，不羞遁走"，此则与中国异。然勇者不得独进，怯者不得独退，乃行陈既严后事，其初争战类似田猎时，则亦人人自为趋利而已。孙卿讥齐人隆技击，若飞鸟然，倾侧反覆无日，表海大风，盖犹未能免此也，而何讥于匈奴？

《记》曰："虞夏之质，殷周之文，至矣。虞夏之文，不胜其质；殷周之质，不胜其文。"《表记》。哀公问于周丰曰："有虞氏未施信于民，而民信之；夏后氏未施敬于民，而民敬之；何施而得斯于民也？"《檀弓》下。夏人尚忠，其风气之诚朴，可以想见。《史记》称匈奴"狱久者不过十日，一国之囚不过数人"；中行说称匈奴"急则人习骑射，宽则人乐无事，其约束轻，易行也。君臣简易，一国之政犹一身也"，孰与夫宫室冠带之国，上下相蒙，法令滋章，盗贼多有哉？"虞、夏之道，寡怨于民；殷、周之道，不胜其敝"，《表记》。盖自古患之矣。此岂淳维之后皆能率乃先古以填抚其民哉？其奉生者薄，则其社会之组织简，而俗随之以淳也。维内和辑，乃能强圉于外。匈奴以不当汉一大县之众，而能与中国抗衡，非偶然矣。

原刊《国学论衡》第五期上，一九三五年六月三十日出版

〔八四〕匈奴文字

《罗马史》谓匈奴西徙后，有文字，有诗词歌咏；当时罗马有通匈奴文者，匈奴亦有通拉丁文者；惜后世无传焉。见《元史译文证补》。夫匈奴之文字，果何所受之哉？当时西域诸国，或书革旁行为书记，匈奴殆通西域后师受之，亦如回纥文字，受诸大食邪？非也。匈奴之服西域，事在孝文三四年间，前此，久与汉书疏相往还矣。汉遗单于书以尺一寸牍，中行说令单于遗汉书以尺二寸牍，及印封皆令广大长，是其作书之具，实与中国同。从来北狄书疏，辞意类中国者，莫匈奴若，初未问其出于译人之润饰也。中行说教单于左右疏记，以计识其人众畜牧。必先有文字，疏记乃有可施；《史记》谓其"无文书，以言语为约束"，固非谓其无文字也。创制文字，实为大业，纵乏史记，十口不得无传，中国之称仓颉是也。谓其受诸西域，则元之八思巴；即因而用之，亦元之塔塔统阿也；不得无问于中国。然则《汉书》于安息，明著其"书革旁行为书记"，于匈奴，独不及其文字，何哉？《西域传》曰："自且末以往，有异乃记。"记其与中国异，而略其与中国同者，当时史法则然，《匈奴传》亦循此例焉尔。

日逐王之求内附，使汉人郭衡奉地图来，则匈奴并有地图矣。此必汉人之降匈奴者为之，然亦必匈奴文字，与中国同，乃可以其图来上；可见匈奴于中国文字，用之颇广，较之中行说教以疏记之时，不可同日语矣。或曰：安知非求附时使郭衡辈为之邪？曰：不然。
《汉书·元帝纪》：建昭四年正月，以诛郅支单于告祠郊庙，赦天下。
群臣上寿置酒，以其图书示后宫贵人。《注》引服虔曰："讨郅支之图
书也。"又引或说曰："单于土地山川之形书也。"师古曰："或说非。"
以日逐王之事观之，则或说是矣。讨郅支之图书，何足为异，何必以示后
宫贵人？且图山川形势来上者，大抵皆有关兵谋。陈汤之诛郅支，由于矫诏，
及其上闻，事已大定矣，安用图地形来上？以事理揆之，亦知服说之非，或说为
是也。或曰：郅支丧败之余，安能携图书而去，此必康居物，西域胡
所为也。是又不然。匈奴虽随畜转移，亦未尝无辎重。马邑之权，
王恢主击匈奴辎重，以单于兵多，弗敢击，获罪；元朔二年，天子褒车
骑将军曰："车辎畜产，毕收为卤"；元狩二年褒票骑将军曰："辎重人
众，慑慴者弗取"；四年，大将军、票骑将军兵大出，赵信为单于谋，
悉远北其辎重，以精兵待幕北；见《史记·卫将军票骑列传》。《匈奴列传》：
贰师之出，匈奴悉远其累重于余吾水北，而单于以十万骑待水南。皆匈奴军
行有辎重之证。《周官》大史，大迁国，抱法而前；而终古、向挚、屠黍
之流知国之将亡，则奉图籍而出奔；见《吕览·先识》。其事皆可互证。
所以三代虽亡，治法犹存，官人百吏，持之以取禄秩也。《荀子·荣
辱》。西域胡书，岂后宫贵人所能识？此正匈奴用中国文字之铁证，
而亦其治法有类中国之铁证矣。

　　《说文》控字下曰："匈奴引弓曰控弦。"《一切经音义》引作"匈奴
谓引弓曰控弦"，是也，今本盖夺谓字。又一引匈奴作突厥。汉时无
突厥，必误也。然则匈奴言语，亦有与中国同者矣。

　　《观堂集林》有《匈奴相邦印跋》，曰："匈奴相邦玉印，藏皖中黄
氏。形制文字，均类先秦，当是战国、秦、汉之物。考六国执政均称
相邦，秦有相邦吕不韦，见戈文。魏有相邦建信侯。见剑文。今观此
印，知匈奴亦然。史作相国，盖避汉高帝讳改。《史记·大将军票骑

列传》，屡言获匈奴相国都尉；而《匈奴列传》记匈奴官制，但著左右贤王以下二十四长而不举其目，又言二十四长，亦各自置千长、百长、十长、裨小王、相封、都尉、当户、且渠之属。相封即相邦，易邦为封，亦避高帝讳耳。"此印若真，亦匈奴与中国同文之一证也。

原刊《国学论衡》第五期上，一九三五年六月三十日出版

〔八五〕匈奴龙庭

匈奴逐水草移徙，无城郭常处。然壶衍鞮之衰也，由左贤王、右谷蠡王之不会龙城；而醢落尸逐鞮之将叛，史亦谓其庭会稀阔；则正月、五月、九月之会所系至巨。舜、禹之立，以朝觐讼狱之归，而《史记·殷本纪》言殷之盛衰以诸侯来朝与否为征，知朝觐之礼，固不待有宫室城郭之世而后重矣。匈奴之大，盖自冒顿以来，史但言其庭直代、云中而未尝详言所在；朔方之建，匈奴遂弃漠南，新庭所在，史亦未言其地，诚憾事也。

今案冒顿之庭当在今大同以北之大青山中。何以知之？蒙恬之斥逐匈奴也，匈奴单于曰头曼。头曼不胜秦，北徙。史不言其所居。然侯应议罢边塞事曰："北边塞至辽东，外有阴山，东西千余里，草木茂盛，多禽兽，本冒顿单于依阻其中，治作弓矢，来出为寇，是其苑囿也。"《汉书·匈奴列传》。冒顿弑父，龙庭未闻徙地，则头曼弃河南后，必即居阴山中矣。本居河南，平夷无险，至是盖依山为阻。秦之乱，适戍边者皆去，匈奴得宽；后稍度河南，与中国界于故塞。时，北方游牧之族，在匈奴之东者为东胡，西为月氏，北为丁令。冒顿单于皆击破之。又南并楼烦、白羊王。白羊王，在河南。《汉书》云："诸左王将居东方，直上谷，以东接涉貊、朝鲜；右王将居西方，直上郡，以西接氐、羌；而单于庭直代、云中。"《匈奴列传》。匈奴盖至是始尽有漠南北之地。冒顿子老上单于又击服西域，置僮仆都尉，居焉耆、危须间。赋税诸国，取富给焉。孝文三年，右贤王入居河南为寇。其明年，单于遗汉书曰："今以少吏之败约，故罚右贤王，使至西方求月氏击之。以天之福，吏卒良，马力强，以灭夷月氏，尽斩杀降下定之。楼兰、乌孙、呼揭及其旁二十六国，皆已为匈奴。"则匈奴之服西域，在孝文三四年间。而匈奴之国势，遂臻于极盛。

　　汉初对匈奴，亦尝用兵。已而被围于平城，今山西大同县。不利，乃用刘敬策，妻以宗室女，与和亲。盖以海内初平，不能用兵，欲以是徐臣之也。高后、文、景之世，守和亲之策不变。然匈奴和亲不能坚，时入边杀掠。汉但发兵防之而已。是时当匈奴冒顿、老上、军臣之世，为匈奴全盛之时。武帝即位，用王恢策，设马邑之权，以诱军臣单于。军臣觉之而去。匈奴自是绝和亲，攻当路塞，数入盗边。然尚乐关市，耆汉财物，汉亦通关市不绝以中之。元光元年，汉始发兵出击。自后元朔二年、五年、六年、元狩三年，仍岁大举。而元朔二年之役，卫青取河南，置朔方郡；在今鄂尔多斯右翼后旗，黄河西岸。汉既筑朔方，遂缮蒙恬所为塞，因河为固。元狩二年，浑邪王杀休屠王降汉；汉通西域之道自此开，羌、胡之交关自此绝。匈奴受创尤巨。于是伊稚斜单于，军臣之弟，继军臣立。用汉降人赵信计，本胡小王，降汉，封为翕侯。败没，又降胡。益北绝幕。欲诱疲汉兵，徼极而取之。元狩四年，汉发十万骑，私负从马凡十四万匹，粮重不与焉。使卫青、霍去病中分兵。青出定襄，今山西右玉县。至寘颜山赵信城。去病出代，封狼居胥，禅于姑衍，临瀚海而还。自是匈奴远遁，而漠南无王庭。汉渡河自朔方以西至令居，今甘肃平番县。往往通渠，置田官，吏卒五六万人，稍蚕食，地接匈奴以北矣。

　　伊稚斜单于后，再传而至儿单于。儿单于之立，当武帝元封六年。自儿单于以后，益徙而西北。左方兵直云中，右方兵直酒泉、敦煌。龙庭所在，史亦不详。而以兵事核之，则距余吾水至近。天汉四年，贰师之出，且鞮侯单于悉远其累重于余吾水北，而自以兵十万待水南。征和二年，闻汉兵大出，左贤王驱其人民，渡余吾水六七里，居兜衔山。壶衍鞮单于时，汉生得瓯脱王。匈奴恐以为导袭之，即北桥余吾，令可渡。《山海经》："北鲜之山，鲜水出焉。北流注于余吾。""北鲜"二字，疑鲜卑之倒误。余吾，仙娥，一音之转。颇疑今色楞格河，古时本名鲜水；即鲜卑水，或译名但取上一音，或夺卑字。而拜哈勒湖，则名余吾；后乃黜其所注之湖之名，以名其水也。本始二年，五原之兵，出塞八百余里，而至丹余吾水。丹余吾，当系余吾众源之一，或其支流。以道里计之，亦当在今色楞格河流域也。古山水多以种族名，而北族如匈奴、纤犁等古皆近塞，后乃播迁而出塞外。北徼山水与内地戎狄同名，理所可有。《公羊》成公元年："王师败绩于贸戎。"《左氏》作茅戎，而云"败绩于徐吾氏"。徐吾即余吾也。杜《注》云："茅戎之别也。"说盖不误。戎狄迁徙，习为故常，自春秋至前汉，阅时久矣，古之贸戎播迁而至漠北，亦理所可有。然则余吾水，或贸戎之别荐居之所耶？邈哉尚矣，弗可得而考矣！儿单于四传而至壶衍鞮单于。宣帝本始二年，匈奴欲掠乌孙，乌孙公主来求救。汉发五将军十余万众，出塞各二千余里以击之。匈奴闻之，驱畜产远遁。是以五将少所得，而校尉常惠护乌孙兵，入自西方，获三万九千余级；马、牛、驴、赢、橐驰五万余匹，羊六十余万头。《乌孙传》云"乌孙皆自取所虏获"，则此数未必确实。然匈奴之所损，必甚多也。匈奴民众死伤，及遁逃死亡者，不可胜数。其冬，单于自将攻乌孙，颇有所得。欲还，会大雨雪，人畜冻死，还者不及什一。于是丁令攻其北，乌桓入其东，乌孙击其西，凡三国所杀数万级；马数万匹，牛羊甚众。匈奴大虚弱，诸国羁属者皆瓦解，滋欲乡和亲，然尚未肯屈服于汉也。其后匈奴内乱，五单于争立。呼韩邪尽并诸单于，又为新立之郅支单于所败。乃于甘露元年，款五原塞降汉。三年，入朝。郅支北击乌揭，降之，发其兵，西破坚昆，北降丁令。并三国之众，留都坚昆。《三国志注》引《魏略》：匈奴单于庭，在安习水上，当系指此时言之。安习水，今额尔齐斯河也。后杀汉使谷吉，自以负汉；又闻呼韩邪日强，恐袭之，欲远去。会康居数为乌孙所困，使迎郅支居东边，欲并力取乌孙以立之。郅支大悦，引而西。康居王甚尊敬之，妻以女。郅支数借兵击破乌孙。乌孙西边空虚不居者且千里。郅支骤胜而骄，杀康居王女，又役康居之民为筑城。元帝建昭三年，西域副都护陈汤矫制，发诸国及车师、戊己校尉屯田兵攻杀之。传首京师。北方积年之大敌，至是称戡定焉。

匈奴之弱，实由失漠南。侯应《罢边塞议》谓"边长老言，匈奴失阴山之后，过之未尝不哭也"。据《汉书·匈奴传》：元封六年冬，匈奴大雨雪，畜多饥寒死；诛贰师后，连雨雪数月，畜产死，人民疫病，谷稼不熟；本始二年，单于自将击乌孙，欲还，会天大雨雪，一日深丈余，人民畜产冻死，还者不能什一；虚闾权渠单于之立，匈奴饥，人民畜产死十六七。盖三十七年之间，大变之见于中国史者四矣，度尚有较小，为中国史所不载者也。

〔八六〕头曼北徙及复度河南之年

　　《史记·匈奴列传》云:"秦灭六国,始皇帝使蒙恬将十万之众北击胡,悉收河南地。因河为塞,筑四十四县,城临河,徙适戍以充之。而通直道,自九原至云阳,因边山险堑溪谷,可缮者治之。起临洮至辽东万余里。又度河据阳山北假中。当是之时,东胡强而月氏盛。匈奴单于曰头曼,头曼不胜秦,北徙。十余年而蒙恬死,诸侯畔秦,中国扰乱,诸秦所徙适戍边者皆复去;于是匈奴得宽,复稍度河南与中国界于故塞。"蒙恬击匈奴,据《始皇本纪》,事在三十二、三十三年,上距秦灭六国已六年,下距蒙恬之死仅四年耳,安得云十余年?然则《匈奴列传》盖辜较言之,误以头曼北徙,自秦灭六国时起计;抑或头曼北徙,实在蒙恬出击之先,史但承蒙恬事叙之,而未详其年岁,二者必居一于是矣。《高祖纪》:塞王欣、翟王翳降后,缮治河上塞。废丘降、章邯自杀后,又兴关内卒乘塞。是时楚汉相持方急,汉方发关中老弱未傅者悉诣军;又关中大饥,米斛万钱,人相食,令民就食蜀汉;非万不得已,必不肯分兵守边。疑匈奴之复度河南,与中国界于故塞,当在是时也。

〔八七〕头曼城

《汉书·地理志》：五原郡稠阳县，北出石门障得光禄城，又西北得支就城，又西北得头曼城。王先谦《汉书补注》云："盖即冒顿父所筑。"案卫律为壶衍鞮单于谋，穿井筑城，治楼以藏谷，与秦人守之。汉兵至，无奈我何。或曰：胡人不能守城，是遗汉粮也。卫律于是止。《匈奴传》。安得当头曼时已能筑城而居乎？即筑之，将谁与守？此盖胡语偶同，或后人筑城，知其地为头曼故居，因以名之，必非头曼所筑也。

贰师之出塞也，追北至范夫人城。应劭曰："本汉将筑此城。将亡，其妻率余众完保之，因以为名。"张晏曰："范氏能胡诅者。"范氏事迹，当有可考，特应劭、张晏均未详言之耳。然则谓为汉人所筑，必非亿度之辞。汉人筑城于胡中，以其能守城也，故能完其余众。郅支之筑城，已在徙西域后矣，犹不能守，而为陈汤所破，况头曼时乎？

〔八八〕优留单于非真单于

　　《后汉书·南匈奴传》：元和二年，"时北虏衰耗，党众离畔，南部攻其前，丁零寇其后，鲜卑击其左，西域侵其右，不复自立，乃远引而去。章和元年，鲜卑入左地，击北匈奴，大破之，斩优留单于。二年，七月，南单于上言：孝章皇帝圣思远虑，遂欲见成就，故令乌桓、鲜卑讨北虏，斩单于首级，破坏其国。今所新降虚渠等诣臣自言：去岁三月中发虏庭，北单于创刈南兵，又畏丁令、鲜卑，遁逃远去，依安侯河西。今年正月，骨都侯等复共立单于异母兄右贤王为单于，其人以兄弟争立，并各离散。"《鲁恭传》：和帝初立，议遣窦宪与耿秉击匈奴，恭上疏谏，言"今匈奴为鲜卑所杀，远臧于史侯河西，去塞数千里"。史侯河当即安侯河。安、史字音不同，未知孰误。观南单于之言，北单于遁逃之年，即鲜卑杀优留之岁，极似此遁逃之北单于，为继优留之后者。然建武二十五年，史已言南单于遣兵击破北单于，北单于震怖，却地千里。其后二十七年，北单于遣使诣武威求和亲。明帝末，北虏寇钞边郡，河西城门昼闭。元和元年，武威太守孟云上言北单于复愿与吏人合市，诏书听云遣译使迎呼慰纳之。北单于乃遣大且渠伊莫訾王等驱牛马万余头来，与汉贾客交易。是北庭久在河西塞外，而最近武威。鲁恭所谓去塞数千里者，盖指河西诸郡边塞言之。鲜卑转徙而据匈奴之地，事在永元三年耿夔大破之之后,安得当章和元年已能入其左地,杀其单于乎? 然则是年所入,仍是匈奴未西徙时之左地;南单于谓北单于遁逃远去,自指建武二十五年以后、元和二年以前之事言之,非指章和元年之事。《后汉书》盖于南单于之言,有所删节,而未求其文义之安;"去岁三月中发庞庭",与"北单于创刈"云云,元文实不相接而误连之,遂若右贤王继优留而立,其实不然也。《宋均传》:章和二年,鲜卑击破北匈奴,而南单于乘此请兵北伐,因欲还归旧庭。均族子意上疏曰:"臣察鲜卑侵伐匈奴,正是利其钞掠;及归功圣朝,实由贪得重赏。今若听南庞还都北庭,则不得不禁制鲜卑。鲜卑外失暴掠之愿,内无功劳之赏,豺狼贪婪,必为边患。"然则优留或实非单于,鲜卑妄言之以冒功,未可知也。又《陈禅传》:禅以永宁二年,"左转为玄菟候城障尉。既行,会北匈奴入辽东,追拜禅辽东太守。胡惮其威强,退还数百里。禅不加兵,但使吏卒往晓慰之。单于随使还郡。禅于学行礼,为说道义,以感化之。单于怀服,遗以胡中珍宝而去。"是时辽东塞外,安得有单于? 盖北庞旧部与西方隔绝,将众者遂以此自号耳。优留单于,或亦其类也。《袁安传》:北单于为耿夔所破,遁走乌孙,窦宪上立降者左鹿蠡王阿佟。安言"乌桓、鲜卑新杀北单于,今立其弟,则二庞怀怨"。然则优留单于,乃阿佟之兄也。又案南单于仅云北单于创刈南兵,又畏丁令、鲜卑,不云西域攻之。匈奴未西徙时,虽衰乱,西域诸国,似未必能攻其右。且西域果攻其右,匈奴复安得西徙乎?《后汉书》记元和二年事,恐亦不免杂采旧文而不谛也。

〔八九〕五　饵

贾生五饵之说，谓车服以坏其目，饮食以坏其口，音声以坏其耳，宫室以坏其腹，荣宠之以坏其心。不过以中国侈靡之俗，诱惑蛮夷无知之人耳。乃曰：关市屠沽者，卖饭食者，美膫炙膹者，物各一二百人，则胡人著于长城之下矣。是王将强北之，必攻其王矣。以匈奴之饥，饭羹咽膹炙，晖潞、多饮酒，其亡竭可立而待也。赐大而愈饥，多财而愈困，远期五岁、近期三年之内，匈奴亡矣。《新书·匈奴》。夫率其子弟，攻其父母，民之亲我欢若父母，其好我芬若椒兰，反顾其上则若灼黥仇雠，此孟子、孙卿之所想望，充类至义之尽之言，虽三代征伐未能竟其义、如其文者也。乃贾生欲以晏安为鸩毒，不用兵刃而亡人之国，何其侈哉！岂非处士之大言，少年之锐气乎？然《史记》所载，以匈奴降王、相、归义、属国之属侯者，惠、景间十人，安陵侯子军，垣侯赐，道侯隆强，容成侯唯徐卢，易侯仆黥，范阳侯代，翕侯邯郸、弓高侯韩颓当、韩王信孽子，襄城侯韩婴、信太子之子，亚谷侯它父、故燕王卢绾子，传云绾孙。建元以来二十有四。翕侯赵信，持装侯乐，亲阳侯月氏，若阳侯猛，涉安侯于单，昌武侯赵安稽，襄成侯无龙，潦侯暖訾，宜冠侯高不识，辉渠侯仆多，下麾侯呼毒尼，潔阴侯浑邪，辉渠侯扁訾，河綦侯乌犁，常乐侯稠雕，壮侯复陆支，众利侯伊即轩，湘成侯敝屠洛，散侯董荼吾，臧马侯延年，瞭侯次公，昆侯渠复累，骐侯驹几，梁期侯任破胡。又秅侯金日磾，都城侯金安上，见《补表》。其见于《汉书·景武昭宣元成功臣表》者又四人。开陵侯成娩，归德侯先贤掸，信成侯王定，义阳侯厉温敦。以兵败复降匈奴者，仅一赵信；谋反入匈奴诛者，亲阳、若阳二侯；属国降胡亡入匈奴者，元帝初元元年上郡万余人耳。见《纪》。不特此也，汉武即位，通关市以饶给匈奴，而匈奴自单于以下皆亲汉，往来长城下，以此几堕马邑之权，然犹乐关市，嗜汉财物。浑邪王之降也，贾人与市长安中，坐当死者五百余人，汲黯讥武帝虚府库赏赐，发良民侍养，若奉骄子。《黯传》。夫武帝之厚抚降人，出于侈靡，欲夸视中国富厚者，容或有之；抑惮匈奴之强，而所以奉之者转厚，亦在所不免；然谓其绝无以此为饵之意，亦未必然也。然则贾生之策，汉虽不尽行，亦未尝全不见用矣。

　　老子曰："化而欲作，吾将填之以无名之朴。"通观五千言，以侈靡为致乱之原，而责上之人躬履俭素，以填静其民者甚至。夫民日接于纷华靡丽，而曰上之人躬履俭素，遂能使其下薄太牢之享而甘茹其粟，其说似近于迂。然而野蛮之族，与文明之族接，习于侈靡，终致丧亡者，有不自其上之人始者乎？盖文明民族之所优，野蛮民族之所乏者，有利用厚生之事焉，有纷华靡丽之事焉。利用厚生之事，有益于民生，无害于风俗，苟能采人之所长，以补己之所短，未见其于野蛮民族为有害；不徒无害，且使其民日臻于乐利，益进于文明，寝至与上国方驾焉。惟侈靡之事，则诚所谓赐大而愈饥，多财而愈困者，惑而溺之，未有不以败亡随其后者也。夫使上之人诚能躬履俭素，日计其国人而训之；而又能操刑法以齐其下，饮食衣服，不轨于正者必诛；如是，则其民之慕效文明之族者，必利用厚生之事，而非纷华靡丽之为；民日进于富厚文明，受交邻之益而不受其害，夫孰能挟晏安为鸩毒，而以是为饵？然而野蛮之族与文明之族遇，为凡民之表率者，无不惟纷华靡丽之悦，而下之人遂靡然从风，率一国之人,惰于作业,而贪于饮食,冒于货贿,不徒兵力不敌中国如匈奴者,终至灭亡也;即其乘中国衰乱,为封豕长蛇,荐食上国者,亦终以此自毙。其事至浅也,其理至明也,而往古来今,前车覆而后车继,不待人之驱,而自入于罟擭陷阱,岂不哀哉!匈奴之攻战,斩首虏,赐一卮酒,酒之贵重可知。然秕蘖有待于汉之赠遗,此亦饮食可以坏其口之一证。以是为赐,上之人不翅明示汉物之可贵矣。

然而勿谓秦无人也。中行说之说老上单于也,曰:"匈奴人众不能当汉之一郡,然所以强者,以衣食异,无仰于汉也。今单于变俗好汉物,汉物不过什二,则匈奴尽归于汉矣。"何其所言与贾生如出一口也? 其为单于画曰:"其得汉缯絮,以驰草棘中,衣袴皆裂敝,以示不如旃裘之完善也。得汉食物,皆去之,以示不如湩酪之便美也。"何其计之深而虑之远也? 而惜乎单于之不能用也。然而杨恽之折中书谒者令曰:"冒顿单于得汉美食好物,谓之殈恶。"《汉书·恽传》。则冒顿固尝行之矣。此其所以能尽服从北夷,而南与中国为敌国与?

原刊《国学论衡》第五期上,一九三五年六月三十日出版

〔九〇〕萧望之①

　　惟不足于中者，乃欲炫耀于外。呼韩邪之来朝也，诏有司议其仪，咸曰：宜如诸侯王，位次诸侯王下。萧望之独以为单于非正朔所加，故称敌国，宜待以不臣之礼，位在诸侯王上。宣帝从之。诏曰："教化所不施，不及以政。"此从《望之传》。《本纪》作"礼所不施"。而望之之言曰："使匈奴后嗣卒有鸟窜鼠伏，阙于朝享，不为叛臣。"大哉言乎！中国之于外夷，固有教化之之责，己则不能教，而欲责臣礼于人，是犹未尝传道授业而欲责人北面称弟子也，恶也！卒之彼之称臣服从者，屈于力也，不则商贾利赏赐也；力所不及，利所不存，遂欲抗颜与我为敌国。乡以得其臣为荣者，至此遂以失其臣为辱，则何如望之之议，谓"外夷稽首称藩，中国让而不臣"之为谦尊而光，卑而不可逾哉？使后世而知此义也，西人东来之初，可省却许多无谓之争论，又不但此也。蛮夷猾夏，刘聪至责晋帝青衣行酒，而金元之属，至欲侈然而臣我，虽契丹犹争岁币之为贡为纳，皆我之侈然，欲臣畜人，有以教猱升木也。使中国常皇然曰：我虽文明乎，曾未能教导汝，我用愧于厥，以我与汝敌国也。其敢觍颜而臣子乎？彼外夷习见文明人之如此也，将习为谦让之不暇，安所取敖慢之态哉？

---

　　①　曾改题《萧望之对匈奴之议论》。

故曰：谦尊而光，卑而不可逾。故曰：戒之，戒之，出乎尔者，反乎尔者也。故曰：言悖而出者，亦悖而入。夫谦尊而光，而侈然自大者之为可笑而亡谓也，其理至易喻也。然惟汉世能行之。无他，当是时中国盛强，足于中不待炫耀于外也。然则不能自强而唯争虚文以为荣，其为荣也，亦仅矣。然宣帝赐单于印玺与天子同，见《汉书·食货志》。何损于汉天子之豪末哉？

　　匈奴之乱也，议者多欲因其坏乱举兵灭之；望之独引《春秋》不伐丧之义，谓宜遣使者吊问，辅其微弱，救其灾患，四夷闻之，咸贵中国之仁义。如遂蒙恩得复其位，必称臣服从，此德之盛也。斯议也，论者必以为迂，然因外夷之坏乱而举兵灭之，唐太宗之于突厥、薛延陀，则尝行之矣，曾何补于默啜之寇盗，更何益于中叶后回纥之骄横哉？观东西汉之世，两呼韩邪之后戢戢乡化，而唐世恒以六胡州盰食，而知尚德不观兵之效矣。特难为浅虑者道耳。

〔九一〕全代制匈奴策

　　苏子瞻之策西夏曰：灵武之所以不可取者，非数郡之能抗吾中国；吾中国自困而不能举也。其所以自困而不能举者，以不生不息之财，养不耕不战之兵，块然如巨人之病膇，非不杲然大矣，而手足不能以自举。欲去是疾也，则莫若捐秦以委之；使秦人断然如战国之世，不待中国之援，而中国亦未始有秦者。有战国之全利，而无战国之患，则夏人举矣。《对制科策》。王恢之策匈奴曰："臣闻全代之时，北有强胡之敌，内连中国之兵，然尚得养老长幼，种树以时，仓廪常实，匈奴不轻侵也。"《汉书·韩安国传》。恢数为边吏，习胡事，又去战国之世近，其言必非无据；然则非敌国外患之足虑，有敌国外患而我无以待之之足虑。

〔九二〕分　地

　　读史者多谓耕稼之民,始重土地;游牧之民,则可以时时迁徙;误也。游牧之民之迁徙,亦出于不得已耳,故亦极重分地。《史记·匈奴列传》曰:"逐水草迁徙,毋城郭常处耕田之业,然亦各有分地。"又曰:"诸左方王将居东方,直上谷,以往者东接秽貉、朝鲜,右方王将居西方,直上郡,以西接月氏、氐、羌,而单于之庭直代、云中:各有分地,逐水草移徙。"其证也。彼其所谓迁徙者,固皆在分地之内耳。分地之制,惟辽世最严。故当其盛时,北方最为安定。以凡部族皆能保其分地,莫相侵犯,则变动无从起耳。《辽史·营卫志》引旧志曰:"契丹之初,草居野次,靡有定所,至涅里,始制部族,各有分地。"非谓前此遂无定居,乃其所居之地,无法令以保鄣之,不能视为分地耳。

〔九三〕秦始皇筑长城

秦始皇帝筑长城,誉之者以为立万古夷夏之防,毁之者以为不足御侵略,皆不察情实之谈也。《史记·匈奴列传》曰:"士力能弯弓,尽为甲骑。"又曰:"自左右贤王以下至当户,大者万余骑,小者数千。凡二十四长,立号曰万骑。"则匈奴壮丁,尚不足二十四万。《史记》又云:冒顿"控弦之士三十万",盖其自号之虚词也。《新书·匈奴篇》曰:"窃料匈奴控弦,大率六万骑,五口而出介卒一人,五六三十,此即户口三十万耳。"此则其数太少。或贾生所计,非匈奴全国之众。南部之并北部也,领户三万四千,口二十三万七千三百,胜兵五万一百十七人。所谓胜兵,即力能弯弓之士也。然则匈奴壮丁,居其民数五之一弱。与贾生五口而出介卒一人之说合。今即以匈奴兵数为二十四万,以五乘之,其口数亦不过百二十万耳。贾生谓匈奴之众,不当汉千石大县;中行说谓匈奴人众,不能当汉之一郡,非虚词也。冒顿尽服从北夷时,口数如此,头曼以前当何如?《史记》曰:"自陇以西,有绵诸、绲戎,翟獂之戎。岐梁山、泾、漆以北,有义渠、大荔、乌氏、朐衍之戎。而晋北有林胡、楼烦之戎,燕北有东胡、山戎,各分散居溪谷,自有君长;往往而聚者,百有余戎,然莫能相一。"头曼以前之匈奴,则亦如此而已。此等小部落,大兴师征之,则遁逃伏匿,不可得而诛也;师还则寇钞又起;留卒戍守,则劳费不资;故惟有筑长城以防之。长城非起始皇，战国时，秦、赵、燕三国，即皆有之。皆所以防此等小部落之寇钞者也。齐之南亦有长城，齐之南为淮夷，亦小部落，能为寇钞者也。若所邻者为习于战陈之国，则有云梯隧道之攻，虽小而坚如偪阳，犹惧不守，况延袤至千百里乎？然则长城之筑，所以省戍役，防寇钞，休兵而息民也。本不以御大敌。若战国秦时之匈奴，亦如冒顿，控弦数十万，入塞者辄千万骑，所以御之者，自别有策矣。谓足立万古夷夏之防，几全不察汉后匈奴、鲜卑、突厥之事，瞽瞆甚焉。责其劳民而不足立夷夏之防，其论异，其不察史事同也。

〔九四〕秦平南越上①

　　《秦始皇本纪》:"三十三年,发诸尝逋亡人、赘婿、贾人,略取陆梁地,为桂林、象郡、南海,以适遣戍。""三十四年,适治狱吏不直者,筑长城及南越地。"《六国表》略同。其所戍及所筑,皆即所略取之地,非中国与陆梁间之通道也,而《集解》引徐广曰"五十万人守五岭",疏矣。

　　徐广之言,盖本于《淮南子》。《淮南子·人间训》曰:秦皇"利越之犀角、象齿、翡翠、珠玑,乃使尉屠睢发卒五十万,为五军:一军塞镡城之领,一军守九嶷之塞,一军处番禺之都,一军守南野之界,一军结余干之水,三年不解甲弛弩,使监禄无以转饷。又以卒凿渠而通粮道,以与越人战。杀西呕君译吁宋,而越人皆入丛薄中,与禽兽处,莫肯为秦虏。相置桀骏以为将,而夜攻秦人,大破之。杀尉屠睢,伏尸流血数十万,乃发谪戍以备之"。案此事亦见淮南王《谏伐闽越书》、《汉书·严助传》。而无发卒五十万之语。《汉书·严安传》载安上书,则谓秦使尉屠睢将楼船之士,南攻百越,既败,乃使尉佗将卒以戍越,《史记·淮南王传》伍被谏王之辞,又谓秦"使尉佗逾五岭攻百越,尉佗知中国劳极,止王不来"。今案尉佗本传,佗在秦时

────────────

① 曾改题为《秦营南方上》。

仅为龙川令，及任嚣病且死，召佗，被佗书，行南海尉事，佗乃因以自王，安有将兵征戍之事？更安得当秦始皇时，即止王不来乎？发卒与谪发大异；且略地遣戍，同在一年，即适筑亦在其明年，安有所谓三年不解甲弛弩者？古载籍少，《史记》又非民间所有，称说行事，率多传闻不审之辞。淮南谏书，自言闻诸长老，明非信史。严安、伍被之辞，盖亦其类。徐广不察，率尔援据；且缪以淮南所言发卒之数为《史记》所云谪戍之数，亦疏矣。

　　淮南王谏伐闽越之辞曰："不习南方地形者，多以越为人众兵强，能难边城。淮南全国之时，多为边吏，臣窃闻之，与中国异。限以高山，人迹所绝，车道不通，天地所以隔外内也，其入中国，必下领水，领水之山峭峻，漂石破舟，不可以大船载食粮下也。越人欲为变，必先田余干界中，积食粮，乃入伐材治船。边城守候诚谨，越人有入伐材者，辄收捕，焚其积聚，虽百越，奈边城何？"此虽言闽越，南越亦无以异，即有丧败，安用发大兵为备乎？兵有利钝，战无百胜，当时用兵南越，天时地利，皆非所宜，偏师丧败，事所可有，然以大体言之，则三郡之开，辟地万里，越人固未尝敢以一矢相加遗，安用局促守五岭乎？使一败而至于据岭以守，则三郡之不属秦久矣，何以陈胜既起，任嚣犹能挈南海以授赵佗；而佗既行尉事，南海犹多秦吏，而待佗稍以法诛之邪？见佗本传。《陈余传》载武臣等说诸县豪桀之辞，谓秦南有五岭之戍。盖汉通南越，岭道有五，故为此辞者云尔，非必武臣当时，语本如此。《佗传》言佗檄横浦、阳山、湟溪绝道聚兵以守，则似秦与南越往来，惟有三道耳。

　　汉武帝之通夜郎也，拜唐蒙为中郎将，将千人，食重万余人。《史记·西南夷传》。王莽之击益州也，发天水、陇西骑士，广汉、巴、蜀、犍为吏民十万人，转输者合二十万。犹以军粮前后不相及，致士卒饥疫，三岁余死者数万，见《汉书·西南夷传》。知当时南方，道路艰阻，运饷者恒倍蓰于士卒。始皇若发五十万人以攻越,疲于道路者,不将逾百万乎? 又淮南谏书,言"自汉初定已来,七十二年,吴越人相攻击者不可胜数";而《史记·东越列传》:闽越围东瓯,东瓯告急天子,天子问太尉田蚡,蚡对亦曰"越人相攻击固其常";《汉书·高帝纪》十一年诏亦曰"粤人之俗,好相攻击";知当时越人,尚分散为众小部落,此其所以有百越之称也,安用发大兵攻之? 彼亦岂能聚大兵来攻,而待发大兵以守乎?

　　秦所遣谪戍之数,虽不可考,然必不能甚多,故任嚣告赵佗,谓"颇有中国人相辅";《佗传》。而陆贾说佗,亦谓"王众不过数十万,皆蛮夷"也。《史记·贾传》。《汉书·两粤传》载佗《报文帝书》,言"西有西瓯,其众半嬴,南面称王;东有闽粤,其众数千人,亦称王;西北有长沙,其半蛮夷,亦称王"。嬴当作赢,《史记》作其西甄骆裸国,师古曰:"赢,谓劣弱也。"竟未一考《史记》,疏矣。"其众数千人",《史记》作"千人众"。东瓯之降也,其众四万余,《史记·汉兴以来将相名臣年表》:建元三年,"东瓯王广武侯望率其属四万余人来降,处庐江郡。"闽越强于东瓯,众不得较东瓯为少。知佗于西瓯、闽粤、长沙,皆以中国之众,与蛮夷分别言之。陆生所谓众数十万者,必不苞中国人矣。汉高帝之王尉佗也,诏曰:"前时秦徙中县之民南方三郡,使与百粤杂处。会天下诛秦,南海尉佗居南方,长治之,甚有文理,中县人以故不耗减。"《汉书·高帝本纪》十一年。则佗自王后,中国人在南方者,初无所损。而陆生不之及者,其数微,不足计也。知秦时所谪,其数必不能多矣。

　　《史记》所谓筑越地者,盖谓筑城郭宫室也。中县民初至,必不能处深山林丛,势不能不筑宫室以居,城郭以守。然则秦人之徙中县民,其意虽欲使与越杂处以化之,实仍自为聚落,故其数不耗减易知也。长沙开辟最久,盖犹不免焉,而闽越无论矣,故尉佗于此,并以中国人与蛮夷分言之也。

汉人引秦事以讥切当世者甚多，而皆莫如晁错之审。错之论守备边塞也，曰："臣闻秦时，北攻胡貉，筑塞河上；南攻扬粤，置戍卒焉。夫胡貉之地，积阴之处也，木皮三寸，冰厚六尺，食肉而饮酪，其人密理，鸟兽毳毛，其性能寒。扬粤之地，少阴多阳，其人疏理，鸟兽希毛，其性能暑。秦之戍卒不能其水土，戍者死于边，输者偾于道。秦民见行，如往弃市，因以谪发之，名曰谪戍，先发吏有谪及赘婿、贾人，后以尝有市籍者，又后以大父母、父母尝有市籍者，后入闾，取其左。"此即《史记》所谓发诸尝逋亡人、赘婿、贾人，适治狱吏不直者也。然错之言曰："臣闻古之徙远方以实广虚也，相其阴阳之和，尝其水泉之味，审其土地之宜，观其草木之饶；然后营邑立城，制里割宅，通田作之道，正阡陌之界。先为筑室，家有一堂二内，门户之闭，置器物焉，民至有所居，作有所用，此民所以轻去故乡而劝之新邑也。"秦之徙民，其虑之虽不能如是之备，然其适筑越地，盖犹存此意焉。错又言：人情非有匹敌，则不能久安其处，故亡夫若妻者，欲县官买予之。今案伍被言：尉佗止王南越，使人上书，求女无夫家者三万人，以为士卒衣补，秦始皇帝可其万五千人。被言不谛，说已见前。然传闻之辞，虽不尽实，亦不能全属子虚。果若所言，则秦之徙民，得古之遗意者多矣，其迫而徙之虽虐，而既徙之后，固未尝不深虑之而力卫之也。此其所以三郡之地，能永为中国之土欤？

当时居越中者，中国人虽少，而越人之数，则初非寡弱。尉佗报文帝书，自称带甲百万有余。今案《汉书·地理志》，汉所开九郡，除珠崖、儋耳外，其余七郡，口数余百三十万；而珠崖、儋耳，户亦二万三千余，见于《贾捐之传》。然则百万虽虚辞，而淮南王谓越甲卒不下数十万；吴王濞遗诸侯书，谓"寡人素事南越三十余年，其王君不辞分其卒以随寡人，可得三十余万"，《史记》本传。则非夸饰之语矣。

唐蒙谓"夜郎所有精兵，可得十余万"。案《汉志》，犍为郡口四十八万九千，牂柯郡口十五万三千，则其辞亦不虚。《史记·西南夷列传》谓"滇小邑"，又谓滇王"其众数万人"；又《建元以来侯者年表》：湘成侯监居翁，"以南越桂林监，闻汉兵破番禺，谕瓯骆兵四十余万降侯"，知南方文化程度虽低，生齿数实不弱，盖由气暖而地腴使然。秦所徙中县民，区区介居其间，而能化之以渐，使即华风，而未尝自同于劗发文身之俗，亦可谓难矣。抑秦之所以使之者，固自有其道，而后人过秦之论，有不尽可信者欤？

〔九五〕秦平南越下^①

　　《史记·南越尉佗列传》："秦时已并天下，略定扬越，置桂林、南海、象郡，以谪徙民，与越杂处十三岁。"《集解》引徐广曰："秦并天下，至二世元年十三年。并天下八岁，乃平越地，至二世元年六年耳。"案此所谓略定扬越者，乃指秦灭楚后，平江南之地言之，即秦所置会稽郡地，而非桂林、南海、象郡之地也。《楚世家》及《六国表》，皆谓秦始皇二十三年，王翦击破楚军，杀项燕；二十四年，虏其王负刍，而《秦始皇本纪》则云：二十三年，王翦虏荆王，秦王游至郢陈。荆将项燕立昌平君为荆王，反秦于淮南。二十四年，王翦、蒙武攻荆，破荆军，昌平君死，项燕遂自杀。二十五年，王翦遂定荆江南地，降越君，置会稽郡。其记负刍之虏，早于《表》及《世家》一年；而立昌平君及定江南地事，则《表》及《世家》无之。今案《表》既记负刍于始皇二十四年见虏，而于二十五年又云秦灭楚，盖指昌平君之亡；而《王翦传》亦谓翦杀项燕后岁余，乃虏荆王，与《表》及《世家》合；则《秦本纪》之记事，实误移上一年，如此，则王翦定江南地，降越君，当在二十六年，正秦并天下之岁；至二世元年，正十三年也。会稽与桂林、南海、象郡之置，虽相距八年，然二者同为扬越之地，事实相因，

---

① 曾改题为《秦营南方下》。

故史原其始而言之耳。

项燕之死，《项羽本纪》亦与《六国表》及《世家》同，而《始皇本纪》独相违异，未知孰是。案军中奏报，往往不实。窃疑《表》及《世家》均沿战后奏报之辞。当时谓燕已死，而不知其实生。《始皇本纪》独记立昌平君事，乃遂删此语也。至《项羽本纪》则因燕与蕲战败而死，与为蕲所戮无异，乃遂粗言之，古人固多如此。然昌平君之反，则固当确有其事。《表》及《世家》，皆谓考烈王二十二年，"徙都寿春，命曰郢"。此即《本纪》"秦王游至郢陈"之郢，《世家》云："王翦、蒙武遂破楚国，虏楚王负刍，灭楚，名为郡。"楚国亦指寿春言之，盖即其地以立郡治。《本纪》记江南之定，在昌平君死后一年；《王翦传》亦云："竟平荆地为郡县，因南征百越之君。"则知平荆地与征百越，自属两事。盖虏负刍之时，秦人虽破寿春，兵力实尚仅及淮北也，然则昌平君所据，必为淮南无疑，徐广曰："淮一作江。"作江者恐非矣。

《尉佗传》云："自尉佗初王后，五世，九十三岁，而国亡焉。"初王，谓佗自立为南越武王，别于汉十一年遣陆贾立佗为南越王言之也。其时在高帝五年，距二世元年，又七年矣。

〔九六〕赵佗年寿

《史记·南越尉佗列传》："至建元四年卒。佗孙胡为南越王。"《汉书》无卒字。案无之者是也。《集解》引徐广曰："皇甫谧曰：越王赵佗以建元四年卒，尔时汉兴七十年，佗盖百岁矣。"此谧之穿凿。篇末言"自尉佗初王，后五世九十三岁而国亡焉"，则佗之子亦尝为王。佗卒子继之年不可知，其子卒而胡继，则在建元四年。以事理推之，未始不可补"佗卒子继立"五字。然《史记》不之补者，古人之慎也。皇甫谧不考始末，遽以佗卒在建元四年，谬矣。凡谧之言，固多如此。《史记》盖本无卒字，如谧者亿补之也。

《礼记·曲礼》："大夫七十而致事；若不得谢，则必赐之几杖，行役，以妇人适四方乘安车，自称曰老夫。"文帝元年，佗报谢之书，业已自称老夫；纵谓其时仅余六十，至建元四年亦四十四岁矣。况佗书谓老夫处粤四十九年，佗报书未必溯未居官时事，然则佗当令龙川乃至粤，其时年必逾弱冠，则报谢年必逾七十也。又四十四年，则当百十余岁，长寿者固非无有，然逾百岁者究罕。佗果至百十余岁，安得汉人绝无齿及者，故知佗必不卒于建元四年也。

〔九七〕头　兰

　　《史记·西南夷列传》："南越反，上使驰义侯因犍为发南夷兵。且兰君恐远行，旁国虏其老弱，乃与其众反，杀使者及犍为太守。汉乃发巴蜀罪人尝击南越者八校尉击破之。会越已破，汉八校尉不下，即引兵还，行诛头兰。头兰，常隔滇道者也。"头兰，《索隐》云："即且兰也。"案《汉书》作且兰，而无"头兰常隔滇道者也"句，此钞《汉书》者，以头兰即且兰而误节也。若头兰即且兰，则杀使者及犍为太守之罪大，隔滇道之罪小，此时诛之，必不以数其小罪矣。破且兰者，巴蜀罪人也。破头兰者，八校尉也。《汉书》"尝击南粤者"作"当击南粤者"，"击破之"作"击之"，似以两军为一，亦误。盖又因既误头兰且兰为一而亿改也。故知展转传钞，其误多矣。

〔九八〕夜郎侯见杀

《后汉书·西南夷夜郎传》云："初有女子浣于遁水,有三节大竹流入足间,闻其中有号声,剖竹视之,得一男儿,归而养之。及长,有才武,自立为夜郎侯,以竹为姓。武帝元鼎六年,平南夷,为牂柯郡,夜郎侯迎降。天子赐其王印绶,后遂杀之。夷獠咸以竹王非血气所生,甚重之,求为立后。牂柯太守吴霸以闻,天子乃封其三子为侯。死,配食其父。今夜郎县有竹王三郎神是也。"案《史记》言"西南夷君长以百数,独夜郎、滇受王印",似不至遽杀之。《汉书》言成帝河平中,夜郎王兴与钩町王禹、漏卧侯俞相攻击,汉遣使和解,不听。乃以陈立为牂柯太守。立因行县,召斩兴。《后汉书》所谓后遂杀之,疑指此。当时仍封其三子为侯,则其胤嗣初未尝绝。然《后汉书》言公孙述时,牂柯大姓龙、傅、尹、董氏与郡功曹谢暹保境为汉,而不及夜郎侯,则封爵虽存,亦已无足重轻矣。

〔九九〕仓海君

《史记·留侯世家》：“良尝学礼淮阳，东见仓海君。”《集解》引如淳曰：“秦郡县无仓海。或曰东夷君长。”案或说是也。《越世家》言：无强之亡也，“诸族子争立，或为王，或为君，滨于江南海上，服朝于楚。后七世，至闽君摇，佐诸侯平秦。汉高帝复以摇为越王，以奉越后。”《东越列传》曰：“闽越王无诸及越东海王摇，其先，皆越王句践之后也。秦已并天下，皆废为君长，以其地为闽中郡。及诸侯畔秦，无诸、摇率越归鄱阳令吴芮，从诸侯灭秦。当是之时，项籍主命，弗王，以故不附楚。汉击项籍，无诸、摇率越人佐汉。汉五年，复立无诸为闽越王，王闽中故地。孝惠三年，举高帝时越功，曰闽君摇功多，其民便附，乃立摇为东海王。”曰“或为王，或为君”；曰“皆废为君长”；曰“弗王，以故不附”；曰“复以摇为越王”；“复立无诸为闽越王”；则王之与君，尊卑迥判。盖能号令他部落者为王，独自臣其部落者为君。今之土司，皆有其所莅之民，皆君也；其桀黠者，尝觊兼主他部落，则欲为王者也。《记》曰：“天无二日，民无二王”，此言号令不可不出于一。然号令所加，亦其部落之酋长耳；若其部民，则固一听命于其君，而王者之政令，初不之及。故各部落各有酋长，初无害于王者之治，惟不当与王者争发号施令之权耳，此秦之立闽中郡，所以必废无诸、摇为君长也，无诸、摇盖皆《越世家》所谓“或为王”

者,故汉之王之,《史记》皆言复也。《魏略·西戎传》,谓氐"今虽都统于郡国,然故自有王侯在其墟落间"。《三国·魏志·乌丸鲜卑东夷传注》引。此王侯为虚名,其为君则实矣,何害于治? 卫贬号曰君,而最后亡,由此也。然则始皇时,淮阳以东,得有东夷君长,亦固其所。晋灼以仓海君为海神,说近怪迂,犹知君非凡人之称;师古谓当时贤者之号,则误矣。贤者虽有才德,非有土、子民,则不称君。师古盖误谓下文"得力士"云云,与上相属,以为必贤者而后能知奇士,故谓良既见之,因而求得力士,而不知《史》《汉》此文,初不与上相属也。良之见仓海君,未知其所为。然必非徒求一力士。或欲用其徒众以报秦,如吴芮之用越人邪?

　　谓仓海君为东夷君长,是也,而姚察谓即武帝时所置仓海郡,则又非。"东见仓海君",与下"得力士"云云,不必相属,而与上"学礼淮阳",则必相属。所谓东者,自淮阳而东也。若武帝时之苍海郡,则因薉君之降而置者也。《汉书·武帝纪》元朔元年。《平准书》言"彭吴贾灭朝鲜,置仓海之郡";《汉书·食货志》作"彭吴穿濊貉、朝鲜,置沧海郡"。宣帝诏丞相御史,亦言武帝"东定薉貉,朝鲜",《汉书·夏侯胜传》。皆与朝鲜并举,安得在淮阳之东邪?

　　闽越王郢之诛也,诏曰:"郢等首恶,独无诸孙繇君丑不与谋焉。""乃使中郎将立丑为越繇王。余善已杀郢,威行于国,国民多属,窃自立为王,繇王不能矫其众持正。天子闻之,为余善不足复兴师,曰:余善数与郢谋乱,而后首诛郢,师得不劳。因立余善为东越王,与繇王并处。"《史记·东越列传》。丑未王时已称君,可见其自有部属;而余善所谓国民多属者,则繇为王后所当矫正之众也,不归繇而归余善,则繇虽王,实仍君而已矣。

　　《史记·吴王濞传》:"发使遗诸侯书曰:寡人素事南越三十余年。其王君皆不辞分其卒以随寡人,又可得三十余万。""其王君",

《汉书》作"其王诸君"，盖是。《史记》疑夺。王一也，而所属之君则多矣。

《汉书·高帝纪》：五年，诏曰："故衡山王吴芮与子二人、兄子一人，从百粤之兵，以佐诸侯诛暴秦，有大功，诸侯立以为王。项羽侵夺之地，谓之番君。其以长沙、豫章、象郡、桂林、南海立番君芮为长沙王。"又曰："故粤王亡诸世奉粤祀。秦侵夺其地，使其社稷不得血食。诸侯伐秦，亡诸身帅闽中兵以佐灭秦。项羽废而弗立。今以为闽粤王，王闽中地，勿使失职。"称亡诸为故粤王，可知《史记》所谓"废为君长"者，即夺其王位之谓；而项羽夺吴芮地，而仍谓之番君，亦即所谓废为君长者也。

原刊《光华大学半月刊》第二卷第八期，
一九三四年四月十五日出版

〔一〇〇〕倭人国

《后汉书·鲜卑传》：言檀石槐"种众日多，田畜射猎不足给食。檀石槐乃自徇行，见乌集秦水，广从数百里，水停不流；其中有鱼，不能得之。闻倭人善网捕，于是东击倭人国，得千余家，徙置秦水上，令捕鱼以助粮食"。案乌集即今言窝集；乌集秦水，谓乌集中有水名秦也；其为何水不可知。然鲜卑东界，仅接夫余、秽貉，安得越海而伐日本，则此所谓倭者必非日本也。盖倭乃种族之称，日本虽倭人，倭人不仅于日本。此倭人国，必倭族分支早近于东北窝集者也。

《东夷传》言：马韩"其南界近倭，亦有文身者"；弁辰"其国近倭，故颇有文身者"。文身即倭人，此亦倭人不限于日本地方之一证。东北诸族乌桓、鲜卑及濊貉等，实皆自南而北，予别有考。如东北亦有倭人，则深足证予倭为嵎夷之说之确矣。《后汉书》之语，实本《魏书》，见《三国·魏志·鲜卑传注》引。乌集秦水作乌侯秦水，倭人国作汗国。又云："至于今，乌侯秦水上有汗人数百户。"乌侯似即乌洛侯之异译，其地在那河西南，见《旧唐书·室韦传》。那河即今嫩江。

〔一〇一〕鲜 卑

　　鲜卑出于东胡，读史者无异词。近人或曰："通古斯 Tungus
者，东胡之音转也。不译为东胡，而译为通古斯，则何不称孔子曰可
夫沙士也？"窃有疑焉。《后汉书》曰："乌桓者，本东胡也。汉初，匈
奴冒顿灭其国，余类保乌桓山，因以为号焉。""鲜卑者，亦东胡之支
也。别依鲜卑山，故因号焉。"《三国志注》引《魏书》略同，盖《后汉书》所本
也。然则东胡之亡，众分为二。乌桓、鲜卑大小当略相等。顾鲜卑
部落，自汉以后，绵延不绝，而乌桓自魏武柳城一捷，遂不复见于史，
仅《唐书》所载，有一极小部落曰乌丸，亦作古丸，在乌罗浑之北。《辽史·太祖
纪》，诏撒剌讨乌丸。穆宗时，乌丸叛，盖即此乌丸也。然其微已甚矣。乌桓当
汉时，遍布五郡塞外，岂有柳城一捷，所余仅此之理？《通考》云：西晋王浚为幽
州牧，有乌桓单于审登；前燕慕容俊时，有乌桓单于薛云；后燕慕容盛时，有乌
桓渠帅莫贺咄科勃。亦其微已甚，不足数也。何耶？案拓跋氏之先实来
自西伯利亚。别有一条考之。《魏书》谓其国有大鲜卑山。希腊、罗马
古史，谓里海以西，黑海之北，古有辛卑尔族居之。故今黑海北境，
有辛卑尔古城；黑海峡口，初名辛卑峡；而俄人称乌拉岭一带曰西悉
毕尔。《元史译文证补·西域古地考·康居奄蔡》。辛卑尔即鲜卑也。此
岂东胡灭后余众所居邪？抑鲜卑山自欧、亚之界，绵亘满、蒙之间
也？乌桓鲜卑二山，以地里核之，当即今苏克苏鲁、索岳尔济等山。案《史

记·匈奴列传索隐》引服虔曰："东胡，在匈奴东，故曰东胡。"《后汉书·乌桓传》："氏姓无常，以大人健者名字为姓。"《索隐》又引《续汉书》曰："桓以之名，乌号为姓。"此八字或有讹误，然大意可见。然则东胡者，吾国人貤匈奴之名以名之，而加一方位以为别，犹称西域诸国曰西胡尔，非译名也。乌桓盖彼族大人健者之名姓，乃分部之专号，非全族之通称。彼族本名，舍鲜卑莫属矣。此族古代，盖自欧、亚之界，蔓延于匈奴之北及其东。实在丁令之北。其所居之地，皆以种人之名名之。故里、黑海，乌拉岭，西伯利亚及满、蒙之间，其名不谋而合也。《史记》以东胡、山戎分言。《索隐》引服虔曰："山戎，盖今鲜卑。"又曰："东胡，乌丸之先，后为鲜卑。"又引胡广曰："鲜卑，东胡别种。"则乌桓、鲜卑虽大同，似有小别。

　　近人或又云：鲜卑，即《禹贡》之析支。说颇可通。然惟据音译推度，未能详列证据。予昔尝为之补证，曰："析支者，河曲之地，羌人居之，所谓河曲羌也。《后汉书·西羌传注》引应劭。羌与鲜卑习俗固有极相类者。羌俗氏姓无常，或以父名母姓为种号，则母有姓父无姓可知。乌桓亦氏姓无常，以大人健者名氏为姓。又怒则杀其父兄，而终不害其母，以母有族类，父兄无相雠报故也。一也。羌俗父死则妻后母，兄亡则纳厘嫂。乌桓亦妻后母，报寡嫂。二也。羌以战死为吉利，病终为不祥。乌桓俗亦贵兵死。三也。此皆鲜卑与河曲羌同族之证也。"由今思之，此等习俗，蛮族类然，用为证据，未免专辄。且如匈奴父死妻其后母，兄弟死，皆取其妻妻之，复可云与羌及鲜卑同祖邪？然此说虽不足用，而鲜卑出于析支，其说仍有可立者。《禹贡》析支与渠搜并举，则二族地必相近。《汉志》朔方郡有渠搜县，蒋廷锡谓后世种落迁徙，说颇近之。《管子·轻重戊》篇："桓公问于管子曰：代国之出何有？管子对曰：代之出，狐白之皮。公其贵买之。代人必去其本，而居山林之中。离枝闻之，必侵其北。"

离枝即析支，是析支在代北也。《大匡》篇："桓公乃北伐令支，斩孤竹，遇山戎。"《小匡》篇："北伐山戎，制泠支，斩孤竹。"又曰："北至于孤竹、山戎、涉貉，拘秦夏。"令支，泠支，亦即析支。《汉志》：辽西郡，令支，有孤竹城。地在今河北迁安县。是析支在今河北境矣。涉貉者，即《诗·韩奕》之追貊。陈氏奂说，见所撰《诗毛氏传疏》。未知信否。予谓追未必即涉，然追貊之貊，必即涉貉之貉也。《诗》曰："王锡韩侯，其追其貊。"郑以韩在韩城，追貊为雍州北面之国。又曰："其后追也，貊也，为猃狁所逼，稍稍东迁。"说颇可信。予别有考。渠搜者，《禹贡》析支之邻国，而汉时迹在朔方；涉貉者，周时地在离枝之东，而其后居今东三省境；然则自夏至周，青海至于辽东，种落殆有一大迁徙。离枝、渠搜，何事自今青海迁至雍、冀之北不可知。若涉貉之走辽东西，鲜卑之处今蒙古东境，则殆为匈奴所逼也。又燕将秦开，袭破东胡，燕因置上谷、渔阳、右北平、辽西、辽东五郡。此五郡者，其初亦必离枝、涉貉诸族所杂居矣。《后汉书·乌桓传》："若亡畔，为大人所捕者，邑落不得受之，皆走逐于雍狂之地，沙漠之中。其土多蝮蛇，在丁令西南，乌孙东北焉。"丁令所居，北去匈奴庭安习水七千里，南去车师五千里，见《史记索隐》引《魏略》。安习水，今额尔齐斯河；乌孙则今伊犁地也。乌桓区区，流放罪人，安得如是之远？得毋居西方时，故以是为流放罪人之地，东迁后犹沿其法邪？然则吐谷浑附阴山逾陇而入青海，非拓新疆，乃归故国矣。此说虽似穿凿，然析支、渠搜、涉貉同有迁徙之迹，则亦殊非偶然也。又肃慎古代，亦不在今吉林境。予别有考。

写于一九三四年四月前

〔一〇二〕西夜、子合

　　《后汉书·西域传》云:"《汉书》中误云西夜、子合是一国,今各自有王。"案《前书·西域传》云:"西夜国王号子合王,治呼犍谷。"《后书》"西夜国一名漂沙","子合国居呼犍谷"。《前书》西夜国户三百五十,口四千,胜兵千人。《后书》则户二千五百,口万余,胜兵三千人。而子合国户口胜兵之数与《前书》西夜同。然则《后书》之子合是《前书》之西夜;而《后书》之西夜,则新立之国,此所谓稍分者也。

〔一〇三〕徐　福

黄公度《日本国志·国统志注》云："《梁书》言日本自称为吴泰伯后，相传亦称为徐福后，彼国纪载，本以此为荣。其后学者渐染宋学，喜言国体。宽文中，作《日本通鉴》，源光国驳议曰：谓泰伯后，是以我为附庸国也。遂削之。赖襄作《政纪》，并秦人徐福来，亦屏而不书。余谓泰伯之后本无所据，殆以日本断发文身，俗类句吴，故有此讹传欤？至徐福之事，见于《三国志》、《后汉书·倭国传》，意必建武通使时，其使臣所自言。《史记》称燕、齐遣使求仙，所谓白银宫阙，员峤方壶，盖即今日本地。君房方士习闻其说，故有男女渡海之请，其志固不在小。今纪伊国有徐福祠，熊野山有徐福墓，其明征也。日本传国重器三：曰剑，曰镜，曰玺，皆秦制也。君曰尊，臣曰命，曰大夫，曰将军，又周秦语也。自称神国，立教首重敬神；国之大事，莫先于祭；有罪则诵禊词以自洗濯，又方士之术也。崇神立国，始有规模，计徐福东渡，已及百年矣。当时主政者，非其子孙殆其徒党欤？至日本称神武开基，盖当周末，然考神武至崇神，中更九代，无事足纪，或者神武亦追王之辞乎？"予谓徐福之事，果系彼使臣自言，史家安得不明记之？重器为秦制，称谓为周秦间语，不必方士所传。敬神之俗，野人皆同，更不必出于方士。谓日本之地早为中国所知，方士习闻其说，因有渡海之请，说颇近之。

　　然徐福之漂流，必未能至日本。《三国·吴志》：孙权黄龙二年，"遣将军卫温、诸葛直将甲士万人浮海求夷洲及亶洲。亶洲在海中，长老传言秦始皇帝遣方士徐福，将童男童女数千人入海，求蓬莱神山及仙药，止此洲不还，世相承，有数万家。其上人民，时有至会稽货布；会稽东县人海行，亦有遭风流移至亶洲者。所在绝远，卒不可得至，但得夷洲数千人还。"传说至能使国家为发大兵，必非绝无根据。度必略有道里乡方，及沿途所经岛屿，故能循之求得夷洲；而还时亦但云亶洲所在绝远，不可得至，而不云无其地也。而其将数千人还，尤有足资寻索者，何则？谓为夸功示信，或以餍时主好奇之心，偕数人若数十人已足，不必至数千人也。然则此数千人殆本华人，而温等乃拔之以还欤？此说如确，则亶洲之有华人，亦必非虚语矣。然其是否徐福，了无征验，而其地尤不能为日本。日本之通中国，盖自汉武灭朝鲜以来，距是岁三百三十八年矣。日本情形，中国必知之已稔，其地果有徐福所将童男女之后，中国岂得不知？且日本通使南朝，实始晋末；泰始初尚朝贡北方，三国时未能通南方可知。即谓不然，偶或一至则可，又安能时至会稽货布邪？

　　汉之未通西域也，而邛竹杖、蜀布，业已先至其地；即以海道论，《史记·货殖列传》谓南海为珠玑、犀、瑇瑁、果、布之凑，即后世西、南洋物也，则秦汉未并南越时，中国与西、南洋久相往来矣。是知民间之交通，必先于政府。谓日本通使南朝之前，南方人民与日绝无往还，非其实也。然必不能如北方之多。盖是时航海，皆依傍海岸而行，观《三国志》所述自带方入倭之路可知。是时南方至日者，非冒险之估客，则执迷之方士耳，徒侣必不能多。北方则不然。其时族制未颓，奴客尤众，移徙之际，往往相将；而自后汉末年，每每大乱，至于五胡云扰，人民之流离转徙者实多，往往相率而行，自成一部，此细读后汉至南北朝之史可知。田畴能训练其民，为故主报仇，为中国攘斥夷狄；管宁、邴原辈，所将皆流亡之徒，犹能立纲陈纪，足食之后，继以教化，职是之故。章太炎亟称此时之士材力绝人，非唐宋后所有，则欲知人而不论其世矣。知此，则知东史所纪华人入日者，皆称为某某部，俨然古者之族有世业，以氏名官，必非虚诬。又是时华人入日者，类多自托华胄：如弓月君，或谓秦始皇五世孙，或谓十三世孙；阿知使主，或谓汉灵帝三世孙，或谓四世孙；《姓氏录》所记，又有吴王夫差、汉高祖、光武、齐王肥、盖宽饶之裔，亦与是时风气相合。此等语必非日人所能造作，日人本亦无庸造作也。文化悬殊，则此方中庸之材，入彼即能开物成务，此自古以来，遐方开辟，所以必用中原之士，而亦我华人之大有造于倭者矣。

〔一〇四〕交阯嫁娶之俗

　　《后汉书·循吏传》任延："为九真太守。骆越之民无嫁娶礼法，各因淫好，无適对匹，不识父子之性，夫妇之道。延乃移书属县，各使男年二十至五十，女年十五至四十，皆以年齿相配。其贫无礼聘，令长吏以下各省奉禄，以振助之。同时相娶者二千余人。其产子者，始知种姓。咸曰：使我有是子者，任君也。多名子为任。初，平帝时，汉中锡光为交阯太守，教导民夷，渐以礼义，化声侔于延。领南华风，始于二守焉。"《三国·吴志·薛综传》载综上疏言："汉武帝诛吕嘉，开九郡，设交阯刺史以镇监之。山川长远，习俗不齐；言语同异，重译乃通；民如禽兽，长幼无别；椎结徒跣，贯头左衽；长吏之设，虽有若无。自斯以来，颇徙中国罪人杂居其间，稍使学书，粗知言语，使驿往来，观见礼化。及后锡光为交阯，任延为九真太守，乃教其耕犁，使之冠履；为设媒官，始知聘娶；建立学校，导之经义。由此已降，四百余年，颇有似类。自臣昔客始至之时，珠崖除州县嫁娶，皆须八月引户，人民集会之时，男女自相可适，乃为夫妻，父母不能止。交阯麊泠、九真都庞二县，皆兄死弟妻其嫂，世以此为俗，长吏恣听，不能禁制。"云男女自相可适，乃为夫妻，则非无適对匹，安得产子不知种姓？种姓依母，本不依父也。云除州县外嫁娶皆如此，则延之教，仅行于州县之间。盖中国人之徙居其地者，初同其俗，后乃因教导而获改也。贫无礼聘，须长吏以下省奉振助，则非不知嫁娶礼法，乃贫无以行礼，不得不自同于蛮俗耳。故知往史传言，多失其实。

〔一〇五〕高　离

《后汉书·东夷列传》夫余云："初，北夷索离国王出行，其侍儿于后妊身。王还，欲杀之。侍儿曰：前见天上有气，大如鸡子，来降我，因以有身。王囚之，后遂生男。王令置于豕牢，豕以口气嘘之，不死。复徙于马兰，马亦如之。王以为神，乃听母收养，名曰东明。东明长而善射，王忌其猛，复欲杀之。东明奔走，南至掩淲水，以弓击水，鱼鳖皆聚浮水上，东明乘之得度，因至夫余而王之焉。"此文本于《魏略》，见《三国志·乌桓鲜卑东夷传注》引，索离作高离，《梁书》作橐离。掩淲水作施掩水。《后汉书注》云："索或作橐。"《通典》作橐。案此与《魏书》所述高句丽始祖朱蒙缘起，明系一事。《魏书》谓高句丽出于夫余，乃因夫余受封中国较高句丽为早云然，其实高句丽缘起，不必后于夫余也。《永乐大王碑记》："乙未岁，王以碑丽不贡，整旅往讨。"碑丽疑即《魏略》之高离；《后汉书》索离，实高离之误。《注》云"索或作橐"，则又橐之误也。《永乐大王碑》述邹牟缘起，亦与此略同，邹牟即朱蒙也。所临水作掩刊，则《志注》引《魏略》误，当从《后汉书》。

〔一〇六〕卑弥呼

　　魏时通中国之倭女王卑弥呼，昔人谓即神功皇后，今人则谓不然。此说也，日人颇乐闻之，因日人甚讳其曾臣事中国也。然无论卑弥呼为神功皇后与否，汉魏时自达于中朝者，必日本之共主，而非其小侯，则无足疑，亦不能讳也。

　　日本之通中国始于汉。《汉书·地理志》云："乐浪海中有倭人，分为百余国，以岁时来献。"《后汉书·东夷传》云："倭在韩东南大海中，依山岛为居。凡百余国。自武帝灭朝鲜，使驿当作译。通于汉者三十许国。"《三国·魏志·东夷传》云："倭人在带方东南大海之中，依山岛为国邑。旧百余国，汉时有朝见者，今使译所通三十国。"带方即乐浪，公孙康所分。可见自汉至魏，倭人之隶属不变。此其仅通于郡县者也。《魏志》云：从郡至倭，循海岸水行，历韩国，乍南乍东，到其北岸狗邪韩国，七千余里，始度一海，千余里至对马国。又南，渡一海千余里，名曰瀚海，至一大国。又渡一海，千余里至末卢国。东南陆行五百里，到伊都国。东南至奴国百里。东行至不弥国百里。南至投马国，水行二十日。南至邪马台国，女王之所都，水行十日，陆行一月。自女王国以北，其户数道里可得略载，其余旁国，远绝，不可得详。次有斯马国，次有已百支国，次有伊邪国，次有都支国，次有弥奴国，次有好古都国，次有不呼国，次有姐奴国，次有对苏国,次有苏奴国,次有呼邑国,次有华奴苏奴国,次有鬼国,次有为吾国,次有鬼奴国,次有邪马国,次有躬臣国,次有巴利国,次有支维国,次有乌奴国,次有奴国。此女王境界所尽。其南有狗奴国,男子为王,不属女王。所述国名,适得三十,当即使译所通。其初朝见之国,盖尚不逮此数。故《国志·魏书》以今字别之。《汉志》云"分为百余国,以岁时来献",一似百余国皆来献;《后汉书》云"自武帝灭朝鲜,使驿通于汉者三十许国",一似三十许国一时俱通者;其措词,皆不如《国志》之审矣。三十国使译所通,故《魏志》能举其名,其余则自汉至魏,皆但能知其共有若干国而已,不能道其详也。

倭人之自达中国,始于后汉。《后汉书》云:"建武中元二年,倭奴国奉贡朝贺,使人自称大夫,倭国之极南界也。光武赐以印绶。安帝永初元年,倭国王帅升等献生口百六十人,愿请见。桓、灵间,倭国大乱,更相攻伐,历年无主,有一女子,名曰卑弥呼,年长不嫁,事鬼神道,能以妖惑众,于是共立为王。"《三国志》云:"其国本亦以男子为王,住七八十年,倭国乱,相攻伐历年,乃共立一女子为王,名曰卑弥呼。"建武中元二年,下距桓帝建和元年九十年,灵帝建宁元年一百十一年,与所谓住七八十年,更相攻伐历年者,数略相合。然则《国志》所谓本亦以男子为王,住七八十年者,乃即自其奉贡之年计之,而非谓倭之有王,始于是时也。此所谓王者,岂即倭奴国之君与?《国志》述诸国之名,当自北而南,而《后汉书》云倭奴为倭国之极南界;又以弥奴、姐奴、苏奴、华奴苏奴、鬼奴、乌奴例之,奴国之名,亦甚似倭奴国之夺。然建武时倭国南界,与女王南界,是否相符,殊难质言;而《后汉书》于帅升称为倭国王,于倭奴则无王称,又似本无王号者,故倭奴是否日本共主,究难断定也。至帅升则不然矣。日本木宫泰彦作《中日交通史》,引其国博士内藤氏之说云:"北宋本《通典》有倭面土国王师升;日本古本《后汉书》有倭面土国王师升、倭面国王师升；异称《日本传》引《通典》，有倭面土地王师升；盖本作倭面土国王，后省称倭面国王，又省为倭国王，或误为倭面土地王。倭面土当读为ヤマト，即大和国。"其说颇允。《后汉书》称大倭王居邪马台国，邪马台似亦ヤマト译音。《国志》云："自女王国以北，特置一大率，检察诸国，诸国畏惮之，常治伊都国。"伊都与倭奴，似亦同音异译。窃疑邪马台，倭奴，乃诸国中之强者，而邪马台之势尤张，故早有王称。大乱之后，更晋为大倭王，而伊都则为大率治所也。四夷之或通于中朝，或仅达郡县，实因缘事势，非出偶然。盖通中朝者，路远而费多，僻陋之邦，或力不能胜，或亦本无此愿，而中朝于外国之使，送迎亦颇劳费，非好大喜功之主，未有务于招致者。古附庸之不达于天子，盖亦以此也。邪马台倭奴之能自达，岂偶然哉？《三国志》又言："王遣使诣京都、带方郡，诸韩国及郡使倭国，皆临津搜露，传送文书赐遗之物诣女王，不得差错。"则倭人之通中华，实颇利其赏赐，安有藩属小国，敢冒大倭王之名而自通者乎？

　　《三国志》又云："卑弥呼以死，更立男王，国中不服，更相诛杀，当时杀千余人。复立卑弥呼宗女壹与，年十三为王，国中遂定。"案《汉书·地理志》言："齐地，始桓公兄襄公淫乱，姑姊妹不嫁。于是令国中民家长女不得嫁，名曰巫儿，为家主祠。嫁者不利其家，民至今以为俗。"以此俗之成，归诸齐君，其不足信，自不待论。卑弥呼年长不嫁，能事鬼神，正巫儿之俗也。亦足证倭人即嵎夷，嵎夷本在山东之说矣。见《嵎夷》条。《国志》又谓卑弥呼"有男弟共治国"，此又今社会学家所谓舅权也。足见日本之有女主，乃其社会使然，而非偶然之事矣。如是，则日本女主，必不止卑弥呼、壹与二人。木宫泰彦云《记纪》有神功皇后征新罗事，酷类小说，原不能视为信史。然西历四稘后半，日人兵陵新罗，则事确有之。案《广开土王陵碑》云："辛卯，倭渡海，破百残、新罗，己亥，百残违誓，与倭通。新罗使白倭人满国境。庚子，遣救新罗，倭退。甲辰，倭入带方界。"百残即百济。辛卯为晋武帝太元十六年，己亥为安帝隆安三年，庚子四年，甲辰为元兴三年，上距魏明帝景初二年卑弥呼遣使之岁，百五十余年矣。以卑弥呼为神功皇后，年岁相距，诚未免太遥。然日本，高丽，皆本无史籍，其古史皆依傍我国之史为之，年代安足征信？碑文年月，虽若可信，然日本是时与新罗有兵争，不能谓其兵争之仅在是时也。故卑弥呼究为神功皇后与否，诚只能置诸存疑之列，然谓其非倭人之大长，则必不可矣。

木宫泰彦释带方郡至邪马台之路云："狗邪韩国即迦罗。对马国即对马。一大国，宜据《北史·倭国传》改一支，即壹岐。末卢国即肥前之松浦。伊都国即筑前之怡土。奴国即筑前之傩。不弥国即筑前之宇弥，投马国即筑后之三潴。"黄公度《日本国志·邻交志注》云："日本天明四年，筑前那珂郡人掘地，得一石室，上覆巨石，下以小石为柱。中有金印一，蛇纽方寸，文曰汉委奴国王。予尝于博览会中亲见之。日本学者皆曰：那珂郡古为怡土县。《日本仲哀纪》所谓伊都县主，即《魏志》所谓伊都国也。上古国造百三十余国，在九州者分十九国，在四海者分为十国。《汉书·地理志》：倭人分为百余国。《三国志》：倭人旧邑百余国，汉时有朝见者，今使译所通三十国。二书所谓百余国，与《国造本纪》相符，所谓三十国，盖指九州四海之地，地在日本西南海滨，距朝鲜最近。此委奴国意必古伊都县主，或国造之所为，并非王室之所遣。其曰委奴，译音无定字云。余因考《魏志》云：到伊都国，世有王，皆统属女王国，郡使往来常所驻。《后汉书》云：委奴国，倭国之极南界也。又云：其大倭王居邪马台国。邪马台即大和之译音，崇神时盖已都于大和矣。谓委奴国非其王室，此语不诬。"予案日史所言，恐正依傍中史，以此证中史之不误，恐不足信。黄氏之说，与余说颇相合，正足证并卑弥呼而指为小侯非王室者，只是日人褊浅之见也。

〔一〇七〕儒术之兴上

　　自梁任公以周、秦之际，为中国学术最盛之时；谓汉武罢黜百家，表章六经，实为衰机所由肇；又谓历代帝王尊崇儒术，乃以儒家有尊君之义，用以便其专制之私。而世之论者，多袭其说，实则不衷情实之谈也。儒术之兴，乃事势所必至，汉武特适逢其会耳。

　　当秦、汉之世，欲求致治，势不能不图更化。秦人权使其士，虏使其民，内峻威刑，外勤战斗。□□□□世，不得不然，而非谓可以此致治也。《纪》载始皇之语曰："吾前收天下书不中用者尽去之，悉召文学方术士，甚众，欲以兴太平，方士欲练以求奇药。""欲以兴太平"上，盖有夺文。此五字指文学言。致太平责文学，练奇药资方士，皆始皇所谓在不中用之外者也。文学者，通知古今而不囿于当世法律辟禁之士。见《焚书上》条。叔孙通以文学征，待诏博士；数岁，陈胜起，二世召博士诸儒生问，而通之对谀，赐帛二十疋，衣一袭，拜为博士。则当时博士，盖即文学之士为之。秦博士多儒生，见下条。则所谓文学者，其学术亦可知矣。然则始皇非不欲用儒也，未及用而诽谤之事遽起，案问御史既希旨，诸生又传相告引，遂至所坑者几五百人耳。然原其初意，固与汉武无以异也。使天假之年，获见海内平治，如汉文、景之时者，亦未必不终用儒生，成武帝之业也。

孔子论政，先富后教。孟子曰："无恒产而有恒心者，惟士为能。若民，则无恒产，因无恒心；苟无恒心，放辟邪侈，无不为矣。是故明君制民之产，必使仰足以事父母；俯足以畜妻子；乐岁终身饱，凶年免于死亡，然后驱而之善，故民之从之也轻。"《管子》曰："仓廪实而知礼节，衣食足而知荣辱。"《王制》曰："食节事时，民咸安其居。乐事劝功，尊君亲上，然后兴学。"凡古之言教化，无不如此者。叔孙通之使征鲁儒生也，有两生不肯行，曰："礼乐，积德百年而后可兴也。今天下初定，死者未葬，伤者未起，公所为不合古。"犹守旧说也。《汉书·礼乐志》曰："世祖受命中兴，拨乱反正，改定京师于土中。即位三十年，四夷宾服，百姓家给，政教清明，乃营立明堂辟雍。"又曰："今海内更始，民人归本，户口岁息，平其刑辟，牧以贤良，至于家给，既庶且富；则须庠序礼乐之教化矣。……今大汉继周，久旷大仪，未有立礼成乐，此贾谊、仲舒、王吉、刘向之徒，所为发愤而增叹也。"仍是此等议论。汉代改正朔易服色之论，必起于文帝之时，以此。秦皇初并天下，日不暇给，其广征文学，而未能遽就其事，其无足怪。然以视汉之高帝，则规模弘远矣。

汉兴文治，盖有三时：郦生谒高祖，高祖问使者曰："何如人也？"使者曰："状貌类大儒，衣儒衣，冠侧注。"高祖即不肯见。郦生更其辞，然后得入。陆贾前说称《诗》、《书》，高祖曰："乃公居马上得之，安事《诗》、《书》。"客冠儒冠来者，高祖辄解其冠，溲溺其中。叔孙通乃从所好，服短衣楚制。通从儒生弟子百余人，然无所言进，专言诸故群盗壮士进之。及高祖苦群臣拔剑击柱，通乃说之以起朝仪；高祖犹曰："得毋难乎？"又曰："可试为之。令易知，度吾所能行者为之。"通为之月余，请上试观。上即观，曰："吾能为此。"乃令群臣习肄，其所谓礼者可知矣。陆生之折高祖曰："马上得之，宁可以马上治之乎？且汤、武逆取而以顺守之，文武并用，长久之术也。"盖以利害动之，高祖乃曰："试为我著秦所以失天下，吾所以得之者何？

及古成败之国。"陆生乃粗述存亡之征,凡著十二篇。自来能应事机者,不必其明于理。高祖之粗野,岂足以语兴亡之故？其所著者亦可知矣。今《新语》系伪书,然真者即存,亦必甚浅俗。《绛侯世家》云:"勃不好文学,每召诸生说士,东乡坐而责之,趣为我语。"《陆贾传》:贾谓陈平曰:"臣尝欲谓太尉绛侯,绛侯与我戏,易吾言。"张良游侠,萧、曹刀笔吏,韩信徒能校兵书,张苍称于书无所不读,亦府史之材耳,安足以知文学？盖汉初之将相大臣又如此。而其时亦正死者未葬,伤者未起,其无意于言教化也固宜。孝惠、高后之时,民务稼穑,衣食滋殖。及文帝之立,而情势稍变矣。《史记·礼书》曰:"孝文即位,有司议欲定仪礼;孝文好道家之学,以为繁礼饰貌,无益于治,躬化谓何耳,故罢去之。"与《贾生传》所云"贾生以为汉兴至孝文二十余年,天下和洽,当改正朔,易服色,法制度,定官名,兴礼乐,乃悉草具其事。孝文帝初即位,谦让未遑"者合。然《传》又曰:"天子议以为贾生任公卿之位,绛、灌、东阳侯、冯敬之属尽害之,乃短贾生,于是天子后亦疏之,不用其议。"观公孙臣之进用,则贾生危见任为公卿不诬。盖道家之义,特不容妄事纷更,原不谓当束手一事不为也。《汉书·礼乐志》亦云:"天子说焉,而大臣绛、灌之属害之,故其议遂寝。"《晁错传》曰:"太子善错计算,袁盎诸大功臣多不好错。"又云:"景帝即位,以错为内史。法令多所更定,丞相申屠嘉心弗便。""迁为御史大夫,请诸侯之罪过,削其地,收其枝郡。奏上,上令公卿列侯宗室集议,莫敢难。独窦婴争之,由此与错有隙。"错之死,论者皆谓袁盎为之。其实盎疏逖,非窦婴不得见;而错之诛,距盎之说已十余日矣,度其间必更有进谗于景帝者,特史弗传耳。然则杀错者非盎,实汉朝之大臣也。故错之被陷,谊之见排,一也。特所遭之时不同,故一止于迁谪;一遂至于杀身耳。然则高、惠之世,本无意于更化者也;文、景则有意焉,而为武力功臣所沮者也;丁斯时也,必此等沮挠之人尽去,而又得一好大喜功之主,举前世谦让未遑者,悉不让而为之,而后更化之事可成,武帝则其人也。武帝之世,则其时也。其能就前人所未就之业,宜哉。然其事,则固始皇以来之所共愿也,未之逮耳。

〔一〇八〕儒术之兴中

博士，《汉书·百官公卿表》曰"秦官"，而沈约《宋书志》谓六国时往往有博士。案《史记·循吏传》："公仪休者，鲁博士也。以高第为鲁相。"《龟策列传》：宋元王时，神龟为豫且所得，见梦，召博士卫平而问焉。《汉书·贾山传》："祖父祛，故魏王时博士弟子也。"则约之言是也。草昧之世，无所兴作，服官但循成法，固无取通知古今；稍进文明，即不容尔。博闻强识之士，遂为世之所贵。子产以博物君子，见称于晋；而楚灵王亦夸倚相能读《三坟》、《五典》、《八索》、《九丘》；则是物也。春秋时，犹仅就博闻者而问焉，征故实于史氏；至战国，遂广罗道术之士，以备咨询，亦理势然矣。班《表》之说，盖谓汉之博士，沿袭嬴秦，原不谓博士之官，为秦人所创置也。孔鲋为陈涉博士，汉高亦以叔孙通为博士。当戎马倥偬之际，不废是官，则亦颇重之矣。

博士虽无重权，然议礼制度考文，由之而定；其于显庸创制之朝，所系实重。观其治何家之学，而其时之所尚可知矣。叔孙通、伏生皆儒者，众所共知。博士之议帝号也，曰："古有天皇，有地皇，有泰皇；泰皇最贵。"天皇、地皇、泰皇者，《尚书大传》曰：遂人以火纪，火，太阳也，阳尊，故托遂皇于天；宓戏以人事纪，故托戏皇于人；神农悉地力，种谷疏，故托农皇于地。泰即大，大与人古字相通。泰皇，盖人皇传写之讹。参看拙撰《三皇五帝考》。淳于越之谏始皇也，曰：“臣闻殷、周之王千余岁，封子弟功臣，自为枝辅；今陛下有海内，而子弟为匹夫，卒有田常六卿之臣，无辅拂，何以相救哉？事不师古，而能长久者，非所闻也。”陈胜之起也，二世召博士诸儒生问，博士诸生三十余人前曰：“人臣无将，将即反，罪死无赦。”观其所言，而其所学可知矣。《汉书·京房传》，房弟子姚平曰：“昔秦时，赵高用事，有正先者，非刺高而死，高威自成。”孟康曰：“姓正，名先，秦博士也。”高之学近法家，当时儒法二家，相讥颇甚，得毋先亦儒家者流与？《梅福传》：“夫叔孙先非不忠也。”师古曰：“先犹先生也。”则正先未必名先。始皇之坑儒生也，扶苏谏曰：“诸生皆诵法孔子。”则嬴秦之廷，齐、鲁之士为不少矣。

《始皇本纪》：三十六年，使博士为仙真人诗；三十七年，梦与海神战，问占梦博士。或有以此二事，疑当时博士，杂有方士巫祝之流者。然《纪》又言二世三年，梦白虎齧其左骖马，杀之，召问占梦；则三十七年之“占梦博士”四字不连读，乃始皇并问此两官，而非博士以占梦为职也。至使为仙真人诗，则以其闲于文学耳。汉世郊庙之歌，有定自匡衡者矣；亦杂有神仙家言，岂得谓稚圭为方士之流与？

侯生、卢生谓始皇专任狱吏，博士虽七十人，特备员弗用。然帝号之定，实采博士之议；淳于越之言虽不见用，且引起焚书之祸，当时亦曾下其议；而所焚之书，以非博士官所职为限，则其责博士以通古今如故也。始皇之封禅也，《史记·封禅书》记其事曰：“征从齐、鲁之儒生，博士七十人，至乎泰山下。诸儒生或议曰：古者封禅，为蒲车，恶伤山之土石草木。扫地而祭，席用菹秸，言其易遵也。始皇闻此议各乖异，难施用，由此绌儒生；而遂除车道，上自泰山阳至巅，立石颂秦始皇帝德，明其得封也。从阴道下，禅于梁父，其礼颇采大祝之祀雍上帝所用，而封藏皆秘之，世不得而记也。始皇之上泰山，中阪,遇暴风雨,休于大树下;诸儒生既绌,不得与用于封事之礼,闻始皇遇风雨,则讥之。"颇采者,不尽采之辞;绌即不与于封事之谓;虽不从其人,实未尝尽废其议,故《本纪》纪此事,仍云"与鲁儒生议封禅望祭山川之事"。且齐、鲁之儒生虽绌,博士七十人,未必不从上山也。汉武之封禅也,《封禅书》记其事曰:"天子既闻公孙卿及方士之言,欲放黄帝,以上接神仙人蓬莱士,高世比德于九皇,而颇采儒术以文之。群儒既已不能辨明封禅事,又牵拘于《诗》、《书》古文而不能骋;上为封禅祠器,示群儒,群儒或曰不与古同,徐偃又曰太常诸生行礼不如鲁善,周霸属图封禅事,于是上绌偃、霸,而尽罢诸儒不用。"封禅自后世观之,诚为秕政,然秦、汉之世,则视之甚重;秦皇、汉武,其不专任儒亦等耳。

《汉书·艺文志》:《高祖》十三篇,高祖与大臣述古语及诏策也;《孝文传》十一篇,文帝所称及诏策。今观《史》、《汉》,两帝诏策,多粹然儒者之言。文帝除肉刑一诏,原本《书传》,尤能行经义以除秕政;诏策如此,他所称述可知,知儒术之兴,实不自武帝始矣。

〔一〇九〕儒术之兴下

　　然则汉人议论，无事不引秦为鉴戒；而夷考其实，其所行者，实乃异世而同揆，是何也？曰：此事势之不得不然，而生其时者，亦遂莫知其然而然也。世之治也，必有待于民之自善，而不容专恃夫刑驱势迫。此本非难解之义，夫岂始皇、李斯所不知。董仲舒之言曰："周之末世，大为亡道；秦继其后，又益甚之，习俗薄恶，民人抵冒；今汉继秦之后，虽欲治之，无可奈何。法出而奸生，令下而诈起。辟之琴瑟，不调甚者，必解而更张之，乃可鼓也；为政而不行甚者，必变而更化之，乃可理也。"此岂仲舒一人之言哉？趣过目前，而不暇为久远之图者，庸或虑不及此。始皇固非其人，苟一念夫致治清浊之原，而苟为子孙帝王万世之计，更化之图，有必不容缓者矣。更化之事，固非儒家莫能为。此则始皇之所志，所以与汉儒之所唱导者，异世而同揆也。

　　汉儒之言更化，其道有二：曰立大学以教于国；曰设庠序以化于邑。古大学与明堂合一，制礼作乐之事皆出焉，汉人固颇行之矣。然与人民实无涉也，故讫无成效可见。至于庠序之化，则终汉世未之能行，故虽以东京大学之盛，而班固之徒，犹慭然于教化之未兴也。《汉书·礼乐志》曰："世祖受命中兴，拨乱反正，改定京师于土中。即位三十年，四夷宾服，百姓家给，政教清明，乃营立明堂辟雍。显宗即位，躬行其礼，宗祀光武皇帝于明堂，养三老五更于辟雍。威仪既盛美矣，然德化未流洽者，礼乐未具，群下无所诵说，而庠序尚未设之故也。"

　　然则庠序而果遍设，汉儒所谓教化之具者而果毕张，风俗遂可以美善矣乎？曰：难言之矣。《汉书·地理志》曰："文翁为蜀守，教民读书法令，未能笃信道德，反以好文刺讥，贵慕权势；及司马相如游宦京师诸侯，以文辞显于世，乡党慕循其迹。后有王褒、严遵、扬雄之徒，文章冠天下。由文翁唱其教，相如为之师。"庠序学校之教，其效可睹矣。大史公曰："夏之政忠，忠之敝，小人以野；故殷人承之以敬，敬之敝，小人以鬼；故周人承之以文，文之敝，小人以僿。故救僿莫若以忠，三王之道若回圈，终而复始。"周秦之际，可谓文敝矣，秦政不改，反酷刑法，岂不缪乎？以酷刑法为反于忠者，董仲舒曰："秦师申商之法，行韩非之说，诛名而不察实。为善者不必免；而犯恶者未必刑，是以百官皆饰空言虚辞而不顾实，是其义也，好文刺讥，习为雕虫，饰其鐅帨，其不顾实，无乃愈甚。"然则汉儒之所为，自谓能救僿以忠，实乃以水济水也。

　　汉儒所谓教化者，不足以治天下，读张敞奏黄霸之语，最可见之。霸之治郡，先为人民筹生计，继乃教以孝弟贞廉之行；徒观其迹，真所谓先富后教者。而敞之奏曰："浇淳散朴，有名无实，甚者为妖。"又曰："假令京师先行让畔异路，道不拾遗，其实亡益廉贪贞淫之行，而以伪先天下，固未可也。即诸侯先行之，伪声轶于京师，非细事也。"其深恶痛绝之，至于如此。观于王莽之以伪率天下，而卒至于大乱，然后叹敞之见之卓矣。莽之所为，即所谓以伪先天下，甚者为妖者耳。

　　然则如敞之所言，谓汉家承敝通变，造起律令，即以劝善禁奸者，其说果是矣乎？曰：又非也。王吉之言曰："今俗吏所以牧民者，非有礼义科指，可世世通行者也。以意穿凿，各取一切，是以诈伪萌生，刑罚无极，质朴日消，恩爱寖薄。"观汉世法令之支离灭裂，盖不能不以其言为然。而敞谓足劝善禁奸，诬矣。贾谊之言曰："今汉承秦之敝俗，废礼谊，捐廉耻。今其甚者杀父兄，盗者取庙器，而大臣特以簿书不报期会为故；至于风俗流溢，恬而不怪，以为是适然耳。"夫移风易俗，使天下回心而乡道，类非俗吏之所能为也。观于汉世大臣之无远虑，为吏者多沿亡秦之失，徒借刑杀以立威，盖又不能不以其言为然。而敞以为但令贵臣，明饬长吏守丞，归告二千石，奉法令从事，遂足为治。得毋当时之二千石，皆非俗吏乎？何言之易也！五谷不熟，不如荑稗，张敞之稗，或愈于黄霸之秕，以为嘉谷则误矣。

任法既不足止奸；崇儒又适以长伪；则将何适而可？曰：言治必以教化为本，教化必以礼乐为先，此不易之理也。独惜儒家之言教化者，皆未知礼乐之情耳。《记》曰："大乐与天地同和，大礼与天地同节。和者，乐之情也；节者，礼之情也。"然非谓吾陈礼乐于此，而民遂能和，而民遂知节也。欲民之能和，必先去其争攘之心，消其愁怨之念；欲民之知节，必先禁其放荡之行，祛其鄙吝之情。民蹙然无以遂其生，又强陵弱众暴寡而莫之能正，不强圉即无以自卫；而欲陈乐以和之，难矣。富家一食之费，罄贫民终岁之粮，弗能均也。睦渊任恤之风邈，而民不得不厚自封殖，虽有数世温饱之计，犹怀不可终日之尤，弗能化也。而欲立礼以节之，难矣。此制礼作乐，所以必在功成治定之后也。功未成，治未定，曷尝不以前代之礼乐化其民。然所以成其功定其治者，必当别有作为，不能舞干羽以格有苗，写《孝经》以安反侧，审矣。满堂而饮酒，一人乡隅而悲泣，则四坐为之不乐；人心之欣戚，岂不以其境哉？班固之言曰："今海内更始，民人归本，户口岁息，平其刑辟，牧以贤良，至于家给，既庶且富，则须庠序礼乐之教化矣。"然而史迁言武帝之初，众庶街巷有马，阡陌之间成群，守闾阎者食粱肉，为吏者长子孙。而董仲舒言贫民常衣牛马之衣，食犬彘之食。虽迁，亦谓役财骄溢，或至并兼。夫苟家给人足，又何并兼之有？则知太仓之粟，陈陈相因，都鄙廪庾尽满，非人人得而食之矣。以此而言庠序礼乐，不亦难乎？故曰："礼云礼云，玉帛云乎哉？乐云乐云，钟鼓云乎哉？"而林放问礼之本，子曰：大哉问！

不特此也。礼也者，因时世人情，为之节文者也；然则非节文人者也，君子行礼，不求变俗，以此，夫异世之礼之不可以强齐，犹异地之礼之不可以强一也。刘向之言曰："为其俎豆管弦之间小不备，因是绝而不为，是去小不备而就大不备，或莫甚焉。"固也，抑且愈备而愈不能行；何也？愈备，则其去人生日用愈远，非复因时世人情，为之节文之义矣。夫礼之初，始诸饮食，其燔黍而捭豚，污尊而抔饮，蒉桴而土鼓，犹若可以致其敬于鬼神；然而后圣有作，修火之利，以炮以燔，以亨以炙，以为醴酪，初不沿燔黍捭豚污尊抔饮之旧，何则？世殊则事异，人之情不存焉。叔孙生之制朝仪也，高祖曰："令易知，度吾所能行者为之。"然则为民制礼乐者，不当度民之所易知、所能行者乎？故曰：礼也者，义之实也。协诸义而协，则礼虽先王未之有，可以义起也。汉儒日言礼乐教化，而其所从事者，非陈诸庙堂之上，人民不见不闻，则拘牵于俎豆管弦之间，徒陈古而不与今合；以此化民，得乎？故曰：知礼乐之情者能作；识礼乐之文者能述；作者之谓圣，述者之谓明。又曰：礼之所尊，尊其义也。失其义，陈其数，祝史之事也；拘牵于俎豆管弦之间，而犹弗能备，则求为祝史而未能逮也；将以化民，不亦难乎？

《史记·礼书》曰："今上即位，招致儒术之士，令共定仪，十余年不就。或言古者太平，万民和喜，瑞应辨至。乃采风俗，定制作。"定制作必采风俗，此即因时世人情为之节文之义；礼乐之必须制作以此。不然，何不沿前代之旧乎？为此言者，不知何人，其所陈则古义也。与鲁两生之言，皆令人望古而遥集也。为此言者，不知何人，其所陈则古义也。

《礼书》又曰："上闻之，制诏御史曰：盖受命而王，各有所由兴；谓因民而作，追俗为制也。议者咸称太古，百姓何望？汉亦一家之事，典法不传，谓子孙何？化隆者闳博，治浅者褊狭，可不勉与？乃以太初之元，改正朔，易服色，封泰山，定宗庙百官之仪，以为典常，垂之于后云。"制诏所陈，亦古义也，独惜改正朔易服色等事，皆与民无涉耳。

论后世之礼乐不切于民生者，以《唐志》之言为最著明：《志》曰："由三代而上，治出于一，而礼乐达于天下；由三代而下，治出于二，而礼乐为虚名。古者宫室车舆以为居，衣裳冕弁以为服，尊爵俎豆以为器，金石丝竹以为乐，以适郊庙，以临朝廷，以事神而治民。其岁时聚会，以为朝觐聘问；欢欣交接，以为射乡食飨；合众兴事，以为师田学校；下至里闾田亩，吉凶哀乐，凡民之事，莫不一出于礼。由之以教其民，为孝慈友弟忠信仁义者，常不出于居处动作、衣服饮食之间。盖其朝夕从事者，无非乎此也，此所谓治出于一。而礼乐达天下，使天下安习而行之，不知所以迁善远罪而成俗也。及三代已亡，遭秦变古，后之有天下者，自天子百官名号位序，国家制度，宫车服器，一切用秦。其间虽有欲治之主，思所改作，不能超然远复三代之上，而牵其时俗，稍即以损益，大抵安于苟简而已。其朝夕从事，则以簿书狱讼兵食为急，曰：此为政也，所以治民。至于三代礼乐，具其名物，而藏于有司，时出而用之郊庙朝廷，曰：此为礼也，所以教民。此所谓治出于二，而礼乐为虚名。故自汉以来，史官所记，事物名数，降登揖让拜俯伏兴之节，皆有司之事耳。所谓礼之末节也。然用之郊庙朝廷，自搢绅大夫从事其间者，皆莫能晓习，而天下之人，至于老死，未尝见也。况欲识礼乐之盛，晓然谕其意，而被其教化以成俗乎？"惟其不出于居处动作、衣服饮食之间，是以民至于老死而莫之见。欧氏不责后世之言礼乐者，不能即其时之居处动作、衣服饮食而为之制，顾责其不能超然远复三代之上。然则举民之居处动作、衣服饮食，悉变而还之古乎？是犹有蓬之心也夫！然民之居处动作、衣服饮食，终不可无以治之，是则欧氏所谓簿书狱讼者也；其事固不容不急。张敞谓造起律令，即以劝善禁奸，亦谓此也。然古之所谓礼者，固将举一世之民，而纳之轨物；律令则徒能恐惧之，使之有所不敢为而已。能治其身，不能治其心也。是以法出而奸生，令下而诈起也，谓其意亦在劝善禁奸，焉是矣，谓即足以劝善禁奸，焉诬矣。

　　清邵位西作《礼经通论》，谓古无以吉、凶、军、宾、嘉为五礼者；言吉与凶，谓居丧及免丧耳，无概以祭礼为吉礼者。乃作《周官》者特创此目，以括王朝之礼，而非所语于天下之达礼也。天下之达礼，时曰丧、祭、射、乡、冠、昏、朝、聘，邵氏谓《礼运》之丧祭射御冠昏朝聘，御为乡之误。《礼经》十七篇其物，五礼则布列百司，具藏官府，若后世所谓礼书者，非可举以教人。邵氏云："保氏以教国子，乡官以教万民者，虽曰五礼，以视宗伯所掌，必有详略繁简之分；亦犹德行道艺，《地官》《春官》所载，不尽符同也。"终前汉之世，无传《周官》者。其书之体，本诸司职掌，不可以名礼也。此亦由后世所谓礼书者，不切民生日用而悟入。然则朝廷之礼，不尽切于民生日用，旧矣。特古有丧、祭、射、乡、冠、昏、朝、聘之达礼，后世则无之，各率其俗，而一治之以法耳。

　　夫言古礼而徒欲陈其数，汉世固未尝无之。《史记·孔子世家》，言鲁诸儒讲礼，乡饮大射于孔子冢。《儒林传》云：高祖诛项籍，举兵围鲁。鲁中诸儒，尚讲诵，习礼乐，弦歌之音不绝。史公亦乡射邹、峄，《自序》。则邹、鲁之地，自周以来，礼乐未尝绝也。其升于朝者,徐生善为容,传子至孙延、襄。及徐氏弟子公户满意、桓生、单次,皆为汉礼官大夫。《儒林传》。《汉书·艺文志》云:制氏以雅乐声律,世在乐官,颇能纪其铿锵鼓舞。又云:文帝时,得魏文侯乐人窦公。谓窦公逮事文侯,必无此理。盖得魏国乐人之传者耳。然《何武传》言其徙京兆尹,坐举方正。所举者召见,槃辟雅拜,有司以为诡众虚伪,左迁。夫独非礼容乎哉?而《后汉书·刘昆传》,言其"少习容礼。平帝时,受《施氏易》于沛人戴宾,能弹雅琴,知清角之操。王莽世教授,弟子恒五百余人。每春秋飨射,常备列典仪。以素木瓠叶为俎豆,桑弧蒿矢,以射菟首。每有行礼,县宰辄率吏属而观之。王莽以昆多聚徒众,私行大礼,有僭上心,乃系昆及家属于外黄狱。"则并有以此获罪者矣。然则非无礼乐也,有礼乐而人之情不存焉,如礼何?如乐何?

《汉书·艺文志》有《雅歌诗》四篇,又有《雅琴赵氏》七篇,名定,勃海人,宣帝时丞相魏相所奏。《雅琴师氏》八篇,名中,东海人,传言师旷后。《雅琴龙氏》九十九篇,名德,梁人。师古曰:"刘向《别录》云亦魏相所奏也。与赵定俱召见待诏,后拜为侍郎。"《后汉书·刘昆传注》引《别录》曰:"雅琴之意,事皆出龙德《诸琴杂事》中。"昆弟子五百余人,不知所教授者,《施氏易》乎?雅琴乎?容礼乎?先汉儒者,教授数百千人者,数见不鲜。而王莽独恶昆,则昆所教授,殆必兼及雅琴、容礼,亦如徐氏之有弟子也。然则自古相传之礼乐,知之者实不独一二人矣。《汉志》所载之书,今存者不及十一,而世必以为古籍亡于秦火;三代之礼乐,汉世未尝无存者,而世必谓周、秦之际,崩坏已尽,皆一概之谈耳。《大戴记·投壶》:凡雅二十六篇。其八篇可歌,八篇废不可歌。七篇《商》、《齐》,可歌也。三篇间歌。又较《汉志·雅歌》四篇为多。案八篇可歌者,盖谓《鹿鸣》、《貍首》、《鹊巢》、《采蘩》、《采苹》、《伐檀》、《白驹》、《驺虞》也。有甲乙相与语,甲曰:今之人,徒袭外国之法律政事，而欲以为治，不亦难乎？乙曰：今之人，若谓袭外国之法律政事而可以为治，则可语矣。彼其意，以为袭外国之法律政事，即为治耳，不计其功效如何？但以有其事为已足，汉后之言礼乐者，多有此病。

秦、汉之世，为儒法递嬗之会。《汉书·礼志》所载贾谊、董仲舒、王吉、刘向之言，儒家之义也。《循吏传》所载张敞之奏，法家之义也。《元帝纪》言："（帝）壮大，柔仁好儒。见宣帝所用多文法吏，以刑名绳下，尝侍燕，从容言陛下持刑太深，宜用儒生。宣帝作色曰：汉家自有制度，本以霸王道杂之，奈何纯任德教，用周政乎？且俗儒不达时宜，好是古非今，使人眩于名实，不知所守，何足委任。乃叹曰：乱我家者，太子也。"所谓王道指儒，霸道指法。汉之治，自宣帝以后，实儒法杂。元帝以后，乃纯于儒，然治反不逮者，饰虚文而不察其实也。王莽之虚伪，使后世之人失笑，稍深思之，或又以为不近情理，疑其未必如是。不知当时自有此等风气，盖特其尤甚者耳。以饰虚文而不察实，故无以禁奸，而莽得以篡，莽得以篡，仍崇饰虚文，以为足以为治，故卒以召亡。

汉崇儒之主，莫过于武帝；其为治，实亦儒法杂。一读《盐铁论》，则知桑弘羊之所持，纯为法家之说矣。以武帝之儒法并用，而知吾始皇用儒之说之不虚也。

黄霸何如人也？曰：诈伪人也。霸本以豪杰役使徙云陵，再入钱谷为官，其饶于财可知。凡饶于财者，往往喜名誉。其治郡也，米盐靡密，精力能推行之。凡能自精力者，又往往好名誉也。闻巫家女相当富贵，即娶为妻，其热中可见。霸少学律令，喜为吏，其为治，专恃司察之术，是儒其名而法其实也。其害安可胜穷！或问其害安在？曰：宣帝之称扬霸也，曰狱或八年亡重罪囚，霸之治能至此乎？颍川俗夸奢，尚气力，臧匿难制御，此可旦夕致乎？然则霸故纵舍之以为名耳。纵舍奸民以为名，民相安能至八年之久乎？或曰：以霸之善司察，固可以小安。然而如霸之所为，不能毋多张条教于法令之外。条教繁，名实紊，赏罚无所施矣。此张敞之所深恶也。使无敞之奏，郡国皆承霸意为之，有其烦碎，而无其司察之才；吏缘为奸，而民无所措手足，莽末之大乱，必见于宣、元之世。王莽之所为，意亦无恶于天下，所以致乱者，正坐名实紊而督责不施耳。然则宣帝所谓以霸王道杂之者，果为治之要义乎？曰：真儒未有不察名实者。子曰："必也正名乎？名不正，则言不顺；言不顺，则事不成；事不成，则礼乐不兴；礼乐不兴，则刑罚不中；刑罚不中，则民无所措手足。"何其类申、商之言也？真法家亦必不弃教化。韩非之言曰："糟糠不饱者，不务粱肉；短褐不完者，不待文绣。"原不谓功成治定，犹当坏利去乐也。虽墨子之非乐，亦斯义也。故曰：九流之学，辟之水火，相灭亦相生也。自元帝至于新室之所为，乃释儒法之长而用其短，亡国败家相随属，不足怪矣。夫人孰不欲释其短而用其长，乃至释其长而用其短，何也？曰：不诚无物，以伪率天下者，终必至于祸天下而还以自祸。

〔一一○〕汉儒术盛衰上

　　《汉书》称武帝初立，罢黜百家，表章六经；案此指建元元年，丞相绾奏罢贤良治申、商、韩非、苏、张之言者言之。自此以后，利禄之途，遂为儒家所专矣；此诚学术兴替之一大关键也。然武帝是时年十七耳，虽非昏愚之主，亦未闻其天亶夙成。成童未几，焉知儒术为何事？不特此也，是年卫绾免，魏其侯为相，武安侯为太尉，推毂赵绾、王臧，迎鲁申公，欲立明堂。二年，乃以赵绾请毋奏事太皇太后败。夫二年请毋奏事太皇太后，则元年尝奏事太皇太后可知。然则卫绾之奏，虽谓太后可之可，即魏其武安等之所为，太后亦未尝尼之也。又不特此也，建元五年，立五经博士，诸子传记博士盖自此罢。此实与罢贤良治申、商、韩非、苏、张之言者同其功，其时太后亦未崩也。太后固好黄老言者，而其于儒术，优容之如此，何邪？

　　《史记·礼书》曰："至秦有天下，悉内六国礼仪，采择其善。至于高祖，叔孙通颇有所增益减损，大抵皆袭秦故，自天子称号，下至佐僚及宫室官名，少所变改。孝文即位，有司议欲定仪礼，孝文好道家之学，以为繁礼饰貌，无益于治，躬化谓何耳，故罢去之。孝景时，御史大夫晁错，明于世务刑名，数干谏孝景曰：诸侯藩辅，臣子一例，古今之制也。今大国专治异政，不禀京师，恐不可传后。孝景用其计，而六国叛逆，以错首名，天子诛错以解难。是后官者，养交安禄而已，莫敢复议。今上即位，招致儒术之士，令共定仪，十余年不就。或言古者太平，万民和喜，瑞应辨至，乃采风俗，定制作。上闻之，制诏御史曰：盖受命而王，各有所由兴。殊路而同归，谓因民而作，追俗为制也。议者咸称太古，百姓何望？汉亦一家之事，典法不传，谓子孙何？化隆者闳博，治浅者褊狭，可不勉与？乃以太初之元，改正朔，易服色，封泰山，定宗庙百官之仪，以为典常，垂之于后云。"此汉自武帝以前制作之大略也。案文帝尝一用公孙臣，并惑于新垣平，拜臣为博士，与诸生草改历服色事；又使博士诸生刺六经中作王制，谋议巡狩封禅事，其所为与武帝何异？或曰：汉人迷信深，此黄龙见成纪为之，然《贾生列传》言："生以为汉兴至孝文二十余年，天下和洽，当改正朔，易服色，法制度，定官名，兴礼乐，乃悉草具其事仪法，色上黄，数用五，为官名，悉更秦之法。"帝虽谦让未皇，然以为生任公卿之位，绛、灌之属短之，乃不用。然则谓帝之用公孙臣新垣平为惑于黄龙之瑞，其本意以为繁礼饰貌，无益于治者，亿度之辞，非其实也。贾生《陈政事疏》，极言俗流失，政败坏，而大臣特以簿书期会为大故之失，与董生改弦更张之论，如出一辙；而贾山亦劝帝立明堂，造大学。然则制度当正，教化当兴，乃当时论治者之公言，非一二人之私意也。夫欲改制度，兴教化，固非儒家莫能为，此所以卫绾、窦婴、田蚡之所为，后先一揆；窦太后虽好黄、老，而亦不之尼与？侯生、卢生之谤秦始皇而亡去也，始皇怒曰："吾前收天下书不中用者尽去之，悉召文学方术士甚众，欲以兴太平，方士欲练以求奇药。"兴太平指文学言。《叔孙通列传》云："秦时以文学征，待诏博士。"而伏生亦秦博士，则始皇所用，儒生正多。兴太平亦必指改制度兴教化言。始皇虽急法，特以天下初定，反侧未绝，行此以事填压。使其在位岁久，海内无虞，亦未必不能更易治法。然则改制度，兴教化，又一统以后论治者之公言，并不待文、景之世也。然则儒术之兴,乃时势为之,亦犹申、商、韩非、苏秦、张仪之言,见用于战国之世耳。或谓儒家明君臣之义,为雄猜之主所利,故尊崇之以柔天下。夫儒家主尊君抑臣,不主尊君抑民也。苟欲一人为刚,万夫为柔也,用儒家孰若用法家? 且亦思汉世劝汉帝谁差天下,求索贤人,禅以帝位,而退自封百里者,谁家之学与?

汉武帝可谓隆儒之主与? 曰不可。其初即位时事,乃卫绾、窦婴、田蚡等所为,非其所自为也;其后为五经博士,置弟子,议出公孙弘;此固由武帝能用弘,从其言;然终武帝之世,儒生见任用者,亦惟弘一人而已。张汤、赵禹,法家也,主父偃、朱买臣,从衡之士也,正卫绾之所欲罢也;改正朔,易服色,迟至太初元年,武帝在位既三十七年矣,苟有崇儒之心,何待是? 盖其封泰山,意在求神仙;其改正朔,亦惑于公孙卿迎日推策之说耳。《礼书》之訾叔孙通也,曰官名少所变改;贾生欲法制度,亦先定官名,议虽未行,然史称诸律令所更定,及列侯悉就国,皆自贾生发之。其称晁错改制,乃在削适诸侯,而赵绾、王臧,亦欲令列侯就国,除关,举适诸窦宗室无节行者;然则汉儒言礼,皆重实政,非徒以饰耳目而已。乃武帝所谓定百官之仪者,则更印章以五字耳,见《封禅书》。今《礼书》序存而书亡,武帝所定之仪,已不可得见,度必琐细无关宏旨,故书亡而其事亦亡,苟其不然,必有能言其略者矣。叔孙通之立朝仪也,征鲁诸生三十余人,有两生不肯行,曰“礼乐,积德百年而后可兴也,今死者未葬,伤者未起”;与《礼书》所载或人之言,如出一辙。礼者,因人情而为之节文,故必采风俗,然后可定制作;至武帝所訾,所谓咸称太古者,则欲大变末俗,以合于其所想望,虽若相反,其不肯苟焉实同;而武帝则徒欲速成而已,虽褊狭有所不恤,此可谓之知礼与? 盖其意本徒欲以饰耳目,而非有意于行实政也。《礼乐志》言世祖立明堂辟雍,显宗即位,躬行其礼,威仪既盛美矣,然德化未流洽者,庠序未设之故。立明堂辟雍而不设庠序，即由其所兴起，徒以饰耳目故，其事亦武帝为之，可谓之隆儒之主与？《董仲舒传》云："自武帝初立，魏其、武安侯为相而隆儒矣，及仲舒对策，推明孔氏，抑黜百家，立学校之官，州郡举茂材孝廉，皆自仲舒发之。"而据《本纪》，则初令郡国举孝廉在元光元年十一月，是岁五月，亲策贤良，董仲舒、公孙弘等出焉。举孝廉先于仲舒对策五月，则不得云自仲舒发之。《通鉴》乃系仲舒对策于建元元年。《考异》云："不知在何时，惟建元元年见于《纪》，故著之。"沈钦韩云："仲舒本传，孝景时为博士，武帝即位，举贤良文学，则其对策在建元元年无疑。又建元六年，辽东高庙灾，高园便殿火，《五行志》仲舒对曰云云，本传在废为中大夫时，居家推说其意，对策不得反在元光元年也。"《公孙弘传》："武帝初即位，弘年六十，以贤良征。"《严助传》：武帝善助对，擢助为中大夫。则三人皆同岁。弘后为博士免归，元光五年复征贤良，俱非元光元年事。《董仲舒传》云："武帝即位，举贤良文学之士，前后百数，而仲舒以贤良对策焉。"云前后则非一次，安知其在建元元年？高庙灾，高园便殿火，《志》云"对"，而《传》云仲舒居家推说其意，草藁未上，主父偃窃而奏之，则二者非一事。"推说其意"，不论何时皆可，不必正在灾时。《传》云"先是"，明仲舒乃推说行事，其事非在建元六年也。《公孙弘传》："武帝初即位，招贤良文学士，是时弘年六十，以贤良征为博士，使匈奴，还报，不合意，上怒，以为不能，弘乃移病免归。元光五年，复征贤良文学，菑川国复推上弘，弘谢曰：前已尝西，用不能罢，愿更选。国人固推弘。"《史记·封禅书》言建元窦太后崩，其明年，征文学之士公孙弘等，《汉书》无此四字，盖钞胥所删。则《传》元光五年之五字，实为元字之误。《本纪》及《弘》、《仲舒传》所载诏策，辞虽异而意则同，其为一诏无疑也。《严助传》云："郡举贤良，对策百余人，武帝善助对，繇是独擢助为中大夫。"明诸人之对，皆不如助。

然仲舒之对，天子异之，至于三策；弘，太常奏其第居下，天子擢为第一，皆不至不如助，明其非同时举也。然则《传》云举孝廉等事皆自仲舒发之，其辞亦不甚审矣。此亦见汉世之隆儒，出于运会之自然，而非必尽由于谁某也。

原刊一九四六年《益世报》

〔一一一〕汉儒术盛衰下

　　儒术之兴，既因实政，故其学于实用颇切。董仲舒在家，朝廷有大议，使使者及廷尉张汤就其家问之，而仲舒弟子吕步舒，实以《春秋》义治淮南狱，此儒术用诸刑法者也。许商以治《尚书》善为算举治河，此儒术用诸工程者也。王式为昌邑王师，昌邑废，群臣皆下狱，使者责问：师何以无谏书？式对曰：以三百五篇谏，是以无谏书。《汉书·儒林传》。而龚遂谏王，亦曰：大王诵《诗》三百五篇，人事浃，王道备，王所行，中《诗》一篇何等也？《昌邑王贺传》。则《诗》又所以格君心之非，且该一切政事矣。盖汉世法律未备，决事多据习俗，本义理，此经义所以可折狱。《禹贡》固徒陈行事，经说则未尝不举山川之势，详疏道之宜及度地居民之法，故明于是者可以治河。韩婴、刘向有作，凡事无不引《诗》三百篇，牢笼天地，囊括古今，无所不备。见《读诗拙言》，《东塾读书记》称之。陈兰甫谓《孟子》及《礼记·坊记》、《中庸》、《表记》、《缁衣》、《大学》引《诗》，皆外传体。盖《诗》本谣辞，缘情托兴，无所的指；然正以无所的指故，随处可引申触长，于事顾无所不苟焉；此《齐》、《韩诗》所以必取《春秋》，采杂说，而亦其所以能浃人事而备王道也，修己治人，资焉无遗憾矣。职是之故，当时之治经者，率重实事而不龂龂于简策，故其学有用而不烦。《汉书·艺文志》谓古之学者耕且养，三年而通一艺，三十而五经立。穷年不能究其学，累世不能尽其礼，实未足为儒术病也。冯奉世年三十余乃学《春秋》；儿宽带经而锄；朱买臣担束薪，行且诵；并耕且养之证。东方朔上书云："三冬文史足用。"如淳曰：贫子冬日乃得学书。此正古者"十月事讫、教于校室"之遗规也。见《公羊》宣公十五年《解诂》。夫如是，则其学不得不止于"承其大体，玩经文"而已，安得有"碎义逃难，便辞巧说，破坏形体"之消哉？碎义逃难、便辞巧说之始，盖欲以矜流俗，立声誉，取利禄，其害实先中于心术，而学术乃受其病也。

今古文之学，相疾如仇雠，人皆病刘歆为始作俑者矣，然非歆之罪也；异端之起，今文师实自召之。夏侯胜非夏侯建为章句小儒，破坏大道；建亦非胜为学疏略，难以应敌。以应敌为务，即所谓逃难也，务于逃难，自不得不有取于碎义矣。建师事胜及欧阳高，左右采获，又从五经诸儒问与《尚书》相出入者，牵引以次章句，具文饰说，即所谓便辞巧说也。此实破坏家法之原。公孙禄劾国师公颠倒五经，毁师法，令学士疑惑，见《王莽传》。特加厉焉而已。《汉志》述当时之弊，"说五字之文，至二三万言"，注引桓谭《新论》，谓秦近君说《尧典》，篇目两字之说至十余万言，但说"曰若稽古"三万言。《儒林传》：秦恭延君，学出小夏侯，增师法至百万言。延君、近君盖一人。《赞》云："自武帝立五经博士，开弟子员，讫于元始，百有余年，传业者寝盛，枝叶蕃滋，一经说至百余万言，大师众至千余人。"刘歆《移太常博士》，言"往者缀学之士，分文析字，烦言碎辞，学者罢老且不能究其一艺"，则如是者必不止小夏侯一家。务博闻而不思阙疑，广征异书，亦固其所。故谓古学家之弊，今学家实启之也。刘歆之訾今学，曰："信口说而背传记，是末师而非往古。"此二语，实为古学致弊之由。盖口说自古相传，虽出末师，渊源有自，积古相传之精义存焉。而传记徒有其书，凭后人之亿见以说之，自不如积古相传之说之精也。然古学之重传记,亦可谓今学家激成之,何者?务博闻而不广考异书,冯亿为说,其可疾,自又甚于多读书而不知其义者也。故曰:古学之弊,今学家实启之也。

道一而已,循诵先儒之说可见,博考异说亦可见也。刘歆之学,略见于《五行》、《艺文志》。其是非姑勿论,要不能谓为不博通,而何以后来马、郑诸儒,支离灭裂,其说且有恒人能见其非者?盖为学必先有所见,有所见,则以他人之说证吾说可也,以他人之说订吾说亦可;若本无所见,徒思左右采获,以哗世取宠而已,则于他人之说,且不能解,徒以己意曲说之,支离灭裂,复安可免?此与不考异说而妄以己意曲解者亦等耳。夫熟精义理,而证以身所涉历,与博考书传,藉万事以证明一理,实为为学之两途,今古学实由之,本可相辅而行;乃其后各得其弊如此,则学者多意不在学,而徒志于利禄故也。故曰"人能弘道,非道弘人"。

《后汉书·徐防传》,防上疏曰:"臣闻《诗》、《书》、《礼》、《乐》,定自孔子;发明章句,始于子夏。其后诸家分析,各有异说。汉承乱秦,经典废绝,本文略存,或无章句。收拾阙遗,建立明经,博征儒术,开置太学。孔圣既远,微旨将绝,故立博士十有四家,设甲乙之科,以勉劝学者,所以示人好恶,改敝就善者也。伏见太学试博士弟子,皆以意说,不修家法,私相容隐,开生奸路。每有策试,辄兴诤讼,论议纷错,互相是非。孔子称述而不作,又曰吾犹及史之阙文,疾史有所不知而不肯阙也。今不依章句,妄生穿凿,以遵师为非义,意说为得理,轻侮道术,寖以成俗,诚非诏书实选本意。改薄从忠,三世常道,专精务本,儒学所先。臣以为博士及甲乙策试,宜从其家章句,开五十难以试之,解释多者为上第,引文明者为高说;若不依先师,义有相伐,皆正以为非。"东京十四博士,大体皆今学也,此亦破碎之弊今学实自启之之证。

或曰：今学之弊，则既闻命矣，其书之传于后者，皆终始条贯，末系本明，绝无支离破碎之弊，其故何也？曰：此由今学家之说，皆已不传，所传者皆其删繁提要之说故也。章帝建初四年诏，引中元元年诏书，以五经章句烦多，议欲减省；至永平元年，长水校尉倏奏言，先帝大业，当以时施行。于是有白虎观之会，帝亲称制临决，如孝宣石渠故事。其书之传于今者，则《白虎通义》是也。《杨终传》："终言宣帝博征群儒，论定五经于石渠阁。方今天下少事，学者得成其业，而章句之徒，破坏大体；宜如石渠故事，永为后世则。于是诏诸儒于白虎观论考同异焉。"当时之宗旨可知，安得有支离破碎之说存于其间乎？石渠之议，《梁丘易》、《大小夏侯尚书》、《穀梁春秋》以立；章帝亦令群儒选高才生受《左氏》、《穀梁春秋》、《古文尚书》、《毛诗》。本欲删繁就简，乃更益滋异说，何也？则以异说既兴，不可卒泯，又不可一切正之，不得不广存之也。故曰：古学之分争，今学实自启之也。

章句始自子夏，后人或疑其说。然无足疑也。此章句即口说，不必有书。故防又谓"本文略存，或无章句"也。申公传《诗》，疑者则阙勿传，即防说之证。丁宽作《易说》三万言，训故，举大义而已，后人谓之小章句。大小盖以多少言之，知后来《易》说，亦渐繁滋矣。《三国志·刘表传注》引《英雄记》，言表开立学官，博求儒士，使綦毋闿、宋忠等撰《五经章句》，谓之《后定》。《荀彧传注》引《彧别传》，亦言彧说太祖"集天下大才通儒，考论六经，刊定传记，存古今之学，除其烦重"，足见订定章句，在当时实不容缓。《后汉书·桓荣传》：荣受朱普学章句四十万言，浮辞繁长，多过其实；及荣入授显宗，减为二十三万言；荣子郁复删省，定成十二万言，由是有《桓君大小太常章句》。张霸以樊倏删《严氏春秋》，犹多繁辞，乃减定为二十万言，更名《张氏学》。以删省而更名，则知前此以增益而更名者尤多也。

《郑玄传论》曰："经有数家，家有数说，章句多者，或乃百余万言，学徒劳而少功，后生疑而莫正。郑玄括囊大典，网罗众家，删裁繁诬，刊改漏失，自是学者，略知所归。"玄之学所以风行一时，亦以其能删繁就简而已。

　　王充作《超奇篇》，力言通人贵于儒生。其所谓通人，非徒兼通五经，博综众说而已；必也如《汉志》杂家之学，所谓兼儒墨，合名法者乎？然即一家之学，亦贵博通。《后汉书·宋弘传》："帝尝问弘通博之士，弘荐沛国桓谭，才学洽闻，几及杨雄、刘向父子。"夫杨雄、刘向父子，固皆不姝姝暖暖于一先生之言者也。然学有通博，有杂博。多闻而有以贯之，通博也；支离矛盾，杂博也。《郑玄传》云：袁绍遣使要玄。"绍客多豪俊，并有才说，见玄儒者，未以通人许之，竞设异端，百家互起。玄依方辩对，咸出问表。皆得所未闻，莫不嗟服。"以玄为儒生而轻之，即王充儒生不如通人之说也。如玄者，可以附于通人之列乎？观其书之支离矛盾，而其所谓博者可知矣，盖杂博也。

　　汉时所谓不守章句者，如谷永，《永传》云：永于经书，泛为疏达，与杜钦、杜邺略等，不能洽浃如刘向父子及杨雄也。杨雄、《雄传》云：不为章句，训诂通而已，博览无所不见。班固、《固传》云：所学无常师，不为章句，举大义而已。王充《充传》云：好博览而不守章句。等，皆较通博之士也。亦有近于事功者，如马援是也。《援传》云：意不能守章句。于此，见章句之学，既不免于固陋，又无益于神智，宜乎儒术极盛之时，即其衰替之会也。

原刊一九四六年《益世报》

〔一一二〕 立宪古谊

　　今世所谓君主立宪者，政有阙失，则由相臣任其责，君不任责，此其缘起亦甚古。汉世灾异策免三公则是也。何以知此为立宪政治之原也？曰尸其事者任其责，此天下之通义也。所谓谋人之军旅，败则死之；谋人之邦邑，危则亡之也。未有能违之者也。君者，尸一国之事者也；国政败坏，君安得不任其责？废之，杀之，宜也。"旧夫余俗，水旱不调，五谷不孰，辄归咎于王，或言当易，或言当杀"，《三国志·夫余传》。此政治最初之义也。然君或不任职，而别有任职者代之，则政事阙失，自当由实尸其事者任其责。周公请代成王之辞曰：王少未有识，奸神命者，乃旦也，此义也。契丹八部，尝推一大人，建旗鼓而听命焉。至其岁久，或其国有灾疾而畜牧衰，则八部聚议，以旗鼓立其次而代之。旧以为此建旗鼓者即八部之共主，其实不然，予别有考。国有疾疫而畜牧衰，建旗鼓者任其咎，而共主不与焉，则以其实不任事也。日本争夺，迄在幕府，其天皇不与焉，亦以此。又主其事者，威权既大，地位日尊，动摇之不易，则擿罚其辅弼者事亦可有。贾生曰："古者大臣，坐罢软不胜任者，不谓罢软，曰下官不职。"此在后来，但为君待其臣之礼。其初，或亦以其人不易动摇而责其左右，犹商君以太子不可刑而刑其傅黥其师也。古小国见诛于大国，则杀其大臣以说，义亦同此。

〔一一三〕民主古义①

　　天下非人君所私有,义莫明于西汉,至东汉则稍以湮晦矣。眭弘因大石自立,僵柳复起,谓当有从匹夫为天子者。使友人内官长赐上书,言:"汉帝宜谁差天下,求索贤人,嬗以帝位,而退自封百里。"此为专制之世,绝无仅有之事。《汉书》称弘说曰:"先师董仲舒有言,虽有继体守文之君,不害圣人之受命。"又称弘"从嬴公受《春秋》"。《汉书》本传。嬴公者,仲舒弟子也。见《儒林传》。汉人好言易姓革命者,非欲徒取诸彼以与此,其意乃欲于政事大有所改革。故凡言根本改变者,未有不于革易之论,而效忠于一姓者也。通观汉人言论自明。息夫躬虽未言革易,然其欲大施改革固亦与眭弘等同,而史亦言其治《春秋》;则昌言革易,为《春秋》家之大义矣。然盖宽饶"引《韩氏易传》,言五帝官天下,三王家天下,家以传子,官以传贤,若四时之运,功成者去,不得其人,则不居其位。"《汉书》本传。而《五行志》引《京房易传》,亦曰:"复崩,来无咎。自上下者为崩,厥应泰山之石颠而下,圣人受命人君虏。"又曰:"石立如人,庶士为天下雄。立于山同姓,平地异姓,立于水圣人,于泽小人。"与眭弘之言,若合符节,则《易》、《春秋》义同也。此二经,盖圣人言性与天道之

―――――――――

　　① 原题《西汉官天下之义》。

书，虽子贡亦不得而闻欤？然犹不止此。

《说苑·至公篇》曰："秦始皇帝既吞天下，乃召群臣而议曰：古者五帝禅贤，三王世继，孰是？将为之。博士七十人未对，鲍白令之对曰：天下官，则让贤是也；天下家，则世继是也；故五帝以天下为官，三王以天下为家。秦始皇帝仰天而叹曰：吾德出于五帝，吾将官天下，谁可使代我后者？鲍白令之对曰：陛下行桀纣之道，欲为五帝之禅？非陛下所能行也。秦始皇帝大怒曰：令之前。若何以言我行桀纣之道也？趣说之。不解则死。令之对曰：臣请说之。陛下筑台干云，宫殿五里，建千石之钟，万石之虡，妇女连百，倡优累千；兴作骊山宫室，至雍，相继不绝。所以自奉者，殚天下，竭民力，偏驳自私，不能以及人；陛下所谓自营仅存之主也，何暇比德五帝，欲官天下哉？始皇暗然，无以应之，面有惭色。久之曰：令之之言，乃令众丑我。遂罢谋，无禅意也。"谓秦皇欲官天下，自系寄托之辞；然官天下之义，为汉世儒者所常道，则可见矣。曰"行桀纣之道"，奈何"欲为五帝之禅"。曰"自营仅存之主"，言以若所为，危亡将至，继嗣之谋，非所及也。然则"谁差天下，求索贤人，嬗以帝位，而退自封百里"，则可免于死亡之祸。以是匡君，是为爱君也。

或曰：安知眭弘非求媚霍光，教之以篡乎？闻此言而知自危，杀眭弘以免祸，此非不学无术者所及也。昭帝之崩也，"群臣议所立，咸持广陵王。郎有上书言：周太王废太伯，立王季；文王舍伯邑考，立武王；惟在所宜，虽废长立少可也，广陵王不可以承宗庙。言合光意，擢为九江太守。"《汉书·霍光传》。光则何所忌惮？纵不敢篡弑，必不因此而杀弘矣。孝宣即位，眭弘子为郎，当亦光所为，盖又借以自圆其立孝宣之说者也。足征光于弘言无所忌，然则光之杀之者何也？曰：光本不知大体，既下之廷尉，则从其所议耳。宣帝下盖宽饶书，中二千石执金吾议：以为宽饶指意欲求禅，大逆不道。

郑昌伤其为文吏所抵挫，上书讼之。弘之死，则犹之宽饶耳。

《汉书·儒林传》："（韩）婴推诗人之意，而作《内·外传》数万言，其语颇与齐、鲁间殊，然归一也。""韩生亦以《易》授人，推《易》意而为之传。燕、赵间好诗，故其《易》微，惟韩氏自传之。""孝宣时，涿郡韩生其后也。以《易》征，待诏殿中。曰：所受《易》，即先太傅所传也。""司隶校尉盖宽饶，本受《易》于孟喜，见涿韩生说《易》而好之，即更从受焉。"案《太平御览》卷百五十九引《韩诗外传》："有五帝官天下，三王家天下之语。"知《儒林传》之说不诬。又《儒林传》：辕固与黄生争论："黄生曰：汤、武非受命，乃杀也。固曰：不然。夫桀、纣荒乱，天下之心，皆归汤、武。汤、武因天下之心，而诛桀、纣，桀、纣之民弗为使而归汤、武。汤、武不得已而立，非受命为何？"此正合于官天下之义。知谓《韩诗》与齐、鲁间殊，而其归一，亦不诬也。李寻治《尚书》，独好《洪范》灾异，又学天文月令阴阳，而亦好贺良之说。《汉书》本传。知昌言革易，为汉五经家之通义矣。

谷永对灾异曰："臣闻天生蒸民，不能相治，为立王者以统理之。方制海内，非为天子，列土封疆，非为诸侯，皆以为民也。垂三统，列三正，去无道，开有德，不私一姓，明天下乃天下之天下，非一人之天下也。"劝成帝急复益纳宜子妇人，毋避尝字，曰推法言之，陛下得继嗣于微贱之间，乃反为福。后宫女史使令有直意者，广求于微贱之间，以遇天所开右。《汉书》本传。虽未昌言革易，然亦已寓革易之意矣。

学术恒随风气为转移，众所不知之义，一二人安得独知之？即或知之，亦只可深自缄秘耳，安得昌言于众？今观汉世，儒家之昌言革易，无所忌惮如此，知此义犹未湮晦也。诸侯将相之欲尊汉王为皇帝也，汉王曰："吾闻帝贤者有也。空言虚语，非所守也。吾不敢当帝位。"《史记》本纪。汉高不学之人，非知儒家之义者也。孝文元年，有司请立太子。上曰："朕既不德，上帝神明未歆享，天下人民，未有嗛志。今纵不能博求天下贤圣有德之人而禅天下焉，而曰豫建太子，是重吾不德也，谓天下何？其安之。有司曰：豫建太子，所以重宗庙社稷，不忘天下也。上曰：楚王，季父也，春秋高，阅天下之义理多矣，明于国家之大体。吴王于朕，兄也，惠仁以好德。淮南王，弟也，秉德以陪朕。岂为不豫哉？诸侯王宗室昆弟，有功臣，多贤及有德义者，若举有德以陪朕之不能终，是社稷之灵，天下之福也。今不选举焉，而曰必子，人其以朕为忘贤有德者而专于子，非所以忧天下也。朕甚不取也。"《史记》本纪。虽为虚辞，然天下非人君私有之义，固明白言之矣。

李云以帝欲不谛之语见杀，魏明帝问王肃，犹曰是何得不死？《三国·魏志·王肃传》。知自东汉以来，忌讳稍深矣。东汉时昌言大改革者亦少。惟郎颛条便宜，"欲大蠲法令、官名、称号、舆服、器械，事有所更，变大为小，去奢就俭。"犹有西京贾、董、翼奉之遗风。官天下之义之湮晦，盖自新、汉间始。古言立君，本有二义：一曰立君所以为民，一则曰圣人无父，感天而生，以自神其种姓。王莽专言符瑞，造图谶，神授之义日昌，而民视、民听之义稍晦矣。或曰：郅恽上书王莽，劝其归政刘氏，退就臣位。莽以其据经谶，难即害之。收系须冬，会赦得出。若是乎图谶之不专便于篡窃也？不知此乃恽或恽之子孙造以媚汉，或自夸其祖父之言。杨厚祖父春卿为公孙述将，汉兵平蜀，自杀。而厚传亦曰：春卿临命，戒子统曰："吾绨帙中有先祖所传秘记，为汉家用。尔其修之。"有是理邪？

不龟手之药一也，或以封，或不免于洴澼洸，则其所以用之者异也。虽有继体守文之君，不害圣人之受命。眭弘以之劝汉帝禅位贤者，而许芝劝魏代汉，亦曰："《春秋大传》曰：周公何以不之鲁？盖以为虽有继体守文之君，不害圣人受命而王。周公反政，《尸子》以为孔子非之,以为周公不圣,不为兆民也。"辅国将军等百二十人之奏,亦曰孔子曰:"周公其为不圣乎? 以天下让。是天地日月轻去万物也。"《三国·魏志·文帝纪注》引《献帝传》。犹是语也。略加添改造作,而其意遂大异。

　　信夫! 君主世袭之制,开基之主,起自草野,角群雄而臣之,险阻艰难备尝之矣,民之情伪尽知之矣,其措置自可较省。一二传后,生于深宫之中,长于阿保之手,民生利病非所知也,故书雅记非所习也,而又奉以骄奢淫逸之资,肆其言莫予违之欲,虽有中驷,亦为下材,非其人特愚,势使然也。贾生曰:"事有召祸,法有起奸。"此之谓也。此理也,仲长统昌言之,《理乱篇》言之晰矣。

〔一一四〕贾谊过秦论

　　贾生过秦之论，流俗每分为三篇，以"秦孝公据殽函之固"至"仁义不施而攻守之势异也"为上篇，"秦并海内兼诸侯"至"是二世之过也"为中篇，"秦并兼诸侯山东三十余郡"至"故旷日持久而社稷安矣"为下篇，非也。此文当以俗所谓下篇者为上篇，其所谓上中者则并不可分为二篇。俗所谓上篇者，即申说其所谓下篇中"秦地被山带河"云云之意，其中篇之首至"名号显美功业长久"，所以过始皇，"今秦二世立"以下过二世，亦申其所谓下篇者"三主失道"之意耳。子婴之失则第一篇已具之，故不再申说。盖秦三主之过，实以始皇、二世为大，故下不再申说，然其论则因之亡而起其意，已具于第一篇中也。篇中之论有重要未能尽意处，别为篇补之，可以此文为法。

原刊《光华大学半月刊》，一九三六年出版

〔一一五〕新语采诗谶

　　今之《新语》，决为伪书，然亦间有所本，盖杂采古书为之也。《后汉书·张衡传》云："凡谶皆以为黄帝伐蚩尤，而《诗谶》独以为蚩尤败，然后尧受命。"今《新语·思务》篇有"尧承蚩尤之失"语。盖采《诗谶》或其他原本《诗谶》之书也。

原刊《光华大学半月刊》，一九三六年出版

〔一一六〕申　公

　　《史记·儒林传》云:"申公者,鲁人也。高祖过鲁,申公以弟子从师入见高祖于南宫。吕太后时,申公游学长安,与刘郢同师。"《汉书》则云:"申公,鲁人也,少与楚元王交,俱事齐人浮丘伯受《诗》。汉兴,高祖过鲁,申公以弟子从师入见于鲁南宫。吕太后时,浮丘伯在长安,楚元王遣子郢 即夷王。与申公俱卒学。"于是高祖过鲁时,申公所从入见之师,本不知为何人者,变为浮丘伯。而申公之仅与夷王同师者,亦一变而与其父同学矣。案申公以武帝建元元年被征时,年八十余;则当秦焚书时,不过十岁左右。当高祖过鲁时,约及弱冠。玩《史记·儒林传》之言,申公自此以前,盖未出乡里。《汉书·楚元王传》曰:"少时尝与鲁穆生、白生、申公俱受《诗》于浮丘伯,伯者,孙卿门人也;及秦焚书,各别去。"高祖崩年五十三,当秦烧书时三十二;元王若少高祖五年,亦已二十有七,与十岁左右之童子,比肩事师,恐未必然也。《盐铁论·毁学篇》:大夫曰:"昔李斯与包丘子俱事荀卿;既而李斯入秦,遂取三公,据万乘之权,以制海内,功侔伊、望,名巨太山;而包丘子不免于瓮牖蒿庐,如潦岁之蛙,口非不众也,然卒死于沟壑而已。"文学曰:"包丘子饭麻蓬藜,修道白屋之下,乐其志,安之于广厦匋綦,无赫赫之势,亦无戚戚之忧。"虽美刺不同,而其谓浮丘伯未尝富贵则一。争名者于朝,争利者于市,使其游于长安,安得如此?且元王既尊宠穆生、白生、申公矣,独不能厚礼迎致其师乎?然则谓高后时浮丘伯在长安,恐又子虚乌有之谈也。《楚元王传》又云:"申公始为《诗传》,号《鲁诗》。元王亦次之《诗传》,号曰《元王诗》,世或有之。"元王果有《诗》,不容不登于中秘,《艺文志》何缘无之?且或即有也,古未闻有以"或有"二字连用者,则此语或恐并非《汉书》元文也。

《史记·儒林传》云:"自鲁商瞿受《易》孔子,孔子卒,商瞿传《易》六世至齐人田何。"盖自商瞿以后,虽能言其传授世数,其名字则已不能具举也。而《汉书》忽为补出桥庇子庸、馯臂子弓、周丑子家、孙虞子乘四家,果其有之,《史记》何为不言乎?言群经传授源流者,大率愈后而愈详,而其说亦愈不可信。故知《史记》所谓"言《诗》:于鲁则申培公,于齐则辕固生,于燕则韩太傅;言《尚书》:自济南伏生;言《礼》:自鲁高堂生;言《易》:自菑川田生;言《春秋》:于齐鲁自胡毋生,于赵自董仲舒"者,乃汉初最蚤可溯之大师,自此以前,能言之者罕矣。

《史记·儒林传》又云:"申公弟子为博士者十余人。孔安国至临淮太守,周霸至胶西内史,夏宽至城阳内史,砀鲁赐至东海太守,兰陵缪生至长沙内史,徐偃为胶西中尉,邹人阙门庆忌为胶东内史,其治官民皆有廉节,称其学。""为博士者十余人"句,未知是否冒下文诸人言之。然《孔子世家》言"安国为今皇帝博士,至临淮太守",则安国之尝为博士审矣。叙《尚书》处言"伏生教济南张生及欧阳生。欧阳生教千乘兒宽。兒宽既通《尚书》,以文学应郡举,诣博士受业,受业孔安国",其所受者系《诗》,可知也。下文又云:"张生亦为博士。而伏生孙以治《尚书》征,不能明也。自此之后,鲁周霸、孔安国、雒阳贾嘉颇能言尚书事。"《汉书》无"孔安国"三字,此语之为妄人沾缀可知矣。《索隐》云:"缪音亡救反。缪氏出兰陵。一音穆。

所谓穆生，为楚元王所礼也。"一音以下，必旧说，而《索隐》引之。如此说，则穆生实申公弟子，非申公同学。一说当有所据，惜乎其详不可得闻也。

〔一一七〕何邵公为学海

　　《东塾读书记》云："《公羊》宣十五年《传》云：什一行而颂声作。何《注》言圣人制井田之法，遂及于出兵车，选父老里正，女功缉绩，求诗造士，凡六七百言，盖荟萃古书而贯串之；所谓学海，于此可见一斑。"愚按此段何《注》与《汉书·食货志》立说略同。特所引事实，一用今文说，一用古文说耳。然则此非何君所自为，乃经师成说，何君从而述之。《汉志》所本者同，特以所诵习之礼制，易经师旧说耳。此亦可见古学家剽窃今学之一斑。

〔一一八〕汉兴三雍太学

　　《汉书·礼乐志》云:"成帝时,犍为郡于水滨得古磬十六枚。刘向因是说上:宜兴辟雍,设庠序,陈礼乐,隆雅颂之声,盛揖逊之容,以风化天下。成帝以向言下公卿议。会向病卒。丞相、大司空奏请立辟雍。《何武传》:"成帝欲修辟雍,通三公官,即改御史大夫为大司空,武更为大司空。"案行长安城南。营表未作,遭成帝崩,群臣引以定谥。及王莽为宰衡,欲耀众庶,遂兴辟雍,因以篡位。"《平帝纪》:元始四年,"安汉公奏立明堂、辟雍。"《萧望之传》:望之子由,"为陈留太守。元始中,作明堂、辟雍,大朝诸侯,征为大鸿胪。会病,不及宾赞,还归故官。"《王莽传》:"莽奏起明堂、辟雍、灵台,为学者筑舍万区。"说皆相合。《文献通考·学校考》谓"据《礼乐志》,辟雍王莽时方立。然武帝封泰山,还登明堂,兒宽上寿曰:间者圣统废绝,陛下发愤,祖立明堂、辟雍。河间献王来朝,献雅乐,对三雍宫。《注》曰:三雍,明堂、辟雍、灵台也。则似已立于武帝时。何也?盖古者明堂、辟雍,共为一所。武帝时封泰山,济南人公玉带上黄帝时明堂图,上令奉高作明堂汶上,如带图,修封时以祠太一、五帝。盖兒宽时为御史大夫,从祠东封,还登明堂上寿,所言如此,则所指者疑此明堂。意河间献王所对之地,亦是其处。"案《献王传》云"对三雍宫及诏策所问三十余事";而《艺文志》有"河间献王《对上下三雍宫》三篇"；则《通鉴》胡《注》谓为"对三雍宫之制度，非召对于三雍宫"者，其说自是。武帝"登封泰山，降坐明堂"，见于《本纪》。《郊祀志》亦云："天子从禅还，坐明堂，群臣更上寿。"然《纪》至元封二年秋，乃书"作明堂于泰山下"。五年，冬，南巡守。三月，"还至泰山，增封。祠高祖于明堂，以配上帝"。《郊祀志》云："四月，至奉高，修封焉。初，天子封泰山，泰山东北阯古时有明堂处，处险不敞。上欲治明堂奉高旁，未晓其制度。济南人公玉带上黄帝时明堂图。明堂中有一殿，四面无壁，以茅盖，通水，水环宫垣，为复道。上有楼，从西南入，名曰昆仑。天子从之入，以拜祀上帝焉。于是上令奉高作明堂汶上，如带图。及是岁修封，则祠泰一、五帝于明堂上坐，合高皇帝祠坐对之。祠后土于下房，以二十太牢。天子从昆仑道入，始拜明堂，如郊礼。毕，燎堂下。"观此，知臣瓒谓元封元年所坐，即泰山东北址古明堂处，明年秋乃作明堂，其说良是。是时明堂犹未作，而云"祖立明堂、辟雍"者，谓其意欲建立耳，不可泥也。明堂、辟雍是一，汉世更无明文。武帝营立辟雍，亦别无记载。其作明堂，则明白无疑。《地理志》：琅邪郡不其，"有泰一、仙人祠九所及明堂，武帝所起。"则武帝所作明堂，尚不止奉高一处。然言礼乐者皆不之及，盖以其用方士言所为，非如儒者所谓陈礼乐以风化天下者也。马氏又云："徐天麟《西汉会要》言：《三辅黄图》，汉辟雍在长安西北七里。恐即王莽所立。又言大学亦在长安西北七里，有市、有狱，岂即辟雍邪？或别一所邪？"案元始之前，既无辟雍，《黄图》所言，自即王莽所立。《莽传》为学者筑舍，明与起辟雍分言，二者自不得是一。盖其营建适在一地耳。马氏又云："鲍宣下狱，博士弟子王咸举幡大学下，曰：欲救鲍司隶者集此下。诸生会者千余人。此亦西都已立大学之证，当考。"案公孙弘请置博士弟子曰："古者政教未洽，不备其礼，请因旧官而兴焉。"见《史记·儒林传》。则当时确未有学舍。其后员数日广，势非博士旧官所能容，必有其受学之所，即其所而称为大学，于理极顺。至于专为学者筑舍，则元始之前，必无其事，果其有之，言者必不得不及也。然则西汉三雍及大学之营建，皆在其大命将讫之年，实新朝之初政矣。若后汉则营建甚早。《后书·光武纪》：建武四年，"初起大学"。《儒林传》在五年，盖四年起，五年成也。又《纪》：中元元年，"初起明堂、灵台、辟雍。"《传》云"初建三雍"。《传》又云："明帝即位，亲行其礼。坐明堂而朝群后。登灵台以望云物。祖割辟雍之上，尊养三老、五更。飨射礼毕，帝正坐自讲，诸儒执经问难于前。冠带缙绅之人，圜桥门而观听者，盖亿万计。"事在永平二年，见《本纪》及《续书·礼仪志》。《翟酺传》：酺于顺帝时上书，言"明帝时辟雍始成，欲毁大学，大尉赵熹以为大学、辟雍，皆宜兼存，故并传至今"。足见当时，于风化天下之具，务求其备。然刘向之说成帝，实兼以庠序为言；安汉公之兴学，亦兼及郡国乡党；《平帝纪》：元始三年，安汉公奏立学官。郡、国曰学，县、道、邑、侯国曰校，校、学置五经师一人。乡曰庠，聚曰序，序、庠置《孝经》师一人。事未必能尽行，然立法之意，则固无所偏废也。而光武、明、章，于此曾未留意，则自汉人观之，终不免于逐末而忘本也。读《汉书·礼乐志》可见。三雍、大学，于古盖皆是一，后乃逐渐分离。然至其时，则古意已湮，亦未必遍设矣。《孟子·梁惠王》下："齐宣王问曰：人皆谓我毁明堂。毁诸？已乎？"于旧有者尚欲毁之，遑论新建？至汉世，乃毕分而毕建。盖物力丰而粉饰升平之事随之而盛也。然亦终于为粉饰升平之事而已矣。

　　王莽奏立明堂、辟雍，使刘歆等四人治之，事在元始五年，见《纪》，亦见《歆传》。四人者，歆与平晏、孔永、孙迁也，见《外戚恩泽侯表》。其成也，群臣奏颂莽功德，曰："明堂、辟雍，堕废千载莫能兴。"见《莽传》。足见汉人于武帝所为，莫或齿数也。

〔一一九〕私家教授之盛不始东汉

　　赵瓯北《陔余丛考》卷十六言："汉时受学者,皆赴京师。盖遭秦灭学,天下既无书籍,又少师儒;郡国虽已立学,然经义之专门名家,惟太学为盛;故士无有不游太学者。及东汉中叶以后,学成而归者,各教授门徒,每一宿儒,门下著录者至千百人,由是学遍天下矣。"此说颇为失考。疏广家居教授,学者自远方至。赣遂教授数百人。见《朱博传》。翟方进西至京师受经,积十余年,经学明习,徒众日广。其子宣,居长安教授,诸生满堂。皆前汉时事。许商门人林吉,王莽时为九卿,自表上师冢,大夫、博士、郎、吏为许氏学者,各从门人会,车数百两。《儒林传》。声气之广,无异东京。吴章,弟子千余人,莽以为恶人党,皆当禁锢。《云敞传》。刘昆,弟子五百余人。每春秋飨射,常备列典仪,县宰辄率吏属而观之;莽以昆多聚徒众,私行大礼,有僭上心,乃系昆及家属于外黄狱。《后汉书·儒林传》。则又后汉党锢之先声矣。《后汉书·王良传》:王莽时称病不出,教授诸生千余人。《儒林传》:洼丹,王莽时避世教授,徒众数百人。又周泽,隐居教授,门徒常数百人;甄宇,讲授尝数百人;核其时,亦当在莽世。此仅举易见者数事,若细核之,《后书》所载私家教授门徒之多,在西汉末若新世者,必尚不止此数也;而东汉中叶以前,更无论矣。《汉书·儒林传赞》云:"自武帝立五经博士,开弟子员,设科射策,劝以官禄,讫于元始,百有余年,传业者寖盛,大师众至千余人。"此固先汉时事。《史记·儒林传》云:"秦时焚书,伏生壁藏之。其后兵大起,流亡。汉定,伏生求其书,亡数十篇,独得二十九篇,即以教于齐、鲁之间。"云伏生壁藏其书,后独求得二十九篇,说不足信,云其教于齐、鲁之间则真。《传》又云:"言《诗》,于鲁则申培公,于齐则辕固生,于燕则韩太傅。言《尚书》,自济南伏生。言《礼》,自鲁高堂生。言《易》,自菑川田生。言春秋,于齐、鲁自胡毋生,于赵自董仲舒。"此尤汉初事,为博士之学所从出,皆私学也。安得谓遭秦灭学,天下既无书籍,又少师儒乎? 胡毋生为景帝博士,年老,归教于齐,齐之言《春秋》者宗之。虽为博士,教授固私家之业。董仲舒,孝景时为博士,弟子传以久次相受业,其时未为博士置弟子,仲舒之教授,亦私家之业也。安得云士无不游太学乎? 陈平家贫,兄伯,常耕田,纵平使游学。楚元王与鲁穆生、白生,申公俱受诗于浮丘伯,及秦焚书,乃各别去。叔孙通之降汉,从弟子百余人。然则孔子弟子三千,孟子后车数十乘、从者数百人之风,盖自东周至秦,未之有改。秦之焚书,汉之兴学,实皆受民间风气之鼓动而不自知耳。惟好学之风盛,故觉其足忌,乃欲焚《诗》、《书》,禁私学。

〔一二○〕讲学者不亲授

汉世大师,所教授之弟子甚多。《后汉书·儒林传》言:"精庐暂建,赢粮动有千百;其耆名高义,开门授徒者,编牒不下万人。"皆据事实而言,非亿说也。《后汉书》所载诸儒受业者之多,不可遍举。大抵千人为及门者之数,万人则编牒者之数。如牟长,自为博士及在河内,诸生讲学常有千余人,著录前后万人;蔡玄,门徒常千人,其著录者万六千人是也。《党锢传》:景毅子顾,为李膺门徒,而未有录牒,故不及于谴,毅乃慨然曰:本谓膺贤,遣子师之,岂可以漏夺名籍苟安而已?遂自表免归。此即《儒林传》所谓编牒,其人不必亲至门下也。职是故,其指授必不能遍及。《史记·儒林传》:董仲舒"下帷讲诵,弟子传以久次相受业,或莫见其面盖三年"。下文云"董仲舒不观于舍园",此八字盖当时成语。《史记》照录之,不加删改,其时之人行文之例然也。《汉书》删改作"不窥园"三字,盖钞胥所为。世遂以"盖三年"三字下属,而董仲舒三年不窥园,成为众所熟知之故实矣。《汉书·孔光传》言:光"自为尚书,止不教授。后为卿时,会门下大生,讲问疑难,举大义"。《翟方进传》言:方进候伺胡常大都授时,遣门下诸生至常所问大义疑难。《后汉书·马融传》言:"融弟子以次相传,鲜有入其室者。"《郑玄传》云:"融门徒四百余人,升堂进者五十余生。融素骄贵。玄在门下三年不得见。乃使高业弟子传授于玄。间或大会诸生,不过讲正大义。"皆是物也。此风至后世亦未尝改。

《晋书·隐逸传》：杨轲，"养徒数百。虽受业门徒，非入室弟子，莫得亲言。所欲论授，须旁无杂人，授入室弟子，令递相宣授"，即其一事。盖势有不给也。职是故，隶学籍者虽多，居门下者并不甚众。《后汉书·儒林程曾传》，言会稽顾奉等数百人常居门下，则为罕有之事矣。虽官学亦如此。博士弟子初置，员五十人。此太常所选。郡、国、县、道、邑之民得诣太常受业如弟子者在外。《汉书·儒林传》云："昭帝时，举贤良文学，增博士弟子员满百人。宣帝末，增倍之。元帝好儒，能通一经者皆复。数年，以用度不足，更为设员千人。《元帝纪》：初元五年，博士弟子毋置员，以广学者。永光三年，冬，复盐铁官、博士弟子员。以用度不足，民多复除，无以给中外繇役。郡国置五经百石卒史。成帝末，或言孔子布衣，养徒三千人，今天子太学弟子少。于是增弟子员三千人。岁余，复如故。平帝时，王莽秉政，增元士之子得受业如弟子，勿以为员。岁课甲科四十人为郎中，乙科二十人为太子舍人，丙科四十人补文学掌故云。"《史记·儒林传索隐》引如淳云："《汉仪》：弟子射策，甲科百人补郎中，乙科二百人补太子舍人，皆秩比二百石；次郡国文学，秩百石。"与《汉书》之说异。博士弟子员数可考者如此：其中自以成帝时为最多，亦不过三千人。《后汉书·翟酺传》：酺于顺帝时上言："孝文皇帝始置一经博士，武帝大合天下之书，而孝宣论六经于石渠，学者滋盛，弟子万数。"盖非专指一时，然其数之多，则三倍于成帝盛时而不止矣。《后汉书·儒林传》云："光武中兴，爱好经术。未及下车，而先访儒雅，采求阙文，补缀漏逸。先是四方学士，多怀挟图书，遁逃林薮，自是莫不抱负坟策，云会京师。于是立五经博士，各以家法教授。"似其时之生徒，必不能少。而范升于建武四年沮立《费》、《左》，乃言"虽设学官而无弟子"，此犹可云博士初立故尔，而翟酺亦言太学颓废，至为园采刍牧之处。然则太学之虚实，全与弟子员数之多少无涉。盖员数只是员数，隶籍者可以不来，而观翟方进遣门下诸生诣胡常，则知素无学籍者，亦未始不可临时来集也。要之与传习之关系，实甚浅也。

　　然则此等大师，从之何益？居其门下者，得毋皆仰慕虚名，甚或借资声气乎？此在后来，诚为习见之事，然师道初立时，必不容如此。盖由为学之道，先后不同也。《汉书·艺文志》曰："古之学者耕且养，三年而通一艺，存其大体，玩经文而已。是故用日少而畜德多，三十而五经立也。后世经传既已乖离，博学者又不思多闻阙疑之义，而务碎义逃难。说五字之文，至于二三万言。后进弥以驰逐。故幼童而守一艺，白首而后能言。安其所习，毁所不见，终以自蔽。此学者之大患也。"朱买臣常艾薪樵，卖以给食，担束薪，行且诵书；匡衡时行赁作，带经而钮，休息辄读诵；皆所谓耕且养者：存其大体之学，固如是而可为，其从师，亦诚于都授时往问大义疑难而足矣。碎义逃难之学，则其势不能如此。《三国·吴志·程秉传注》引《吴录》，言征崇"好尚者从学，所教不过数人辄止，欲令其业必有成也"，盖势不得不如是也。至此而犹守马融之骄贵，则师之者除借资声气而外，别无他益，不过为其虚名所眩而已。

　　大会都讲，可以要名誉，可以广声气，于学则无益也。然而可以要名誉，可以广声气，故讲学者恒喜为之。魏、晋以后，所讲者自儒而兼及于玄、佛，此风未之有改；宋、明之世，理学聿兴，所讲者又与二氏立异，此风亦未之有改也。会集者多，则人心易奋。故有如陆子讲"君子喻于义"一章，使听者感激泣下者。然此非陆子不能。不能而犹为之，则亦以要名誉、广声气而已。唐甄尝讥之曰："升五尺之座，坐虎豹之皮，环而听之者百千人。在堂下者望而不见；负壁者、及阶者见而不闻；在寻丈之间者，闻而不知；在左右、前后者，知而不得。是之谓观讲。众观而已，何益之有？"《潜书讲学》。

　　《南齐书·高逸传》：沈驎士，隐居余不吴差山，讲经教授，从学者数十百人，各营屋宇，依止其侧。此亦所谓常居门下者也。其数，大概不过如是耳。

〔一二一〕 汉世向学者多孤寒之士

　　汉世向学者，颇多孤寒之士。公孙弘初牧豕海上。兒宽诣博士受业，贫无资用，常为弟子都养，及时时间行庸赁，以给衣食。匡衡世农夫，至衡好学，庸作以共资用。承宫，少孤，年八岁，为人牧豕；乡里有徐子盛者，以《春秋经》授诸生数百人，宫过息庐下，乐其业，因就听经，遂请留门下，为诸生拾薪。桓荣，少学长安，习《欧阳尚书》，事博士九江朱普；贫窭无资，常客佣以自给。公沙穆游太学，无资粮，乃变服客佣，为吴祐赁春。庾乘，少给县庭为门士，郭林宗见而拔之，劝游学宫，遂为诸生佣。《后汉书·党锢传》。卫飒，家贫，好学问，随师无粮，常佣以自给。此等皆古所谓耕且养，亦今所谓工读者。翟方进西至京师受经，后母怜其幼，随之长安，织屦以给。王章学长安，独与妻居，章疾病，卧牛衣中。则又有家属相随作苦者。王吉少时学问，居长安。东家有大枣树，垂吉庭中。吉妇取枣以啖吉。吉后知之，乃去妇。东家闻而欲伐其树，邻里共止之。因固请吉，令还妇。则汉时游学者，多有家室相随。光武之长安受《尚书》，资用乏，与同舍生合钱买驴，令从者僦以给诸公费，《本纪》《注》引《东观记》。已非贫生所敢望矣。苦学者不必皆有所成，然究易于成就。自后汉崇儒重道，明帝既为功臣子孙、四姓末属别立校舍；质帝时，梁太后又诏大将军下至六百石，皆遣子入学；于是贵游子弟，羼入学校之中，势不得不"章句渐疏多以浮华相尚"矣。《后汉书·儒林传》。故凡事之衰机，即伏于其极盛之时也。

〔一二二〕游　学

　　《后汉书·儒林传论》曰："自光武中年以后,干戈稍戢,专事经学,自是其风世笃焉。其服儒衣,称先王,游庠序,聚横塾者,盖布之于邦域矣。"此风实尚不待后汉。《汉书·儒林传》言"自武帝立五经博士,开弟子员,设科射策,劝以官禄,讫于元始,百有余年,传业者寖盛,大师众至千余人。"必不能皆在一地也。如是,向学者似不待远求,然又言"经生所处,不远千里之路",何也? 读《三国志·邴原传注》所引《原别传》而知其故矣。

　　《原别传》曰:"原十一而丧父。家贫。邻有书舍,原过其旁而泣。师问曰:童子何悲? 原曰:孤者易伤,贫者易感。夫书者必皆具有父兄者,一则羡其不孤,二者羡其得学,心中恻然而为涕零也。师亦哀原之言而为之泣,曰:欲书可耳。答曰:无钱资。师曰:童子苟有志,我徒相教,不求资也。于是遂就书。一冬之间,诵《孝经》、《论语》。及长,欲远游学,诣安丘孙崧。崧辞焉。曰:君乡里郑君,君知之乎? 原答曰:然。崧曰:郑君学览古今,博文强识,钩深致远,诚学者之师模也。君乃舍之,蹑屣千里,所谓以郑为东家丘者也。君似不知,而曰然者何? 原曰:先生之说,诚可谓苦药良针矣,然犹未达仆之微趣也。人各有志,所规不同。故乃有登山而采玉者,有入海而采珠者。岂可谓登山者不知海之深,入海者不知山之高哉？君谓仆以郑为东家丘，君以仆为西家愚夫邪？崧辞谢焉。又曰：兖、豫之士，吾多所识，未有若君者。当以书相分。原重其意，难辞之，持书而别。原心以为求师启学，志高者通，非若交游待分而成也，书何为哉？乃藏书于家而行。原旧能饮酒，自行之后，八九年间，酒不向口，单步负笈，苦身持力。至陈留则师韩子助，颍川则宗陈仲弓，汝南则交范孟博，涿郡则亲卢子幹。归，以书还孙崧，解不致书之意。"古言知，犹今言相识。云"君似不知而曰然"，犹今言君实不识郑君，而冒充相识，其辞慢矣，而原答之甚逊。夫崧之学，岂必愈于郑玄？原舍玄而求之，殆先见拒于玄？玄所以拒之者，交结之士，声气宜广，乡里中人，不足以相扶翼。抑方望谢隗嚣之书曰："以望异域之人，疵瑕未露，欲先崇郭隗，想望乐毅。"《后汉书·隗嚣传》。乡里中人，庸或知我疵瑕，不相推奉，此亦远游之士之所以好远游也。孙崧作书相分，而原不用者，知既相违，书必泛泛，投亦无益，不如搁置也。抑谁知原果藏之于家，抑携以行而未投乎？务交结之士，其言可尽信哉？羁旅八九年，酒不向口，其苦身持力，则可谓难矣。晋世之赵至，其事最可与原参观。见《晋书·文苑传》。至而有成即原，原而不遂即至也，亦可哀矣。

交结亦非一术。《后汉书·文苑传》：高彪为诸生，游太学，有雅才而讷于言。尝从马融，欲访大义。融疾不获见。乃覆刺遗融书，讥其养疴傲士。融省书惭，追还之。彪逝而不顾。彪之见拒于融，犹邴原之不获于郑玄，且见拒于孙崧也。原逊辞以答崧，而彪盛气以陵融者？彪时在太学，声气已广，不惮融矣。融之追还之，盖亦以此。彪遂不顾者，知嫌隙已构，更下之亦无益也。《循吏传》：王涣署仇览为主簿，已而谢遣之，使入太学。同郡符融有高名，与览比宇，宾客盈室。览常自守，不与融言。融观其容止，心独奇之，乃谓曰：与先生同郡壤，邻房牖。今京师英雄四集，志士交结之秋。虽务经学,守之何固？览乃正色曰：天子修设太学,岂但使人游谈其中？高揖而去,不复与言。后融以告郭林宗。林宗因与融赍刺就房谒之,遂请留宿。林宗嗟叹,下床为拜。览所以不与融亲者,亢厉亦交结之一术也。融终下之,且与林宗俱,其交结之术,可谓异曲而同工矣。览之见知于王涣,以其为蒲亭长,劝人生业,为制科令。陈元母告元不孝,览不罪元,亲到元家,与其母子饮,为陈人伦孝行。其事绝类黄霸,岂悃愊之士也？其亢厉,亦岂其本志乎？鲁丕居大学,"性深沈好学,孳孳不倦。遂杜绝交游,不答候问之礼。"此或真为己之学,然"士友以此少之"矣。丕、恭弟,见《后汉书·恭传》。

《晋书·儒林·氾毓传》言：当时"隐逸之士,刘兆、徐苗等,皆务教授,惟毓不蓄门人,清静自守"。《隋书·隐逸·徐则传》："幼沈静,寡嗜欲。受业于周弘正,善三玄,精于议论,声擅都邑。则叹曰：名者,实之宾也,吾其为宾乎？遂杖策入缙云山。后学数百人,苦请教授,则谢而遣之。"观此二事,弥可知学者所以好游之故矣。

游学二字,昉见《史记·春申君列传》,曰"游学博闻",盖谓其因游学所以能博闻也。学术初兴,散布未广,受业者不免拘墟,故虽极精深,而阙广大,言之似通,行之实窒,非有君人南面之学,无以用之。及杂家兴,"兼儒、墨,合名、法,知国体之有此,见王治之无不贯",而此弊祛矣。故杂家之兴,实学术之一大变也,此惟游学可以致之,故游学实于学术大有裨益者也。然古之游学,所以求博闻,及汉世,学术既一于儒矣,离乡背井,所闻亦不过如此,而其好游反甚于古人。此则又使人惊叹于事势之迁流,有非拘于常理所能测度者矣。

〔一二三〕夏侯胜、桓荣

《后汉书·桓荣传》曰："荣少学长安。贫窭无资,常客佣以自给,而精力不倦。王莽败,天下乱。荣抱其经书,与弟子逃匿山谷。虽常饥困,而讲论不辍。建武十九年,年六十余,始辟大司徒府。授太子经。二十八年,为太子少傅。赐以辎车乘马。荣大会诸生,陈其车马、印绶,曰:今日所蒙,稽古之力也,可不勉哉? 三十年,拜为太常。荣初遭仓卒,与族人桓元卿同饥厄。而荣讲诵不息。元卿嗤荣曰:但自苦气力,何时复施用乎? 荣笑不应。及为太常,元卿叹曰:我农家子,岂意学之为利,乃至是哉?"此事最为论者所嗤鄙,以为当时为学之所愿,乃如此也? 然《汉书·夏侯胜传》言:"胜每讲授,常谓诸生曰:士病不明经术,经术苟明,其取青紫,如俯拾地芥耳。"其言与桓荣亦何以异? 然其议武帝庙乐,谓其亡德泽于民,不宜立,讼言诏书不可用。侃侃直节,何其贤也? 岂徒志于富贵者而能如是哉? 事何可以一端论也? 人之为学,为荣利计者,固或不免。然能有所成就者,后必稍易其初志,不然,未有能有所成就者也,亦且终不能久持之。以予所见,无不如此者。然则桓荣之不弃所学,谓其徒为垂老之荣利计,亦浅之乎测丈夫矣。

〔一二四〕 汉世豪杰多能读书

　　《廿二史札记》有《东汉功臣多近儒》一条，历举光武功臣，多习儒术，与其《汉初布衣卿相之局》一条并观，可见世变之亟矣。然其所言，犹有未尽者。《后汉书·顺阳怀侯传》云：伯升尝与俱学长安，习《尚书》、《春秋》。《阴识传》：伯升起兵时，识游学长安。闻之，委业而归，率子弟、宗族、宾客千余人往诣伯升。是伯升与其徒党，皆曾读书也。《朱晖传》：光武与晖父岑俱学长安，有旧故。及即位，求问岑，时已卒，乃召晖拜为郎。晖寻以病去，卒业太学。则光武同学有旧故者，又不独一严光矣。诸将中盖以邓禹、贾复学业为最优，故最能偃武修文。然《李通传》言：光武征讨四方，常令通居守京师，镇抚百姓。修宫室，起学官。此又贤于萧何之徒能筹画兵饷。后汉营建太学之早，通其与有力乎？《邓禹传》言：禹有子十三人，各使守一艺。艺盖谓经艺。故和熹亦能通经；训不好文学，乃为禹所非也。《马武传》：帝与功臣诸侯燕语，从容言曰：诸卿不遭际会，自度爵禄何所至乎？邓禹先对曰：臣少尝学问，可郡文学博士。亦可见禹于经艺颇优。

　　《后书·儒林传赞》称美儒学之功，谓后汉所以衰敝而能多历年所者，皆学之效。乍观之，似不免阿私所好。然细思之，设使何进所召，非董卓而为张温、皇甫嵩，后汉之祸，何遽至此乎？诸葛亮鞠躬尽瘁，人人知其忠诚矣。即魏武帝，建安十五年十二月己亥令，何一语非出自肺腑？引蒙恬以自方，明虽死不敢负汉，意气感激之士，读之能无怆然流涕乎？梁太祖之功业，曷尝能过魏武帝，而汲汲谋篡如不及，人之度量相越，岂不远哉？予尝谓：魏武帝之不肯篡汉，汉世儒学盛行之效也。近世湘淮诸将之不能覆清，自宋以来理学盛行之效也。其事之是非利害，难以一言定，要其因果，则如此耳。

抑汉世儒学，能戢枭雄之心，以澹干戈之祸者，尚不仅于魏武帝、诸葛武侯见之也。当时踔弛之士盖多矣！魏朗，尝白日操刃，为兄报仇县中。后亡命陈国，从博士却仲信游。又诣太学受五经。《后汉书·党锢传》。徐庶，少好任侠、击剑。为人报仇。后更折节学问。《三国志·诸葛亮传注》引《魏略》。何颙友人虞伟高，有父仇未报，而笃病将终。颙往候之，伟高泣而诉。颙感其义，为复仇，以头醊其墓。后为宦官所陷，亡匿汝南间。所至皆亲其豪杰。袁绍慕之，私与往来，结为奔走之友。是时党事起，天下多罹其难。颙尝私入洛阳，从绍计议。其穷困闭厄者，为求援救，以济其患。有被掩捕者，则广设权计，使得逃隐。后又与荀爽、王允等共谋董卓。《后书·党锢传》。此等皆大侠者流也。使无名教以范围之，玄黄龙战之际，又恶知其所至乎？多一顾念名义之人，即少一裂冠毁冕之人；多一不忍杀人之人，即少一横行无忌之人。文教之维持世运，其功，诚有不可见而又不容尽没者耳。

〔一二五〕东汉诸将与儒学

　　生民之祸，无酷于兵。观秦、汉间之事可知矣。新、汉之际，战争犹酷于秦、汉之间，然后汉诸将，则颇有不嗜杀人者，此不可谓非儒学之功也。光武之遣冯异代邓禹也，敕之曰："诸将非不健斗，然好虏掠。卿本能驭吏士，念自修敕，无为郡县所苦。"岑彭破荆门，长驱武阳，持军整齐，秋毫无犯。陈俊为琅邪太守，专征青徐，检制军吏，不与郡县相干。百姓歌之，铫期自为将，有所降下，未尝虏掠。祭遵制御士心，不越法度，所在吏民，不知有军。李忠与任光同奉世祖，从攻下属县。至苦陉，世祖会诸将，问所得财物，惟忠独无所掠。朱祐将兵多受降，以克定城邑为本，不存首级之功；又禁制士卒，不得虏掠百姓，军人多以此怨之。三数将率之不嗜杀人，于九州颠覆之祸，固亦所补甚微，然此不得不归诸教化之功。冯异者，好读书，通《左氏春秋》、《孙子兵法》。祭遵少好经书。朱祐初学长安。岑彭、陈俊、任光史虽不言其学业，然彭王莽时守本县长，俊少为郡吏，任光为乡啬夫，郡县吏，而李忠又以好礼修整称，王莽时为新博属长。汉世吏人亦多儒者，铫期父卒服丧三年，其非不读书尤可知矣。《祭遵传》云："尝为部吏所侵，结客杀之。初，县中以其柔也，既而皆惮焉。"《任光传》云："少忠厚，为乡吏所爱。"其非无行之徒可知。职是故，诸将私行，亦多修饬，如祭遵"为人廉约小心，克己奉公；赏赐辄尽与士卒，家无余财；身衣韦裤布被，夫人裳不加缘。""临死遗诫：牛车载丧，薄葬洛阳。问以家事，终无所言。"遵从弟肜，"在辽东几三十年，衣无兼副"是也。寇恂不与贾复斗，冯异每所止舍，诸将并坐论功，异常独屏大树下，军中号曰大树将军。此固蔺相如、鲁仲连之所优为，然在彼辈或以天资特高，在儒者则为庸行矣。故知教化之功不可尽诬也。

光武与功臣诸侯燕语，从容言曰："诸卿不遭际会，自度爵禄，何所至乎?"邓禹先对曰："臣少尝学问，可郡文学博士。"见《马武传》。可知当时诸将，非必以武功自见者。功成之后，尚能敦行修学，居官亦多能抚循人民，兴起教化，非偶然也。如寇恂为汝南太守，修乡校，教生徒，聘能为《左氏春秋》者，亲受学焉。经明行修，名重朝廷。贾复知光武欲偃干戈，修文德，乃兴邓禹并剽甲兵，敦儒学。祭遵为将军，取士皆用儒术，对酒设乐，必雅歌投壶。又建为孔子立后，奏置五经大夫。李忠为丹阳太守，起学校，习礼容，春秋乡饮，选用明经，皆是。光武虽不任功臣，而高密、固始、胶东三侯，尝与公卿参议国家大事，亦见其人非尽武夫也。

〔一二六〕郡国文学

　　汉世郡国文学之职,于教育颇有关系。诸葛丰及翟方进父翟公,皆尝为郡文学。匡衡调补平原文学,学者多上书荐衡,"经明,当世少双。今为文学就官,京师后进,皆欲从衡平原,衡不宜在远方。"可见当时文学,颇有名人为之。《三国志·杜畿传注》引《魏略》,言畿为河东太守,署乐详为文学祭酒,使教后进,河东学业大兴。《仓慈传注》引《魏略》,言令狐邵为弘农太守,是时郡无知经者,乃历问诸吏,有欲远行就师,辄假遣,令诣河东就乐详学,经粗明乃还。因设文学。由是弘农学业转兴。皆文学举职之效也。

〔一二七〕传、说、记①

六经皆古籍，而孔子取以立教，则又自有其义。孔子之义，不必尽与古义合，而不能谓其物不本之于古。其物虽本之于古，而孔子自别有其义。儒家所重者，孔子之义，非自古相传之典籍也。此两义各不相妨。故儒家之尊孔子，曰："贤于尧舜远矣。"曰："自生民以来，未有孔子。"《孟子·公孙丑》上。而孔子则谦言"述而不作，信而好古"；《论语·述而》。即推尊孔子者，亦未尝不以"祖述尧舜，宪章文武"为言也。《礼记·中庸》。若如崇信今文者之说，谓六经皆孔子所作，前无所承，则孔子何不作一条理明备之书，而必为此散无友纪之物？又何解于六经文字，古近不同，显然不出一手，并显然非出一时乎？若如崇信古学者之言，谓六经皆自古相传之物，孔子之功，止于抱遗订坠；而其所阐明，亦不过古先圣王相传之道，初未尝别有所得；则马、郑之精密，岂不真胜于孔子之粗疏乎？其说必不可通矣。

惟六经仅相传古籍，而孔门所重，在于孔子之义。故经之本文，并不较与经相辅而行之物为重；不徒不较重，抑且无相辅而行之物，而经竟为无谓之书矣。

与经相辅而行者，大略有三：传、说、记是也。《汉书·河间献

---

① 原题《六经之传说记》。

王传》曰:"献王所得书,皆经、传、说、记,七十子之徒所论。"盖传、说、记三者,皆与经相辅而行,孔门所传之书,大略可分此四类也。

传、说二者,实即一物;不过其出较先,久著竹帛者,则谓之传;其出较后,犹存口耳者,则谓之说耳。陈氏澧曰:"《荀子》曰:《国风》之好色也,其传曰:盈其欲而不愆其止,其诚可比于金石,其声可内于宗庙。《大略》。据此,则周时《国风》已有传矣。《韩诗外传》亦屡称传曰。《史记·三代世表》,褚先生曰:《诗传》曰:汤之先为契,无父而生。此皆不知何时之传也。"《东塾读书记》六。陈氏所引,实皆孔门《诗传》,谓不知何时之传者误也。然孔子以前,《诗》确已自有传,《史记·伯夷列传》引《轶诗传》是也。以此推之,《孔子世家》称孔子序《书传》,书传二字,盖平举之辞?孔子序《书》,盖或取其本文,或取传者之辞。故二十八篇,文义显分古近也。如《金縢》亦记周公之辞,其文义远较《大诰》等篇为平近。古代文字用少,书策流传,义率存于口说,其说即谓之传。凡古书,莫不有传与之相辅而行,其物既由来甚旧,而与其所传之书,又如辅车相依,不可阙一;故古人引用,二者多不甚立别,而传遂或与其所传之书,并合为一焉。汉人引据经传,不别者甚多,崔氏适《春秋复始》论之甚详,今更略举数证。《孟子·万章》一篇论舜事最多,后人多欲以补《舜典》;然《尚书》二十八篇为备,实不应有《舜典》。而完廪、浚井等事,亦见《史记·五帝本纪》。《五帝本纪》多同伏生《书传》。盖孟子、史公,同用孔门《书》说也。以此推之,《滕文公》篇引《书》曰"若药不瞑眩,厥疾不瘳",《论语·为政》引《书》曰"孝乎惟孝",亦皆《书传》文矣。《说文·旻部》夏下引《商书》曰:"高宗梦得说,使百工夐求,得之傅岩。"语见《书序》,盖《书传》文,而作序者窃取之。"差以豪厘,缪以千里",见《易·系辞》。《系辞释文》云王肃本有传字。案《太史公自序》述其父谈《论六家要旨》,引《系辞》"一致而百虑,同归而殊涂",谓之《易·大传》,则王肃本是也。然《自序》又引"豪厘"、"千里"二语,称《易》曰,《大戴·保傅》、《小戴·经解》亦然。此汉人引用经传不别之证。故诸家之《易·系辞》下或无传字也。○《孟子·

梁惠王》下:"《诗》云:王赫斯怒,爰整其旅,以遏徂莒,以笃周祜,以对于天下。此文王之勇也。文王一怒而安天下之民。《书》曰:天隆下民,作之君,作之师,惟曰其助上帝,宠之四方,有罪无罪,惟我在,天下曷敢有越厥志?一人衡行于天下,武王耻之。此武王之勇也。而武王亦一怒而安天下之民。""此文王之勇也","此武王之勇也",句法相同。自此以上,皆当为《诗书》之辞。然"一人衡行于天下,武王耻之",实为后人称述武王之语。《孟子》所引,盖亦《书传》文也。○传之为物甚古,故又可以有传。《论语》邢疏:"汉武帝谓东方朔云:《传》曰:时然后言,人不厌其言。又成帝赐翟方进策书云:《传》曰:高而不危,所以长守贵也。是汉世通谓《论语·孝经》为传。"然《汉志》,《鲁论》有《传》十九篇,《孝经》亦有《杂传》四篇。盖对孔子手定之书言,则《论语》、《孝经》皆为传;对传《论语》、《孝经》者言,则《论语》、《孝经》亦经比也。○传之名不一。或谓之义,如《礼记·冠义》以下六篇是也。或谓之解,如《管子》之《明法解》、《韩非子》之《解老》是也。《礼记》之《经解》,盖通解诸经之旨,与《明法解》、《解老》等专解一篇者,体例异而旨趣同,故亦谓之解也。《墨子·经说》,体制亦与传同,而谓之说,尤传与说本为一物之证。○《孟子·梁惠王》上对齐宣王之问曰:"仲尼之徒无道桓文之事者,是以后世无传焉。"下篇:齐宣王问曰:"文王之囿方七十里,有诸?"孟子对曰:"于传有之。"《管子·宙合》曰:"宙合有橐天地,其义不传。"此所谓传,并即经传之传也。《明法解》与所解者析为两篇;《宙合》篇前列大纲,后乃申释其义,则经传合居一简,古书如此者甚多。今所传《易·系辞》下无传字,亦不能议其脱也。

《公羊》曰:"定、哀多微辞,主人习其读而问其传,则未知己之有罪焉尔。"定公元年。古代文字用少,虽著之传,其辞仍甚简略,而又不能无所隐讳。若此,则不得不有借于说明矣。《汉书·蔡义传》:"诏求能为《韩诗》者,征义待诏,久不进见。义上疏曰:臣山东草莱之人,行能亡所比,容貌不及众,然而不弃人伦者,窃以闻道于先师,自托于经术也。愿赐清闲之燕,得尽精思于前。上召见义,说《诗》,甚说之。"又《儒林传》:"兒宽初见武帝,语经学。"上曰:"吾始以《尚书》为朴学,弗好。朴即《老子》"朴散而为器"之朴。《淮南·精神注》:"朴,犹质也。"所谓木不斫不成器也。此可见经而无传，传而无说，即成为无谓之物。及闻宽说，可观，乃从宽问一篇。"并可见汉世传经，精义皆存于说，汉儒所由以背师说为大戒也。凡说，率至汉师始著竹帛。以前此未著竹帛，故至汉世仍谓之说也。夏侯胜"受诏撰《尚书论语说》"；《汉书》本传。"刘向校书，考《易说》，以为诸家《易说》，皆祖田何、杨叔、丁将军，大义略同，惟京氏为异党；焦延寿独得隐士之说，托之孟氏，不相与同"，《儒林传》。是也。《汉书·王莽传》：莽上奏曰："殷爵三等，有其说，无其文。"又群臣请安汉公居摄如天子之奏曰："《书》曰：我嗣事子孙，大不克共上下，遏失前人光，在家，不知命不易，天应棐谌，乃亡队命，《说》曰：周公服天子之冕，南面而朝群臣，发号施令，常称王命，召公贤人，不知圣人之意，故不说也。"然则说可引据，亦同于传。盖传即先师之说，说而著之竹帛，亦即与传无异耳。汉人为学，必贵师传，正以此故。刘歆等首唱异说，其所以攻击今文师者，实在"信口说而背传记，是末师而非往古"《汉书·楚元王传》附《歆传》。两语；而古学家之学，远不逮今文师者，亦实以此。以其奋数人之私智，以求之传记，断不能如历世相传之说之精也。公孙禄劾歆"慎倒《五经》，毁师法"，《莽传》。毁师法，即背师说也。

　　传附庸于经，记与经则为同类之物，二者皆古书也。记之本义，盖谓史籍。《公羊》僖公二年，宫之奇谏曰："《记》曰：唇亡则齿寒。"《解诂》："记，史记也。"史记二字，为汉时史籍之通称，犹今言历史也。《韩非子·忠孝》："《记》曰：舜见瞽瞍，其容造焉。孔子曰：当是时也，危哉，天下岌岌。"此语亦见《孟子·万章》上篇，咸丘蒙以问孟子，孟子斥为齐东野人之语，古亦称史记为语，可为《解诂》之证。记字所苞甚广，宫之奇、咸丘蒙所引，盖记言之史，小说家之流；其记典礼者，则今所谓《礼记》是也。《记》与《礼》实非异物，故古人引《礼》者或称《记》，引《记》者亦或称《礼》。《诗·采蘋笺》引《少牢馈食礼》

称《礼记》,《聘礼注》引《聘义》作《聘礼》,又《论衡·祭意》引《礼记·祭法》皆称《礼》。○《礼记》中《投壶》、《奔丧》,郑谓皆同《逸礼》,而《曲礼》首句即曰"《曲礼》曰",可见《礼》与《记》之无别也。今《仪礼》十七篇,惟《士相见》、《大射》、《少牢馈食》、《有司彻》四篇无记。宋儒熊氏朋来之说。凡记皆记经所不备,兼记经外远古之言。郑注《燕礼》云:"后世衰微,幽、厉尤甚,《礼乐》之书,稍稍废弃,盖自尔之后有记乎?"《士冠礼疏》。《文王世子》引《世子之记》,郑《注》曰:"世子之礼亡,言此存其记。"盖著之竹帛之时,有司犹能陈其数;或虽官失其守,而私家犹能举其本末,如孺悲学《士丧礼》于孔子。则谓之《礼》;而不然者,则谓之《记》耳。记之为物甚古,故亦自有传;《士冠礼疏》:"《丧服记》,子夏为之作传,不应自造还自解之。《记》当在子夏之前,孔子之时,未知是谁所录。"案古书多有传说,已见前,《记》之《传》,或孔门录是《记》者为之,或本有而录是《记》者并录之,俱未可定也。而《礼记》又多引旧记也。如《文王世子》引《世子之记》。又引《记》曰"虞、夏、商、周,有师保,有疑丞"云云。《祭统》引《记》曰"齐者不乐",又引《记》曰"尝之日,发公室"云云皆是。

　　传说同类,记以补经不备,传则附丽于经,故与经相辅而行之书,亦总称为传记,如刘歆《移太常博士》所言是也。《河间献王传》,并称经传说记,传盖指古书固有之传而言,如前所引《轶诗传》及孔子所序之《书传》是。其孔门所为之传,盖苞括于说中。

　　大义存于传,不存于经,试举一事为征。《尧典》究有何义?试读《孟子·万章》上篇,则禅让之大义存焉。夷考伏生《书传》、《史记·五帝本纪》,说皆与孟子同,盖同用孔门书说也。此等处,今人必谓伏生袭孟子,史公又袭伏生。殊不知古代简策流传甚难,古人又守其师说甚固,异家之说,多不肯用,安得互相剿袭,如此之易?史公说尧舜禅让,固同《孟子》矣,而其说伊尹,即以割烹要汤为正说,与《孟子》正相反。何又忽焉立异乎?可见其说禅让事,乃与《孟子》所本者同,而非即用《孟子》矣。○经义并有儒家失传,存于他家书中者。《吕览》多儒家言,予别有考。今《尚书甘誓》,徒读其本文，亦绝无意义。苟与《吕览·先己》参看，则知孔子之序是篇，盖取退而修德之意矣。传不足以尽义，而必有待于说，试亦引一事为征。王鲁，新周，故宋，非《春秋》之大义乎？然《公羊》无其文也，非《繁露》其孰能明之？《三代改制质文》篇。案亦见《史记·孔子世家》。又《乐动声义》有“先鲁后殷新周故宋”之文，见《文选》潘安仁《笙赋注》。古人为学，所以贵师承也。后人率重经而轻传、说，其实二者皆汉初先师所传。若信今文，则先师既不伪经，岂肯伪传？若信古文，则今古文经，所异惟在文字，今文经正以得古文经而弥见其可信。经可信，传、说之可信亦因可见矣。或又谓经为古籍，据以考证古事，必较传为足据。殊不知孔门之经，虽系古籍，其文字未必一仍其旧。试观《尧典》、《禹贡》，文字反较殷《盘》、周《诰》为平易可知。而古籍之口耳相传，历久而不失其辞者，亦未必不存于传、说、记之中也。然则欲考古事者，偏重经文，亦未必遂得矣。《史记·孔子世家》：“孔子在位，听讼文辞，有可与人共者，不独有也；至于为《春秋》，笔则笔，削则削，子夏之徒不能赞一辞。”《公羊》昭十二年《疏》引《春秋说》云：“孔子作《春秋》，一万八千字，九月而书成，以授游、夏之徒，游、夏之徒不能改一字。”然则相传以为笔削皆出孔子者，惟《春秋》一经。余则删定之旨或出孔子，其文辞必非孔子所手定也。即游、夏不能改一字，亦以有关大义者为限，若于义无关，则文字之出入，古人初不深计。不独文字，即事物亦有不甚计较者。吕不韦聚宾客著书，既成，布咸阳市门，县千金其上，延诸侯游士宾客有能增损一字者予千金。高诱《注》多摘其误，谓扬子云恨不及其时车载其金。殊不知不韦所求，亦在能纠正其义。若事物之误，无缘举当时游士宾客，不及一扬子云也。子云既沾沾自喜，高诱又津津乐道，此其所以适成为子云及高氏之见也。

翼经之作，见于《汉志》者：曰外传，曰杂传，盖摭拾前世之传为之。《汉书·儒林传》：“韩婴推诗人之意，而作《内外传》数万言。”又曰：“韩生亦以《易》授人，推《易》意而为之传。”一似其传皆自为之者。然《韩诗外传》见存，大抵征引成文，盖必出自前人，乃可谓之传也。曰传记，曰传说，则合传与记、说为一书者也。曰说义,盖说之二名。曰杂记,则记之杂者也。曰故,曰解故,以去古远,故古言有待训释,此盖汉世始有。曰训传,则兼训释古言及传二者也。《毛传》释字义处为诂训。间有引成文者,如《小弁》《绵》之引《孟子》,《行苇》之引《射义》,《瞻卬》之引《祭义》,《閟宫》之引孟仲子,则所谓传也。

《汉志·春秋》有《左氏微》二篇,又有《铎氏微》三篇、《张氏微》十篇、《虞氏微传》二篇。微,盖即"定哀多微辞"之微;亦即刘歆《移太常博士》所谓"夫子没而微言绝"者也。定哀之闻,辞虽微,义则具存于先师之口说,何绝之有? 易世之后,忌讳不存,举而笔之于书,则即所谓传也,安用别立微之名乎? 今《左氏》具存,解经处极少,且无大义,安有微言? 张氏不知何人。铎氏,《注》曰:"楚太傅铎椒。"虞氏,《注》曰:"赵相虞卿。"《史记·十二诸侯年表》曰:"铎椒为楚威王传,为王不能尽观《春秋》,采取成败,卒四十章,为《铎氏微》。赵孝成王时,其相虞卿,上采《春秋》,下观近世,亦著八篇,为《虞氏春秋》。"二书与孔子之《春秋》何涉? 铎氏之书自名《微》,非其书之外,别有所谓微者在也。今乃举左氏、张氏、虞氏之书而皆为之微,虞氏且兼为之传,其为妄人所托,不问可知。犹之附丽于经者为传、说,补经之不备者为记,本无所谓纬,而汉末妄人,乃集合传、说、记之属,而别立一纬之名也。要之多立名目以自张,而排斥异己而已。故与经相辅而行之书,实尽于传、说、记三者也。

传、说、记三者,自以说为最可贵,读前文自见。汉世所谓说者,盖皆存于章句之中。章句之多者,辄数十百万言,而《汉书》述当时儒学之盛,谓一经说至百万余言,《儒林传》。可知章句之即说。枝叶繁滋,诚不免碎义逃难、博而寡要之失;然积古相传之精义,则于此存焉。郑玄释《春秋运斗枢》云:"孔子虽有盛德,不敢显然改先王之法,以教授于世,阴书于纬,以传后王。"《王制正义》。古代简策繁重,既已笔之于书，夫复安能自秘？其为窃今文家口授传指之语而失其实，不问可知。《文选》刘歆《移太常博士注》："《论语谶》曰：子夏六十四人。共撰仲尼微言。"此造纬者之自道也。然纬之名目虽妄，而其为物，则固为今文经说之荟萃；使其具存，其价值当尚在《白虎通义》之上也；乃以与谶相杂，尽付一炬，亦可哀矣。

原刊《光华大学半月刊》第一卷第四期，

一九三二年十二月五日出版

〔一二八〕诗无作义

　　事有古今异者，亦有古今同者。古今异者，后人或不知其异，而即以当日之情形，测度古人；古今同者，则又不知其同，而妄生穿凿。可谓其失惟钧矣。古之诗，与后世之谣辞相似者也，其原多出于劳人思妇，矢口所陈，或托物而起兴，或感事而陈辞。其辞不必无所因，而既成之后，十口相传，又不能无所改易。故必欲问诗之作者为何人，其作之为何事，不徒在后世不可得，即起古人于九原而问之，亦将茫然无以对。何也？其作者本不可知，至于何为而作，则作者亦不自知也。三家说《诗》，知本义者极少，即由于此。今所传《小序》，乃无一诗不知其何为而作；而其所为作，且无一不由于政治；几若劳人思妇，无不知政治之得失者。夫古者谓陈诗可观民风，抑且可知政治之得失者，以风俗之善恶，与政治之得失相关也；非谓劳人思妇，无一不深知政治，明乎其得失，且知其与风俗之关系也。所谓《小雅》讥己之得失，其流及上也。《雅》且如此，而况于《风》。若如今之《诗序》，则《风雅》何别焉？故今之《诗序》，不必问其所言者如何，但观其诗之皆能得其本义一端，即知其不可信矣。

　　《诗》有诵义，无作义，有以此为攻击今学之言者。《汉书·艺文志》，谓齐韩《诗》或取《春秋》，采杂说，咸非其本义是也。陈兰甫辨之云：“今本《韩诗外传》，有元至正十五年钱惟善《序》云：断章取义,有合于孔门商赐言《诗》之旨。澧案《孟子》云:忧心悄悄,愠于群小,孔子也;亦外传之体。《礼记·坊记》、《中庸》、《表记》、《缁衣》、《大学》引《诗》者,尤多似外传。盖孔门学《诗》者皆如此。其于诗义,洽熟于心,凡读古书,论古人古事,皆与诗义相触发,非后儒所能及。西汉经学,惟《诗》有《毛氏》、《韩氏》两家之书,传至今日,读者得知古人内传、外传之体;乃天之未丧斯文也。《直斋书录解题》云:《韩诗外传》,多记杂说,不专解《诗》,果当时本书否? 杭堇浦云:董生《繁露》、韩婴《外传》,偭背经旨,敷列杂说,是谓畔经;此则不知内外传之体矣。"其自注云:"韩非有《解老篇》,复有《喻老篇》,引古事以明之,即外传之体。其《解老》即内传也。"《东塾读书记》卷六。愚案:观此,即可知此体由来之古,所谓诗义洽熟于心。凡读古书,论古人古事,皆与诗义相触发者,古简籍少而诵之专精之世,凡书皆然,正不独《诗》;抑古之诵《诗》者皆然,亦不独孔门之言《诗》者也。古人会聚,多赋《诗》以见志,即其一证。

陈兰甫又云:"《毛传》有述古事,如《韩诗外传》之体者;如《素冠传》子夏闵子骞三年丧毕见夫子一节,《小弁传》高子曰小弁小人之诗也一节,《巷伯传》昔者颜叔子独处于室一节,《绵传》古公处豳一节,虞芮之君相与争田一节,《行苇传》孔子射于矍相之圃一节,皆外传之体。《定之方中传》建邦能命龟一节,虽非述古事,然因经文卜云其吉一语,而连及九能,亦外传之体也。"同上。然则《韩诗外传》乃《毛诗》家所不能为耳,非其所不欲为也。

〔一二九〕毛诗传授之诬

　　群经传授源流,有极不可信者。刘歆云:"先师皆起于建元之间。"经学之渊源,必不始此;然先师名字之可记识者,则始于此矣。言群经之传授者,当以《史记》、《两汉书》、《儒林传》、《艺文志》。《隋书》、《经籍志》。《经典释文》《叙录》。为大宗。前人记识,偶有遗落,而后人从而补之,原非必不可有之事。然前人所遗落,何至如是之多,而其所补者,又多无征不信,龃龉难通,其不免于亿造附益可知。君子观于此,而知信史之难得矣。

　　《史记·儒林传》曰:"言《诗》,于鲁则申培公,于齐则辕固生,于燕则韩太傅;言《尚书》,自济南伏生;言《礼》,自鲁高堂生;言《易》,自菑川田生;言《春秋》,于齐、鲁自胡毋生,于赵自董仲舒。"此其源流,皆确实可据,而其人之行事,亦确有可征者也。至《汉书》,则已有不尽然者。

　　《史记》云"言《诗》于鲁则申培公",非谓申培公之学,无所受之也,其名氏不复传也;故但曰"吕太后时,申公游学长安,与刘郢同师"而已。而《汉书》补出浮丘伯之名,《儒林传》曰:申公与楚元王交,俱事齐人浮丘伯。吕太后时,浮丘伯在长安,元王遣子郢与申公俱卒业。《元王传》曰:少时,尝与鲁缪生、白生、申公,俱受《诗》浮丘伯;伯,孙卿门人。及秦焚书,各别去。郢之名,则作郢客。浮丘伯之行事,既无可考;元王贤王,果曾与申公同师,史公无缘不知;知之,无缘置之而独言其子。然则申公与元王同师,或因与其子同师而传讹。而缪生、白生尝与元王同学,或又因其与申公为同功一体之臣而傅会也。此说如确,则浮丘伯之名,可信与否,亦有不可知者矣。然此尚仅有可疑而已。乃如《毛诗》,《汉志》云:"又有毛公之学,自谓子夏所传,而河间献王好之,未得立。"自谓者,无征之辞;好之,亦仅好之而已。乃《诗谱》云:"鲁人大毛公为《训诂传》,河间献王得而献之,以小毛公为博士。"分毛公为大小,固已未知所据;而易好之为献之,则诸言河间献书者,何以不及《毛诗》;而刘歆校书中秘,亦何以但称无师说之《逸礼》、《古文尚书》、《周官》、《左氏》,而不及有《诂训传》之《毛诗》乎?郑氏但言毛公有二,未举其名也。《后汉书·儒林传》曰:"赵人毛长传《诗》,是为《毛诗》。"毛长者,大毛公乎?小毛公乎?何以易鲁而为赵也?《隋志》:"《毛诗》二十卷,汉河间太守毛苌撰。"又易长而为苌,且变赵人为河间太守,总不知其何据。陆玑云:"孔子删《诗》授卜商,商为之序,以授鲁人曾申,申授魏人李克,克授鲁人孟仲子,孟仲子授根牟子,根牟子授赵人荀卿,荀卿授鲁国毛亨,毛亨作《训诂传》,以传赵国毛苌。时人谓亨为大毛公,苌为小毛公。"玑与郑玄,相去极近,《毛诗》果出子夏,乃圣门高弟,荀卿则六国名儒,岂容置而不言?称人不举名字,但用当时称号,汉人类然,如伏生名胜,始见《后汉书·伏湛传》,《史》、《汉》皆但作伏生是。案此等有可信者,亦有不可信者。如伏氏世传儒业,行事众所共知,先祖之名,后昆自不容虚构;乃如遥遥华胄,信否难征,欲以谱牒之具存,显示胤裔之非伪,则名字爵里,或谓往史所不详,转非后人所能共信矣。而于邑里颇重,果大毛公鲁人,小毛公赵人,康成岂得不加别白也?《释文》以此为一说,又引徐整云:"子夏授高行子,高行子授薛仓子,薛仓子授帛妙子,帛妙子授河间人大毛公,毛公为《诗故训传》于家,以授赵人小毛公,小毛公为河间献王博士。"整亦三国吴人,说之乖异又如此。
而所举人名,又无一有行事可征验者,安得不令人疑而不信乎?

原刊《光华大学半月刊》第二卷第六期,
一九三四年三月十五日出版

〔一三〇〕诗序上

《诗序》辩说，最为纷歧。若知汉时所谓古学者，皆摭拾传记为之；其所谓出于某某者，大抵附会依托，不可信据，则亦无疑于此矣。

《诗序》谁作，宋以后说多凭亿测，无可征验，即亦无从辩论。其为古说者有三：郑氏《诗谱》，谓《大序》子夏作，《小序》子夏、毛公合作，一也；《正义》引沈重说。王肃《家语注》，以为子夏作，二也；《后汉书·儒林传》：以为卫宏作，三也。宏与郑、王，相去甚近，《序》果宏作，郑、王无缘不知；然《序》有郑注而无郑笺，实为出于《毛传》以后之确证。其文平近谐婉，且不类西汉人作，更无论先秦矣。郑、王何至并此而不能辨？然一以为径出子夏，一以为兼出毛公，何也？古人云某书某作，不必其人亲著竹帛，特推所自来耳。《序》出子夏、毛公，盖古学家旧说，其著之竹帛，实始卫宏。郑、王皆本所自来，故以子夏、毛公为言耳。《隋志》谓“子夏所创，毛公及卫宏又加润益”，盖古学家成说，非苟为调停之辞也。郑、王、范晔皆言之不具耳。然《序》实古学家采缀古书所为，不惟非子夏，亦必不出毛公也。郑樵云：“汉世文字，未有引《诗序》者，惟黄初四年，有曹共公远君子近小人之语，盖宏之《序》至是始行也。”此说甚是，可为《诗序》晚出之确证。

《诗》之《大小序》，亦为聚讼之一端。有就《关雎》一序，分为大小者；有就各诗，分析其首句为《小序》，下为《大序》者。《释文》引旧说云："起至用之邦国焉，名《关雎序》，谓之《小序》；自风风也，讫末，名为《大序》。"朱子作《诗序辩说》，以诗者志之所之至也为《大序》，余为《关雎小序》。以初句为子夏作，说出成伯屿。苏辙《诗集传》，只存首句，余皆删。程大昌《考古编》，亦以首语为古序，续申者为卫宏语。案魏源《诗古微》论三家《诗》亦有序，颇允。诸家所引《韩诗》，如《关雎》刺时也，《芣苢》伤夫有恶疾也等，皆与《诗序》首语一例。张揖习《齐诗》，《上林赋注》："《伐檀》，刺贤者不遇也。"亦同。盖作序者依三家体例为之也。《隋志·史部》论簿录之语曰："孔子删书，别为之序，各陈作者所由。韩毛二《诗》，亦皆相类。"案《旧唐志》：《韩诗》二十卷，卜商序，韩婴撰。《韩诗翼要》十卷，卜商撰。《毛诗集序》二卷，卜商撰。《新书志》：《韩诗》，卜商序，韩婴注，二十二卷，又《外传》十卷，《卜商集序》二卷，又《翼要》十卷。《翼要》当属《毛诗》。《旧书》韩字盖衍。韩、毛之序，体例相同，观《隋志》之言可见。《翼要》则窃疑其放《外传》也。虽无以知其必然，然《关雎》之序，非仅说《关雎》一诗；而各序首句及其下文，显有斧凿痕迹，则无可疑也。予谓《大小序》之分，大体当从朱熹之说，自起至"用之邦国焉"为《小序》，专序《关雎》一诗。"风风也"至"诗之至也"为《大序》，总论全诗之义。"然则关雎麟趾"以下，介于《大》、《小序》之间，盖论全诗之义既竟，专论《周南》、《召南》，又回合至《关雎》一篇者也。《大》、《小序》之名，盖传此序者所立，而非作此序者胸中先有此区别。故以其义论之，则一篇之中，兼苞专论《关雎》、统论诗义及《二南》两端；以其文言之，则又一气相承，不能分割也。盖作《诗序》者，以论全诗及《二南》之语，合诸《关雎序》中，后人欲加分别，乃立大小之名也。此序最可见古学家之说系摭拾传记而成。

此序统论诗义者，自"风风也"至"教以化之"，论风之义；"诗者志之所之"至"移风俗"，论诗及乐；"故诗有六义焉"至"六曰颂"，论六义；"上以风化下"至"诗之至也"，论风、雅、颂。论诗及乐者，取诸《乐记》；论六义者，取诸《周官》；余与论《二南》及《关雎》一诗者，盖取诸三家。而其文又有夺佚。且《诗》止《风》、《雅》、《颂》三体，而

《序》云诗有六义，乃生赋、比、兴究为诗篇异体，抑诗文异辞之疑。康成最喜牵合《周官》，乃谓孔子录《诗》，已合风雅颂中，难可摘别。并谓《七月》一诗，备有三体，以牵合《周官》籥章之文。于是疑窦丛生，殊不知作《诗序》者，不过见《周官》即漫采之，初未计及《周官》六诗之说，与《诗经》风、雅、颂之体不能相容也。古学家之说多如此。后来弥缝渐密，初出时则极粗略，如郑众以《书序》之《周官》，即今谓之《周礼》之《周官》，篇卷多少，文体异同，皆不顾虑，真可发一大噱。以《风》、大小《雅》、《颂》为四始，无论如何弥缝，其说终不可通。《史记·孔子世家》曰："《关雎》之乱，以为《风》始，《鹿鸣》为《小雅》始，《文王》为《大雅》始，《清庙》为《颂》始。"《诗序》云："《关雎》，《风》之始也。"说实与《史记》同。《雅》、《颂》安得独异。然则是谓四始之上，明有夺文；而郑即随其夺而曲说之也。《史记》之说，盖出《鲁诗》。《汉书·匡衡传》，衡上疏曰："孔子论《诗》，以《关雎》为始。"则《齐诗》说亦不异。《诗疏》引《氾历枢》曰："《大明》在亥，水始也；《四牡》在寅，木始也；《嘉鱼》在巳，火始也；《鸿雁》在申，金始也。"此别一说，谶纬之文，不尽可信，然亦不以《风》、《大小雅》、《颂》为四始也。《曲礼》之"若夫坐如尸，立如齐"，据《大戴记·曾子事父母》，明有夺文。而郑引《左氏》是谓我非夫，读夫为如字。亦其随文曲释之一证。自敬仲至康成，中间未更丧乱，《诗序》不应更有夺佚，故知《诗序》之作，确在敬仲以前，特与毛义亦不尽合，如《静女》。可决其与《毛传》非一家言耳。

《汉志》云："鲁申公为《诗》训诂，齐辕固生、燕韩生皆为之传。或取《春秋》，采杂说，咸非其本义；与不得已，《鲁》最为近之。"此古学家之诬辞，以此攻击三家，殊不足信；三家遗说，陈氏父子所辑，大抵相同。其原同，其流自不得异也。《史记·儒林传》曰："韩生推诗之意而为《内外传》数万言，其语颇与齐、鲁间殊，其归一也。"燕与齐、鲁如此，齐鲁之间更不待论矣。然夫子自道则真矣。今所传《诗序》，《鸱鸮》出《金縢》，《北山》同《孟子》，《都人士》同《礼记·缁衣》，《那》同《国语·鲁语》，此外同

《荀子》者尤多；其无书可见者，则有《高子》，《丝衣序》引之；皆所谓取《春秋》采杂说者也。《诗》三百五篇，从无异说，《诗序》忽多出《南陔》、《白华》、《华黍》、《由庚》、《崇丘》、《由仪》六篇，盖即采自《乡饮酒礼》及《燕礼》，三家无《都人士》首章，而毛有之，盖即据《缁衣》以补之也。郑渔仲曰："毛公时，《左传》、《孟子》、《国语》、《仪礼》未盛，而先与之合。世人未知《毛传》之密，故俱从三家。及诸书出而证之，诸儒得以考其异同得失。长者出而短者自废，故皆舍三家而宗毛。"恶知夫毛之与诸书合，正以其出较晚，故所采皆汉时见存之书；三家口说流传，未著竹帛，故其渊源虽旧，转若无征不信邪？朱熹曰："其初有齐鲁韩氏之说，并传于世，读者知其出于后人之手，不尽信也。其后三家之传又绝，而毛说孤行，则其抵牾之迹，无复可见。此序遂若诗人先所命题，诗反因序而作，于是读者转相尊信，无敢拟议；至于有所不通，则必委曲迁就，穿凿而附合之。宁使经之本文，缭戾破碎，不成文理，而终不忍明以《小序》为出于汉儒也。"其说较渔仲为允矣。

世同则俗同，俗同则人之心思相类，故彼此之意，易于推测而知，虽复托诸比兴，不翅矢口而陈，此陈诗之所以可观民风也。何休《公羊解诂》曰："男女有所怨恨，相从而歌，饥者歌其食，劳者歌其事，男年六十、女年五十无子者，官衣食之，使之民间求诗，乡移于邑，邑移于国，国以闻于天子。故王者不出牖户，尽知天下所苦，不下堂而知四方。"宣公十五年。《汉书·食货志》略同，盖出《齐诗》。《诗序》曰："国史明乎得失之迹，伤人伦之废，哀刑政之苛，吟咏情性，以风其上，达于事变，而怀其旧俗者也。故变风，发乎情，止乎礼义。发乎情，民之性也；止乎礼义，先王之泽也。"亦以风诗为出自民间，故知《诗序》之说，多采自三家也。此诗之六义也。三家于诗，有如《芣苢》、《柏舟》等篇，能得其本事者，必非乡壁虚造，必也有所受之。自古学家为之，而劳人思妇之辞，皆变为士夫之作；歌其食歌其事者，皆变为刺讥朝政矣。如此，则《风》、《雅》何别乎？善乎朱熹之言之也，曰："诗之文意事类，可以思而得；其时世名氏，不可以强而推。今乃不然，不知其时者，必强以为某王某公；不知其人者，必强以为某甲某乙；于是傅会书史，依托名谥，凿空妄语，以诳后人。且如《柏舟》，不知其不得于夫，而以为不遇于君，此则失矣。然有所不及而不自欺，则亦未至于大害理也。今乃断然以为卫顷公之时，则其欺罔之罪，不可掩矣。盖其偶见此诗，冠于三卫变风之首，是以求之春秋之前。而《史记》所书，庄、桓以上，卫之诸君，事皆无可考者，谥亦无甚恶者，独顷公有赂王请命之事，其谥又为甄心动惧之名，如汉诸王，必其尝以罪谪，然后加以此谥，以是意其必有弃贤用佞之失，而遂以此诗予之也。"其于作序者采摭古书穿凿傅会之情，可谓洞烛无遗矣。茉苢，马舄；马舄，车前，《尔雅》亦无异说。而王肃引《周书·王会》云："茉苢如李，出于西戎。"王基驳云："《王会》所记杂物奇兽，皆四夷远国，各赍土地异物，以为贡赞，非周南妇人所得采。"见《疏》。其说允矣。要而言之，见古书即采摭之，而不顾其合于理不合于理，合于事不合于事而已。凡古学家之说，大抵如此逐渐造成者也。

原刊《光华大学半月刊》第二卷第十期，

一九三四年六月十八日出版

〔一三一〕诗序下

儒生或不免锢蔽,而非儒生又不可以言经。何者?各种学问,皆自有其条例,非治之者不能知;不治其学,而闻其言,愿者河汉之,轻者非笑之矣。王仲任以能说一经者为儒生,博览古今者为通人,谓儒生不如通人,《论衡·超奇》。固也。如仲任者,可以谓之通人矣乎!读《论衡》者盖无异辞,即吾亦无异辞也。然其论经学则多缪,由经学自有条例,仲任不能知也。今日博闻之士,其达识固多逾于专门科学之家,然不可以言科学也,视此。

《论衡·谢短》:"问《诗》家曰:诗作何帝王时也?彼将曰:周衰而诗作,盖康王时也。康王德缺于房,大臣刺晏,故诗作。夫文、武之隆,贵在成、康,康王未衰,诗安得作?周非一王,何知其康王也?二王之末皆衰,夏、殷衰时,诗何不作?《尚书》曰诗言志,歌永言,此时已有诗也,断取周以来而谓兴于周。古者采诗,诗有文也,今诗无书,何知非秦燔五经,诗独无余札也?"此处当有讹误,其大意则可知。盖谓古已有诗,安知非为秦所燔?今乃仅余周诗,安得据见存之诗,而谓诗作于康王时也?案此乃不解儒生之言而误驳。《诗》家言诗作康王,元据孔门所传三百五篇言之,犹《春秋》家所谓托始,本不谓人之能作诗,始于康王时也。不然,《诗》家皆不知《尧典》邪?案采缀古书,曲加傅会,而曰某诗在某王某公时,则不可信。至于口说流传,则其初必有依据,若必以"周非一王，何知其康王"诘之，则竹帛亦人所著，所著亦本见闻，亦将一一诘之曰"何以知其然"乎？《列女传》曰："自古圣王，必有妃匹。妃匹正则兴，不正则乱。夏之兴也以涂山，亡也以妹喜；殷之兴也以有娀，亡也以妲己；周之兴也以太姒，亡也以褒姒。周之康王，夫人晏出朝，《关雎》豫见，思得淑女以妃君子。夫雎鸠之鸟，犹未尝见乘居而匹处也。"说与匡衡正匹妃之《疏》同。曰"豫见"，则防其渐耳；元不谓当康王之身而大衰也。陈古刺今，所刺者今之衰，所陈者无妨其为古之美。《诗序》改"思得淑女"之"思"为"乐"，可与改"金根"为"金银"者媲美矣。

《毛传》云："雎鸠，王雎也，鸟挚而有别。后妃说乐君子之德，无不和谐，又不淫其色，慎固幽深，若雎鸠之有别焉；然后可以风化天下。"义亦与三家同。而不淫其色之语，又为《序》之所采，知《序》固杂采群书为之也。然失其意者多矣。

"哀窈窕"之"哀"字，乃爱怜之义。魏、晋间人，多如此用；汉人用者尚少，先秦更无论矣。惟《墨子·备梯》，子墨子甚哀之，系如此用。然汉人写定古书，于字句之出入，不甚计较，此等处，难保非写者所定也。知《序》之著于竹帛，必在东汉时也。然郑读为衷，则非。《诗序》笔法，有极平近者，如"然则《关雎》麟趾之化，王者之风"，此等承接之法，便非西汉人所有。试与《史记·封禅书》"然则怪迂阿谀苟合之士兴"相较，便见其用字同而文气不同。又如"华落"、"色衰"等，亦非西汉人语，著之竹帛者系卫宏，殆无可疑也。

如《论衡·谢短》之说，则今学家谓三百五篇皆周诗。案辩《商颂》非商诗者，如《诗古微·商颂鲁韩发微》为最精。予旧撰《鬼方考》，可相参证。《汉书·艺文志》："孔子纯取周诗，上采殷，下取鲁，凡三百五篇。"数语之间，自相矛盾。"上采殷下取鲁"六字，盖后人记识之语，阑入本文者也。魏氏曰："《左氏》季札观周乐，为之歌

《颂》,曰：美哉,盛德之所同也！杜《注》：《颂》有殷、鲁,故曰盛德之
所同。若非皆周世所作,何以季札观乐,统之《周颂》中乎?"案古人
记事,不甚精密,季札观乐,立夫子正乐之前,而十五《国风》及《雅》
《颂》,均与今诗同者,《春官·大师疏》引郑众《左氏注》,谓传家据已
定录之,是也。《诗谱序疏》引服虔说同。此亦孔子纯取周诗之一证。

　　商与宋双声,魏氏所列证据备矣。尚漏《左》僖二十二年天之弃
商久矣一条。双声字本可通用,魏氏谓鲁定公讳宋,孔子改宋为商
则非。古讳之之字,取同义而异声,不取同声而异形也。《宋世家》
以《商颂》为正考父美襄公之作,《孔子世家》孟僖子言正考父佐戴、
武、宣,戴、襄相距百十六年,宣、襄相距亦七十九年,且正考父生孔
父嘉,殇公时死华督之难,与襄公必不相及。魏氏释难,殊近强辞。
年代人地名之舛讹,乃古书所恒有,不必曲为之说,亦不得以此而疑
三家之说也。

原刊《光华大学半月刊》第二卷第十期,

一九三四年六月十八日出版

〔一三二〕 左氏自相抵牾，诗序袭之

古学家之说，大抵采缀古书而成，然初不甚密，以古书本多抵牾处也。浅者不加详考，以为信而有征，误矣。《诗序》曰："有女同车，刺忽也；郑人刺忽之不昏于齐。太子忽尝有功于齐，齐侯请妻之，齐女贤而不取，卒以无大国之助，至于见逐，故国人刺之。"齐人请妻郑忽，而忽不欲，见《左氏》桓公六年及十一年，此《序》之所本也。然其后诱执祭仲，要以立突者，宋也。桓公十一年。立突而责赂，鲁人平之，不可，于是助突伐宋。十二年。而郑以纪、鲁及齐与宋、卫、燕战。十三年。又会鲁于曹，使弟语来修曹之会；而齐与宋、蔡、卫、陈伐郑，十四年。突出忽入；鲁会宋、卫、陈纳突，不克，十五年。又会宋、蔡、卫于曹而伐之；十六年。昭公见弑，十七年。齐杀高渠弥。十八年。是始终党突者鲁，立以求赂者宋，附和之者曹、卫、蔡、燕；齐则始终助忽也，安在其无大国之助乎？ 盖《左氏》自相抵牾，作《诗序》者，亦不暇详察而采之也。桓六年，以齐侯欲妻忽者即文姜，尤误。郑亦沿之，已见《疏》驳。

原刊《光华大学半月刊》第三卷第一期，

一九三四年十月十日出版

〔一三三〕毛诗训诂之误

　　《毛诗》称《训诂传》，不徒其传不足信也，即训诂亦有误者。皮鹿门《诗经通论》曰："或谓大毛公六国时人，安见不比三家更古。曰：毛公六国时人，并无明文可征；且《毛传》实有不可信者。丕显二字，屡见《诗》、《书》，《毛传》于《文王》有周不显曰：不显，显也。又于不显亦世曰：不世显德乎。是其意以不字为语词，为反言；不知不显即丕显也。不显亦世，即丕显弈世也；不显不时，即丕显丕承，《清庙》之不显不承，正丕显丕承之证也。《卷阿》伴奂尔游矣，伴奂叠韵，连文为义，与下优游一例，即《皇矣》之畔援，颜注《汉书》引《诗》，正作畔换，亦即《闵予小子》之判换，所谓美恶不嫌同辞也。《毛传》乃云广大有文章貌，是其意分伴奂为两义，伴训广大，奂训有文章，不知下句优游，何以解之。毛何不分优游为两义乎？《正义》据孔晁引孔子曰：奂乎其无文章，伴乎其无涯际。孔晁，王肃之徒。其所引即《孔丛》、《家语》之类，王肃伪作，必非圣言。《荡》曾是强御，强御亦二字连文为义，《左氏》昭元年《传》曰强御已甚，十二年《传》曰吾军帅强御，皆二字连文。《繁露·必仁且智》篇曰：其强足以覆过，其御足以犯难。《史记集解》引《牧誓》郑《注》曰：强御，犹强暴也。强御，即《尔雅·释天》之强圉。汉《石门颂》倒其文曰绥亿衙强，惟其义同，故可倒用。《毛传》乃曰：强，梁；御，善也。不知二字连文，而望文生义，岂六国时人之书乎?"案双声即重言而异其韵者，其字虽变，其意则一，故可合用，亦可分用，如《老子》之忽兮恍兮是也。孔晁所引，伴奂分言，正见其与优游一例。皮氏斥为王肃伪作，似非；然《毛传》训诂之误，则百口无以自解矣。又案《庄子·秋水》：何贵何贱，是谓反衍。《释文》云：本亦作畔衍；《文选·蜀都赋注》引司马作叛衍，云：叛衍，犹漫衍也，此亦即伴奂异字。

原刊《光华大学半月刊》第二卷第六期，
一九三四年三月十五日出版

〔一三四〕太誓后得

　　今之《尚书》，为伏生所有者，凡二十八篇。《汉书·楚元王传注》引臣瓒曰："当时学者，谓《尚书》惟有二十八篇，不知本存百篇也。"与今所传之数合。然《史记·儒林传》，谓伏生得二十九篇，以教于齐、鲁之间。《论衡·正说》曰："说《尚书》者，或以为本百两篇，后遭秦燔《诗》、《书》，遗在者二十九篇。"又曰："或说《尚书》二十九篇者，法北斗七宿也。四七二十八篇，其一曰斗矣。"又曰："或说曰：孔子更选二十九篇，二十九篇独有法也。"《论衡》所谓儒生，皆指博士之徒，此篇所正之说，即为博士学者之说，皆今学家言也，而其数皆二十九；《汉书·艺文志》：《尚书经》二十九卷，大小夏侯二家。欧阳《经》三十二卷；其《章句》，则欧阳三十一卷，大小夏侯各二十九卷；《解诂》，大小夏侯二十九篇；弥复睽异，何也？曰：《史记·儒林传》之文，盖后人所窜。《欧阳经》三十二卷，汲古阁本作二十二，字皆有讹，《左海经辨》曰："阎若璩《古文尚书疏证》、惠栋《古文尚书考》、王鸣盛《尚书后案》并引《汉志》作《欧阳经》三十一卷。予遍检武英殿本、明南北监本、汪文盛本，皆作三十二卷，惟汲古阁本作二十二卷，上'二'字误脱一笔。《玉海》卷三十七引《汉志》，正作《欧阳经》三十二卷。"当作三十一，与其章句同。伏生经二十八，而大小夏侯二十九，欧阳三十一者，益后得《太誓》，欧阳析为三，而大小夏侯合为一，讹窜之《儒林传》及《论衡》，皆据后来之卷数言之，故与伏生所传之数不合也。此增出之一篇，陈恭甫欲以《书序》当之，自非，王伯申辩之甚悉；然以《太誓》为伏生所固有，则非也。请得而辨正之。

王氏之说，不外二端：曰《史记》、《汉书》皆未及《太誓》后得事；曰诸家征引在向、歆所谓后得之前者甚多而已。案古人著书，体例粗略，往往偏据一端，不复更加考核。班氏《艺文志》，大抵根据《七略》；其《儒林传》，则根据《史公书》，而益以后来之事，其所据者，适皆未及《太誓》后得事，班氏亦遂仍之，而未更加搜补，此等盖古人所时有矣。至《史记》述伏生事，则全系古学既兴后之甕言，其为后人窜入，更无疑义。断不能据之，以为伏生之《书》本有二十九篇之证也。

古人粗略，大抵于年月日人地名等为最甚。诸家说《太誓》后得，年代不同，即其一证。《别录》言武帝末，见下。马融惟言后得，不知何时得之，见《泰誓疏》。献帝建安十四年，黄门侍郎房宏等说云："宣帝本始元年，河内女子有坏老子屋，得古文《泰誓》三篇"，与《论衡》之说略同，见《书序疏》。《书序疏》曰："《汉书》娄敬说高祖云：武王伐纣，不期而会孟津之上者八百诸侯，伪《泰誓》有此文，不知其本出何书也？武帝时，董仲舒对策云：《书》曰：白鱼入于王舟，有火入于王屋，流为乌。周公曰：复哉复哉！今引其文，是武帝之时，已得之矣。"其见解实即王氏所本。然如《尚书》篇卷总数，及其中有一篇为后得等，则荦荦大端，不容有误；即欲作伪欺人者，于此等处，亦必不容妄造。故知古书不容轻信，又不容过疑；要在分别观之，逐一加以审核也。《正说》又曰："孝宣皇帝之时，河内女子发老屋，得逸《易》、《礼》、《尚书》各一篇，奏之。宣帝下示博士。然后《易》、《礼》、《尚书》，各益一篇，而《尚书》二十九篇始定矣。"云《易》、《礼》各益一篇，诬；河内女子得书，事非诬罔，以后得《太誓》确有其物也。《易》、《礼》，盖如窦公献书，与当时已有者复。云《尚书》益一篇，则不误也。《书序疏》云："《史记》及《儒林传》皆云：伏生独得二十九篇，以教齐、鲁。案马融云：《泰誓》后得。郑玄《书论》亦云民间得《泰誓》。《别录》曰：武帝末，民有得《泰誓》书于壁内者，献之。与博士，使读说之。数月，皆起，传以教人。则《泰誓》非伏生所传，而言二十九篇者，以司马迁在武帝之世，见《泰誓》出而得行，入于伏生所传内，故为史总之，并云伏生所出，不复曲别分析云民间所得。其实得时，不与伏生所传同也。"《左氏疏》云："自秦焚《诗》、《书》，汉初求之，《尚书》惟得二十八篇。故太常孔臧与孔安国书云：《尚书》二十八篇，前世以为放二十八宿，都不知《尚书》有百篇也。在后又得伪《太誓》一篇，通为二十九篇。汉、魏以来，未立于学官。"襄公三十一年。疏家不知《史记》之文为后人所窜，当时无考证之学，其无足怪。然所引马融、郑玄皆汉人；《别录》不尽信，亦不尽诬；孔臧与安国书，自系伪物。《史记·儒林传索隐》载其辞曰："旧《书》潜于壁室，欻尔复出，古训复申。臧闻《尚书》二十八篇，取象二十八宿，何图乃有百篇邪？知以今文雠古隶篆，推科斗，以定五十余篇，并为之传也。"与《伪孔传序》系出一手，显然可见。然亦可证臧时《书》止二十八篇，故伪造臧书者，不云二十九也。疏家之说，亦有传授，小节时有讹误，大端不容虚诬，正与传注家言同。固不容以后人之亿见，疑自古相传之事实也。

然则何解于汉人征引《太誓》者，多在后得之前乎？曰：此由古人经传不别，后得以前，《太誓》固不存于经，然未尝不见于传也。请更进申其说。

《书序疏》曰："郑作《书论》，依《尚书纬》云：孔子求书，得黄帝玄孙帝魁之书，迄于秦穆公，凡三千二百四十篇。断远取近，定可为世法者百二十篇。以百二篇为《尚书》，十八篇为《中候》。"百二篇之说，盖因张霸伪书，流传民间而起；《论衡·正说》："孝成皇帝时，征为古文《尚书》学。东海张霸案百篇之序，空造百两之篇，献之成帝。帝出秘百篇以校之，皆不相应，于是下霸于吏。吏白霸罪当至死。成帝高其才而不诛，亦惜其文而不灭，故百两之篇，传在世间者，传见之人则谓《尚书》本有百两篇矣。"《佚文》亦云："成帝奇霸之才，赦其辜，亦不灭其经，故《百二篇尚书》传在民间。"三千二百四十篇，则因《诗》三千余篇之说而附会；见《史记·孔子世家》，后人多疑之。然《正说》亦云："《诗经》旧时亦数千篇，孔子删去复重，正而存三百篇。"《史记》亦云："去其重，取可施于礼义。"苟从"去其重""删去复重"两语着想，即可知其言之不诬。历代郊庙歌辞，固多相沿不改者。郊庙且然，况于余事？后世且然，况于古代？此其全首相复者也。又不论歌谣，辞句往往彼此相袭，虽全篇不同，而一章或数句则无异，古乐府及今日流传人口者皆然。论者多以佚《诗》散见古书者不多，而疑三千余篇之说不可信；知此，则知古诗一篇，可化为数十百篇，以盈三千之数不难矣。○《书》者，古记言之史，稍文明之国皆有之，如《大学》引《楚书》，《左氏》昭公二十八年司马叔游引《郑书》是也。孔子周流列国，所见庸或甚多，然谓数至三千，于理终难尽信；况云求而得之，益可决为虚说矣。皆不足信。然使古之所谓《书》者，二十八篇之外，别无形迹，则此等说亦必无自而生。今佚《书》之散见古书者固多，即见于伏生《书传》者，亦自不乏，此则百二篇及三千二百四十篇等说所由来也。

　　古人立言，大抵不甚精审，而又好为附会，故其说愈晚出者，则其失真愈甚。史公著书，迄于麟止，当经学初兴之日，今文家之曲说未兴，况于古学家之淫辞乎？故其言多可信据。《孔子世家》曰："追迹三代之礼，序《书传》，上纪唐、虞之际，下至秦缪，编次其事。曰：夏礼，吾能言之，杞不足征也；殷礼，吾能言之，宋不足征也；足，则吾能征之矣。观夏、殷所损益，曰：后虽百世可知也，以一文一质。周监二代，郁郁乎文哉！吾从周。故《书传》、《礼记》自孔氏。"据此，知《书传》、《礼记》为同物。《礼记》备载三代之礼，不止于取以为教之十七篇，则《书传》亦多存古事，不限于取以为教之二十八篇可知矣。此佚《书》之名，所以多见于《书传》中也。

传之体，自古有之，别见《传说记》条。《孔子世家》所谓"序《书传》"者，盖与后来之《书传》非同物。序《书传》之《书》，谓自古所传记言之史；其传，则自古相传，与此书并行之物。此皆在孔子之前，而孔子序之；自孔子序之之后，则儒家所谓《书》者，乃孔子取以为教之二十八篇；所谓传者，则弟子传此二十八篇者之辞也。古经传不甚立别。今二十八篇，文义有极简质，类古史官所记者；亦有极平易，类东周后人所为者。盖孔子之于二十八篇，不徒取其经，而兼取其传。所取以为教者，虽止于二十八篇，而诵说所及，未尝以二十八篇为限。其经传兼采，亦如其所序之二十八篇也。此则佚《书》之所以多见于《书传》中也。知此，则无疑于汉人征引《太誓》，多在后得之先矣。

汉人最重师法；师所不传，弟子必不敢妄益；而欧阳、夏侯皆以后得之书，附于本经之内，何也？曰：此由其与传相出入也。诸家所引《太誓》，多在后得之前，而其文亦见伏生《书传》，王氏《述闻》已备征之。如予说，《太誓》必非伏生所有，则诸家所引，谓其非本《书传》，不可得矣。逸十六篇，绝无师说，马、郑即不为作注，况欧阳、夏侯乎？其能传以教人，正以其与传相出入故也。《左》襄三十一年《疏》云："令《尚书·太誓》谓汉、魏诸儒马融、郑玄、王肃所注也。"马融固不信此《太誓》者，而亦为之作注，以其有师说故也。

《伪泰誓疏》引："马融《书序》曰：《泰誓》后得，案其文，似若浅露。又云：八百诸侯，不召自来，不期同时，不谋同辞，及火复于上至于王屋，流为雕，五至，以谷俱来。举火神怪，得无在子所不语中乎？又《春秋》引《泰誓》曰：民之所欲，天必从之。《国语》引《泰誓》曰：朕梦协朕卜，袭于休祥，戎商必克。《孟子》引《泰誓》曰：我武维扬，侵于之疆，取彼凶残，我伐用张，于汤有光。孙卿引《泰誓》曰：独夫受。《礼记》引《泰誓》曰：予克受，非予武，惟朕文考无罪。受克予，非朕文考有罪，惟予小子无良。今文《泰誓》，皆无此语，吾见《书传》多矣，所引《泰誓》而不在《泰誓》者甚多，弗复悉记，略举五事以明之，亦可知矣。"此难甚强，而王氏于此，一语不及，然则伏生造伪书以欺人邪？抑为伪书所欺也？必知孔子序《书》，杂取经传，孔门所谓传者亦然；孔门所传之经，既为孔子所序，篇帙或较完具；传则随意征引，首尾大抵不完；然后知古书所引《太誓》，多不在后得《太誓》中之由也。造伪书者，必求诸所征引俱在，以为其书非伪之征，东晋晚出古文正然，汉时后得《太誓》则否，正可以此决其非伪矣。

传既兼存古书，则后得《泰誓》，似宜附之于传，不宜以之益经，而三家皆入之本经之内，《孟子·滕文公》赵《注》："今之《尚书·泰誓》，后得以充学。"案《汉志》不别著录，即其附入本经之一证。岂以其为宣帝诏下故乎？果然，亦难免曲学阿世之讥矣。古学家《书》有百篇之说，固今学家有以启之也。然《左疏》谓后得《太誓》，未立学官，则虽传以教人，视之究与本经有别，终见今文师之矜慎矣。

马融讥后得《太誓》在子所不语中，颇可见孔子序《书》去取之由。孟子曰："吾于《武成》，取二三策而已矣。"《武成》固亦不在二十八篇内也。

《宋书礼志》载魏高堂隆改朔议，引《书》"若稽古帝舜曰重华，建皇授政改朔"，《御览·皇王部》引《尚书中候考河命》略同。《新学伪经考》谓此为刘歆伪造之《舜典》。予谓纬书多用今文，此文盖亦出《书传》也。

〔一三五〕汉人说尚书传授之诬

汉人于史事,尚未知核实,故所述群经授受源流,多不可信;而于《尚书》,野言尤多。《史记·儒林传》云:"秦时焚书,伏生壁藏之。其后兵大起,流亡。汉定,伏生求其书,亡数十篇,独得二十九篇,即以教于齐、鲁之间。学者由是颇能言《尚书》。诸山东大师,无不涉《尚书》以教矣。"又曰:"孔氏有古文《尚书》,而安国以今文读之,因以起其家。逸《书》得十余篇。盖《尚书》滋多于是矣。"壁藏之信否,及安国有无《古文尚书》,别见《孔壁得书》条。古人学问,率由口耳相传,罕著竹帛,伏生何至专恃本经,亡其书即无以为教?独得二十九篇,即只能以二十九篇教邪?古人传经,最重师说,经传皆散无友纪,师说则自有条理,非可袭取其偏端也。颇能言即涉以教,此乃后世饾饤之学,剽窃之为,古人岂其若是?《史记》此文,其为妄人所窜无疑矣。

汉初传经,皆重义理;至古学兴,乃一变而重文字;于是野言又因之而兴。卫宏《诏定古文尚书序》云:"伏生老,不能正言;言不可晓也。使其女传言教错。齐人语多与颍川异,错所不知者,凡十二三,略以其意属读而已。"《汉书·儒林传注》引。《旧唐志》:《诏定古文官书》一卷,卫宏撰。《新唐志》又作《诏定古文字书》。古言知,犹今言识。云不知,是指文字言,意谓书本古文,因其不能正言,故错不能尽识也。

殊不知汉初文字,与先秦极为相近;详见予所撰《中国文字变迁考》。伏生藏书,晁错断无不识之理;即谓不识,而伏生以《尚书》教,已非一日,岂并别写一本而不能? 至晁错奉诏往受时,犹出壁藏之本以授之邪? 卫宏之言,适自暴其为以意附会而已。因古学家谓今文经字多讹,而伏生壁藏,必为先秦古文也,于是有失其本经,口以传授之说,《伪书》之《伪孔安国传序》是也,此说与伏生求得二十九篇之说,又不相容。疏家乃谓初实壁内得之,以教齐、鲁,传教既久,诵文则熟,至其末年,因其习诵,或亦目暗,至年九十,晁错往受之时,不执经而口授之,以资调停。辗转附会,委曲弥缝,合而观之,真可发一大噱。

晁错受书伏生,既见《史记》本传,又见《儒林传》,当非虚辞,然其措辞,皆不审谛。《儒林传》云:"孝文帝时,欲求能治《尚书》者,天下无有。乃闻伏生能治。"本传云:"孝文帝时,天下无治《尚书》者,独闻济南伏生故秦博士,治《尚书》,年九十余,老不可征,乃诏太常使人往受之。太常遣错受《尚书》伏生所。"此所云"天下无有","天下无治《尚书》者",乃谓汉朝求之他方,皆未得其人,而独闻济南有伏生也。天下岂真无儒? 汉朝自不闻耳。山东之儒,岂止伏生一人? 举尊宿,故言伏生耳。不云汉人不闻,而云天下无有;不云治《尚书》者伏生最为大师,而云独闻济南伏生。后人之误会,皆此等疏略之辞启之也。

晁错虽受《尚书》于伏生,不闻其更有所授。《史公》云"晁错明申商",《自序》。则错于《尚书》,时承命往受,错实非治《尚书》者也。而《论衡》云"晁错传于兒宽",《正说》。恐亦附会之辞。《后汉书·何敞传》:"祖比干,学《尚书》于晁错。"子孙述其父祖,亦多增饰之语,不必信也。如韦孟《讽谏诗》,实其子孙所托,即其一例。

〔一三六〕孔壁得书

　　孔壁得书一役,姑勿论其信否,而其辗转传述,互相乖异,已足见汉人附会之一端。案此事见于《汉书》者,为《艺文志》及《楚元王传》、《景十三王传》。《艺文志》所著录者:《尚书古文经》四十六卷,《礼古经》五十六卷,《春秋古经》十二篇,《论语》古二十一篇,《孝经古孔氏》一篇。《志》曰:"《古文尚书》者,出孔子壁中。武帝末,鲁共王坏孔子宅,欲以广其宫,而得《古文尚书》,及《礼》、《记》、《论语》、《孝经》凡数十篇,皆古字也。共王往入其宅,闻鼓琴瑟钟磬之音,于是惧,乃止不坏。孔安国者,孔子后也,悉得其书,以考二十九篇,得多十六篇。安国献之。遭巫蛊事,未列于学官。刘向以中古文校欧阳、大小夏侯三家经文,《酒诰》脱简一,《召诰》脱简二。率简二十五字者,脱亦二十五字;简二十二字者,脱亦二十二字。文字异者七百有余。脱字数十。"又云:"《礼古经》者,出于鲁淹中,及孔氏,学七十_{当作十七。}篇文相似,多三十九篇。及《明堂阴阳》,《王史氏记》。"于《论语》云:"出孔子壁中。两《子张》。"于《孝经》云:"汉兴,长孙氏、博士江翁、少府后苍、谏大夫翼奉、安昌侯张禹传之,各自名家。经文皆同。惟孔氏壁中古文为异。"《志》又云:"'父母生之,续莫大焉'、'故亲生之膝下',诸家说不安处,古文字读皆异。"此可见造古文者,以诸家说为不安而改之,亦古文经不足信之一证也。《楚元王传》刘歆《移太常博士》

曰:"及鲁共王坏孔子宅,欲以为宫,而得古文于坏壁之中。《逸礼》有三十九,疑当作三十有九。《书》十六篇。天汉之后,孔安国献之,遭巫蛊仓卒之难,未及施行。及《春秋左氏》,丘明所修,皆古文旧书,多者二十余通,臧于秘府,伏而未发。孝成皇帝闵学残文缺,稍离其真,乃陈发秘臧,校理旧文;得此三事,以考学官所传,经或脱简,传或间编。"歆所言《逸礼》及《书》,篇数与《志》合。所异者,无《明堂阴阳》、《王史氏记》;歆但言"经或脱简,传或间编",而《志》明言所脱简数字数而已。《汉志》云《书》"凡百篇",又云"孔安国悉得其书,以考二十九篇,得多十六篇";则孔壁之《书》,百篇完具。《礼古经》及《明堂阴阳》、《王史氏记》,《汉志》之意,谓出孔壁者几何未能定,见下。今姑不列;而《书》百篇,加《论语》、《孝经》,已百二十二篇矣。简策繁重,孔壁安能容之? 见下。窃疑《书》有百篇之说,刘歆时尚未有;而《班志》又据后人之说,以改《七略》元文也。脱简、间编,理所可有,然谓简二十五字者,脱亦二十五字,简二十二字者,脱亦二十二字,则为理所必无。果如此,文义岂复可解? 此全系古学既兴后,辗转增饰,不顾事理之辞,向、歆皆通人,必不作此不通之论也。知此必非《七略》元文,或并非《班志》元文矣。不知经有夺文,而即随文为说,汉人亦有之。如《诗序》以《关雎》为《风》始,义实同于三家,下文"是谓四始"之上有夺文。郑答张逸遂以《风》、《小雅》、《大雅》、《颂》为四始,即其一事。然此惟专据书本,而又博而不精者,乃有是弊。今文师学有渊源,必无是也。○《史记·儒林传》:兒宽之学出于欧阳生。《汉书》则兼出孔安国。欧阳生子又受业于宽。宽弟子简卿,则夏侯胜之师也。然则安国之《书》,欧阳、夏侯亦当闻之。即谓逸十六篇,以无师说不传,岂并脱简脱字,亦不为补足邪? 抑安国祇考逸《书》,而于不逸者,讫未校雠,直待至刘向邪?《史记·五宗世家》:共王以孝景前三年徙为鲁王,二十六年卒。其卒,当在武帝元光五年,前于麟止者八年。《世家》言王好治宫室苑囿狗马,接徙为鲁王言之;下又云季年好音,则共王好治宫室,尚非季年事,坏壁得书,当在景帝之世矣。而《史记》于此,一语不及,殊可疑也。《汉书·景十三王传》,叙共王事,略同《史记》。下又历叙其后嗣。既讫,乃曰:"恭王初好治宫室,坏孔子旧宅,以广其宫,闻钟磬琴瑟之声,遂不敢复坏,于其壁中得古文经传。"沾缀之迹既显,而又语焉不详;而其辞又与《艺文志》如出一口,恐系后人据《艺文志》作此约略之辞,缀于传末,亦非班氏元文也。何者?使此文为班氏所著,则当云事见《艺文志》,以便读者互考;若非班氏所著,则作此传者,与作《艺文志》者,两不相谋,当纪其详,不容作此约略之辞矣。若谓《传》本详载,班氏以其与《艺文志》复而删之,则并此约略之辞,亦可不著也。故知此非班氏元文也。后人此等记识之语,溷入古书中者甚多,详见拙撰《章句论》。

　　《汉书》而外,载得古经事者,又有《说文解字序》及《论衡》。《序》曰:"壁中书者,鲁恭王坏孔子宅,而得《礼》、《记》、《尚书》、《春秋》、《论语》、《孝经》,又北平侯张苍献《春秋左氏传》。"此《礼》、《记》及《艺文志》之《礼》、《记》二字,皆当分读,《礼》指《礼古经》,《记》指《明堂阴阳》及《王史氏记》也。或本作礼,礼记,而夺一礼字。然则许说与《艺文志》合。惟《左氏》,刘歆及《艺文志》皆不言所自来,而许谓献自张苍,未知所据耳。《论衡·佚文》曰:"孝武皇帝封弟为鲁恭王。恭王坏孔子宅以为宫,得佚《尚书》百篇,《礼》三百,《春秋》三十篇,《论语》二十一篇。闿疑当作闻。弦歌之声,惧,复封涂。上言武帝。武帝遣吏发取。古经《论语》,此时皆出。经传也,而有闿疑亦当作闻。弦歌之声,文当兴于汉,喜乐得闿之祥也。当传于汉,寝藏墙壁之中。恭王闿之,圣王感动,弦歌之象。此则古文不当掩,汉俟以为符也。孝成皇帝读《百篇尚书》,博士郎吏莫能晓知。征天下能为《尚书》者,东海张霸通《左氏春秋》,案《百篇序》,以《左氏》训诂造作

《百二篇》。具成奏上。成帝出秘《尚书》以考校之，无一字相应者。成帝下霸于吏。吏当器辜大不谨敬。成帝奇霸之才，赦其辜，亦不灭其经，故《百二尚书》传在民间。”《正说》曰：“盖《尚书》本百篇，孔子以授也。遭秦用李斯之议，燔烧五经。济南伏生抱百篇藏于山中。孝景皇帝时，始存《尚书》。伏生已出山中。景帝遣晁错往，从受《尚书》二十余篇。伏生老死，《书》残不竟。晁错传于兒宽。至孝宣皇帝之时，河内女子发老屋，得逸《易》、《礼》、《尚书》各一篇，奏之。宣帝下示博士。然后《易》、《礼》、《尚书》各益一篇，而《尚书》二十九篇始定矣。至孝景帝时。鲁恭王坏孔子教授堂以为殿。得《百篇尚书》于墙壁中。武帝使使者取视，莫能读者，遂秘于中，外不得见。至孝成皇帝时，征为古文《尚书》学。东海张霸案百篇之序，空造百两之篇。献之成帝。帝出秘百篇以校之，皆不相应。于是下霸于吏，吏白霸罪当至死。成帝高其才而不诛，亦惜其文而不灭，故百两之篇，传在世间者。传见之人，则谓《尚书》本有百两篇矣。”此可见《书》有百篇之说所自来。又曰：“说《论》疑夺语字。者皆知说文解语而已，不知《论语》本几何篇。……至武帝发取孔子壁中古文，得二十一篇，《齐》、《鲁》二，《河间》九篇。三十篇。此文疑有夺误。《汉志》：“《论语》古二十一篇。出孔子壁中。两《子张》。”如淳曰：“分《尧曰》篇后子张问何如可以从政以下为篇，名曰《从政》。”《齐》二十二篇。多《问王》、《知道》。如淳曰：“《问王》、《知道》皆篇名也。”《鲁》二十篇。如《志》及如淳说，则《古论》篇数多于《鲁论》，而实未尝异；《齐论》则多二篇。则此文“齐鲁二”之“鲁”字当衍，三十篇当作三十二篇。否则《河间》九篇当作《河间》七篇。或《齐》《鲁》二”之“二”字衍，亦如下文作《齐》《鲁》《河间》九篇。至昭帝女此字疑误。读二十一篇。宣帝下太常博士，时尚称书难晓，名之曰传，后更隶写以传诵。初，孔子孙孔安国以教鲁人扶卿，官至荆州刺史，始曰《论语》。今时称《论语》二十篇，又失《齐》、《鲁》、《河间》九篇。本三十篇，分布亡失，或二十一篇。目或多或少，文赞或是或误。"《案书》曰："《春秋左氏传》者，盖出孔子壁中。孝武皇帝时，鲁共王坏孔子教授堂以为宫，得佚《春秋》三十篇，《左氏传》也。"仲任言《礼》，篇目又增于旧。《书》有百篇，《汉志》未云皆出孔壁，此始凿言之；并言伏生抱百篇藏于山中。刘歆及《汉志》皆云孔安国得书，此云武帝使使取视，遂秘于中，外不得见。《左氏春秋》，刘歆、《汉志》皆不言所自来，《许序》言献自张苍，此并云得自孔壁。荦荦大端，互相违异如此。

孔壁得书，事有极可疑者。《史记·孔子世家》云："孔子葬鲁城北泗上。弟子及鲁人，往从冢而家者，百有余室，因命曰孔里。鲁世世相传，以岁时奉祠孔子冢。而诸儒亦讲礼乡饮大射于孔子冢。孔子冢大一顷，故所居堂，弟子内，后世因庙，藏孔子衣冠琴车书。至于汉，二百余年不绝。高皇帝过鲁，以太牢祠焉。诸侯卿相至，常先谒，然后从政。"史公自言："适鲁，观仲尼庙堂车服礼器，诸生以时习礼其家，余祇回留之，不能去云。"《自序》亦云："观孔子之遗风，乡射邹、峄。"《后汉书·鲍永传》：拜鲁郡太守。"孔子阙里无故荆棘自除，从讲堂至于里门。乃会人众，修乡射之礼，请（董宪别帅彭）丰等共会观视，手格杀丰等。"《东平宪王传》："分阴太后器服，特赐苍及琅邪王京书曰：今鲁国孔氏尚有仲尼车舆冠履，明德盛者，光灵远也。"盖圣人之居，声灵赫濯如此。共王即荒淫，安敢遽坏其室？且齐、鲁者，汉时文学之都会也，言文学者必称焉；学问之士，尤多出焉。孔子宅果见坏，必多有及其事者，其文当散见诸处；不当先汉之世，刘歆而外，更无一人齿及也。《景十三王传》不足信，已见前。《艺文志》本《七略》，《七略》出于歆《移太常博士》，更明系歆语矣。夫孔子冢大一顷，非宅大一顷也。一顷之地，盖百有余室皆在焉。古之授宅者，二亩半在田，二亩半在邑；在田曰庐，在邑曰里。弟子及鲁人从冢而家者，以孔里为名，盖亦邑居之制。百有余室，仅大一顷，盖室不逮一亩矣。后世地狭人稠，固不得尽如古制也。然孔子故居，及诸儒讲礼乡饮大射之处，占地亦必不能甚广可知。古卿大夫之室，前为寝，后为房；民居则一堂二内。见晁错《论募民徙塞下书》。《史记》称孔子之居曰故所居堂，弟子内，盖谓孔氏子弟，非受业之弟子也。颇于民居相近，其占地不能甚广又可知。能藏书几何？《史记·儒林传》曰"高皇帝诛项籍，举兵围鲁，鲁中诸儒，尚讲诵，习礼乐，弦歌之音不绝"，则秦亡而儒业即复；《传》又云"汉兴，然后诸儒始得修其经艺，讲习大射乡饮之礼"，尚系辽缓言之。孔鲋为陈王涉博士，死于陈下，而鲋弟子襄，为孝惠皇帝博士。自陈涉之起，至孝惠之立，凡十有六年；至其崩，亦二十有二年耳；为博士官，年不能甚少，鲋之死，襄必已有知识矣，壁中之书，孔氏所藏与？襄等不应不知；非孔氏所藏与？以鲁儒业之盛，中绝之时之暂，与知其事之人，不应无一存者；安待共王发之哉？《史记》云"故所居堂"，而《论衡》言"孔子教授堂"，语亦不合。疑汉世鲁中诸儒，自有讲堂，即《后汉书·鲍永传》所言者，初未必孔子教授之所，而仲任又以意言之也。升堂闻丝竹之声，语已近怪，至谓古文不当掩，而汉侯以为符，则更媚世之谈矣。明孔壁得书之说，与谶纬荒怪之言同时并出也。

刘歆云："天汉之后，孔安国献之。"安国之年，实不能及天汉，前人已有论者。年月舛误，古人时有，原不能据此以定歆说之伪，然歆之无真知灼见，则于此可见矣。至《论衡》之言，则其年代事迹，舛误更甚，更不足据。近人或以充持论核实而信其说，然持论核实是一事，审于史实又是一事。充持论诚多核实，而说史实则多野言。使其生于今日，可以为哲学家，可以为科学家，不能为史学家也。

怪迂之谈，托之安国，并不自东晋始。郑玄《书赞》曰："我先师棘子下生安国，亦好此学。卫、贾、马二三君子之业，则雅才好博，既宣之矣。"《书尧典疏》引。此东汉之古学家，自托于安国也。亦并不自东汉始。《汉书》述《古文尚书》之学始于孔安国，传之都尉朝，以至庸生，《后汉书·儒林传》作庸谭。即刘歆《移太常博士》所谓"鲁国桓公、赵国贯公、胶东庸生之遗学，与此同"者也。庸生之《尚书》，传之胡常；常又传《穀梁春秋》于瑕丘江公；与江公三传弟子尹更始之子咸，同受《左氏》于更始；更始之学，出于贯公之子长卿；长卿之学，传自其父；又受《毛诗》于毛公，传之贾延年，以及徐敖；而敖又授《尚书》于胡常者也。敖之书，传之王璜；璜则受《古文易》于费直。古文授受，辗转皆出此数人，而其世代又多不雠，谓其学有师承，得乎？《后汉书·儒林传》谓孔僖世传《古文尚书》，亦不足信。

　　刘歆所谓鲁国桓公者，盖徐生之弟子。《史记·儒林传》曰："诸学者多言《礼》，而鲁高堂生最。本《礼》，固自孔子时而其经不具。及至秦焚书，书散亡益多。于今独有《士礼》，高堂生能言之；而鲁徐生善为容。孝文帝时，徐生以容为礼官大夫。传子至孙徐延、徐襄。襄，其天姿善为容，不能通《礼经》。延颇能，未善也。襄以容为汉礼官大夫，至广陵内史。延及徐氏弟子公户满意、桓生、单次皆尝为汉礼官大夫。而瑕丘萧奋以《礼》为淮阳太守。是后能言《礼》为容者，由徐氏焉。"桓生盖亦颇能通《礼经》而未善者，故西汉人数经师者不之及。则知《史记·儒林传》所列八家，言《诗》，于鲁则申培公，于齐则辕固生，于燕则韩太傅。言《尚书》，自济南伏生。言《礼》，自鲁高堂生。言《易》，自菑川田生。言《春秋》，于齐、鲁自胡毋生，于赵自董仲舒。皆当时第一流学者也。而刘歆乃援彼颇通而未善者以自助，抑何其下乔而入幽乎？

　　汉初传经，本重大义，至古学出，乃斤斤于文字之间，然其所以自侈者，亦不过谓今经或有讹夺，如所谓文字异者七百有余、脱字数十而已。至东汉，乃有以古书之字，为时人所不识者，如《论衡》谓共王得《百篇尚书》，武帝使使者取视，莫能读者；成帝读《百篇尚书》，博士郎吏，莫能晓知，是也。《尚书·伪孔传序》，谓"科斗书废已久，时人无能知者"，说本于此。

《后汉书·陈宠传》："曾祖父咸，成哀间以律令为尚书。平帝时，王莽辅政，乞骸骨去。及莽篡位，召咸，谢病不肯应。三子参、丰、钦皆在位，乃悉令解官。其后莽复征咸，遂称病笃。于是乃收敛其家律令书文，皆壁藏之。"则壁藏《诗》、《书》，汉世确有其事。孔壁得书，伏生壁藏，盖皆因此而附会也。然观其说之诞谩不中情实，而其为附会可知矣。秦焚书之令曰："有敢偶语《诗》、《书》弃市，以古非今者族，吏见知不举者与同罪。"其诛甚重，而令下三十日不烧，不过黥为城旦而已。秦法虽酷，行于山东如何，殊不可知。以当时爱尚艺文者之多，岂尽能奉令维谨？官吏亦岂能真按户穷索？《史记·六国表》曰："《诗》、《书》所以复见者，多藏人家。"明当时不烧者实不少，此实录也。《汉志》言《诗》遭秦而全者，"以其讽诵，不独在竹帛故也"。一似凡在竹帛，无不烧毁者，则想像之谈矣。《汉志》所载书，五百九十六家，万三千二百六十九卷，虽有汉人所撰，要以出于先秦者为多，岂皆有人壁藏之欤？抑皆讽诵，不独在竹帛欤？则知壁藏《诗》、《书》，秦汉间虽有其事，而书之存则不尽由此，抑不由此者正多也。而后人附会，一若孔壁得书，于经籍有绝续存亡之关系者，则皆《论衡》所谓语增而已。仲任诘难经生，不遗余力，而于古学家附会传讹之说，初不深思，亦可谓知二五而不知一十矣。

或曰：古人于年月日人地名等，时有错误，至于事之大体，则递相传述，必不容全属子虚，子不既言之乎？　见《太誓后得》条。孔壁得书，果云乌有，刘歆安得造作谰言，以诬博士；而博士亦何不据事以折之乎？不知古人于史实，不甚措意；不独博士闻刘歆之言，不知考校孔壁得书果有其事与否；即刘歆，亦或误采传讹附会之说，而未之深思也。何者？歆而欲立《逸礼》及《古文尚书》，径以其为中秘之藏，主张立之可矣，何必造作谰言，授人以攻击之柄？况于中秘书非歆所独见；书之来历，亦断非歆所独闻；歆即欲造作谰言，曾与校雠者，岂肯皆扶同徇隐？然则孔壁得书，必固有是说，而非歆所造作明矣。然则为是说者，果有真知灼见欤？曰：无之。王仲任，汉世之通人也，而其说史事，纰缪之端，不可胜指。可知学问之事，随世益密，求史事之核实，尚非汉人所知也。当日校雠中秘之士，其才知岂能远逾于仲任？汉世中秘之书，盖或得之于鲁。壁藏《诗》、《书》，秦汉间既有此事，鲁国自亦有其人。既有壁藏《诗》、《书》之人，自当有坏壁得书之事。鲁共王好治宫室，或亦尝坏人之室以广其宫。至于曾否得书，恐必难于究诘。何则？如前所说，谓共王坏孔壁而得古书，有种种不可信者在也。然市三成虎，岂复可以情理求？一人为附会之辞，后人更弥缝其阙，则初不知为何书者，后可凿言之曰《逸礼》与《书》；初不知为何人者，后可确指之曰鲁共王；初不知为谁氏之宫者，后可故神之曰孔子之宅；初不知其何由入中秘者，后可亿度之曰安国献之；初犹知为亿度，后竟以为事实矣。此非厚诬古人，观于孔壁得书之说之首尾衡决；以及《论衡》述及史事之纰缪百出；固使人不能不作此想也。刘歆殆为是等说所欺欤？南海康氏《新学伪经考》，以一切伪说，悉为刘歆一人所造，不徒证以史实而不合，即衡以情理，亦必不然，宜乎近人之攻之也。然遂以当时之古学家为能实事求是，其欲建立古学，纯出于欲广道术之公心，则恐又不合于事实。果能实事求是，则古学家所立之说，不应多支离灭裂之谈；果尽出于欲广道术之公心，则亦不必与人争立学矣。《汉志》曰："《礼古经》者，出于鲁淹中，及孔氏，学七十篇文相似，多三十九篇。"刘敞曰："学七十篇，当作与十七篇。五十六除十七，正多三十九也。"案七十之当为十七，更无疑义，而学字当为与字，是否则尚有可疑。如敝说,当于"及孔氏"断句,《礼古经》兼出淹中孔氏;作学字,则当于鲁淹中断句,《礼古经》专出淹中矣。《隋书·经籍志》曰:"又有古经出于淹中。而河间献王好古爱学,收集余烬,得而献之,合五十六篇。"初未及于孔氏。《释文叙录》引《六艺论》曰:"后得孔氏壁中河间献王古文《礼》五十六篇,《记》百三十一篇,《周礼》六篇。"既兼言《记》,亦无以断刘氏之意,谓《礼古经》必兼出孔氏也。此亦汉世所谓古经不必出于孔壁之一证。

〔一三七〕百两篇

　　张霸《百两篇》，据《论衡·佚文》、《正说》，见《孔壁》条。其为伪书无疑。然观《汉书·儒林传》，则又有不然者。《儒林传》曰："世所传《百两篇》者，出东莱张霸。分析，合二十九篇，以为数十。又采《左氏传》、《书序》为作首尾，凡百二篇。篇或数简，文意浅陋。成帝时，求其古文者，霸以能为《百两》征。以中书校之，非是。霸辞受父，父有弟子尉氏樊并。时太中大夫平当、侍御史周敞劝上存之。后樊并谋反，乃黜其书。"《论衡》云：成帝征能为古文者，而霸造《百二篇》奏之，是有成帝之征，而后有霸之造；《汉书》云：成帝求古文，而霸以能为《百两》征，则霸之能为《百两》，在成帝求之之前。观霸书之黜，由樊并之谋，则霸受父之辞，似非虚语，其不雠一矣。《论衡》云：霸案《百篇》之序，以《左氏》训诂造作；又云：推精思，作经百篇；是百篇皆出霸伪造，而以《书序》为依据，如今人之按题作文字者然。而《汉书》云："分析，合二十九篇，以为数十。"则《百两篇》中，同于今文书者，已有数十篇矣，安得云皆系伪造？其不雠二矣。案《百篇》之叙而作书，叙当在于书之外；采《书叙》以作首尾，叙亦入于书之中；其不雠三矣。"文意浅陋"者，文指文字言，盖谓所用多汉时俗语，不应尔雅，以《左氏》训诂为之，安得如此？其不雠四矣。"求其古文"者，"其"字当指《尚书》言，谓已有今文，又求古文也。若如《论

衡》之言，成帝已有《古文尚书》矣，但当求能通其读者耳，安得云"求
其古文"乎？且既有秘《百篇尚书》，则霸书之伪，一言可决，平当、周
敞，何为劝上存之？而成帝亦安得惜其书而不灭乎？孟喜改师法则
弗用；王莽时，诸古学皆立，公孙禄犹劾刘歆颠倒五经，毁师法；师法
如此，况于伪造经文乎？云以中书校之，此中书明非《尚书》。盖成
帝之所求，与霸之所能为，实非一物；特以世无能为《古文尚书》之
人，而《百两篇》亦《书》之类，故姑以是应诏；而成帝亦出秘府所藏
《尚书》一类之书以校之也。《古文尚书》，盖汉世实无其物，而《尚
书》一类之书，在二十九篇之外者正多，虽非孔门之书，要是先秦旧
籍，故平当、周敞，劝上存之也。若皆据《左氏》、《书叙》伪造，则既有
《左氏》、《书叙》矣，复安取此乱苗之莠？岂亦如后世尊信东晋晚出
古文之徒，明知其为采拾缀合之作，犹欲过而存之邪？故霸之书，无
所谓伪也。何也？云非《古文尚书》，则霸本未尝云能为《古文尚
书》；云其书为亿造，古无是物，则孟坚初无是言，乃仲任之妄说也。
而仲任谓汉秘府有《百篇古文尚书》，更不待辩而知其妄矣。

　　然则当时以校《百两篇》之中书，果何书与？案《汉志·六艺
略·书》家，有《周书》七十一篇。《注》曰："周史记"，师古曰："刘向
云：周时诰誓号令也。盖孔子所论百篇之余也。"当时以校《百两
篇》者，疑即此物。何者？既云中书，《七略》应有其目，而《汉志》自
此之外，更无《尚书》之类也。七十一加二十九，适百篇，疑《书》有百
篇之说既兴，曾以此当《尚书》。《汉书·律历志》载《武成》，即《周
书》之《世俘解》，是其一证。若析二十九篇中之《泰誓》为三，则适百
两篇矣，岂当时校霸书者，虽以其书为非是，而又窃取其百两之说，
因以秘府所有七十一篇，合博士所传之三十一篇当之与？《尚书璇玑
钤》云："孔子求书，得黄帝玄孙帝魁之书，迄于秦穆公，凡三千二百四十篇。定
可以为世法者百二十篇。以百二篇为《尚书》，十八篇为《中候》。"案今《尚书》

析《顾命》为《康王之诰》，郑康成已然。又逸十六篇，亦有《益稷》，此未必今之《益稷》，然或析《益稷》于《皋陶谟》，亦有所本。则二十八篇，当得三十；加后得《泰誓》三篇为三十三；合《周书》七十一篇为一百四；更加逸十六篇则百二十矣。又今《周书》虽有七十一篇之目，存者实只四十二篇。而康成之《书》于二十九篇，分《盘庚》为三，析《康王之诰》于《顾命》，又分《泰誓》为三，为三十四。于所谓逸十六篇者，又分《九共》为九，共五十八。五十八加四十二，亦适百篇。《书序》尚不足信，而况《周书》。岂今《周书》之序，实后人据《汉志》篇数妄作，而康成之《书》，尝合见存之《周书》，为汉古学家所谓百篇之《书》者，而东晋晚出古文之篇数，亦以此为本与？书阙有间，诚难质言，然其数之巧合，实不能使人无疑也。抑秘府既有此七十一篇，览观者以为《尚书》之类，因兴《书》有百篇之说，而更求能为之者于民间与？书阙有间，诚难质言，然当时以校《百两篇》者，则似非此书莫属。即此外更有他书，相校不雠，亦不能定霸书之伪。以此相校不雠，初不能定霸书之伪。何则？孔门所传之《书》，虽止二十八篇，而自古相传《尚书》一类之书，则其数正多，固不能谓止孔门所传之二十八篇，并不能谓止汉秘府所藏之七十一篇也。然则张霸之书而存，虽非《尚书》之伦，亦必《周书》之类；简编既佚，辞句罕存，实可惜矣。

《论衡》谓张霸"次序篇句，依倚事类，有似真是"，亦足为其书非伪之征。何者？云次序篇句，是故有此篇句而次序之；云依倚事类，亦是故有其文，而援古书记事，与相比附；皆非伪造之谓也。《汉书》所谓采《左氏》、《书叙》，为作首尾者，盖即依倚事类之谓。盖霸之书，亦诰誓号令之伦，而采《左氏》、《书叙》，以备其事之本末耳。

然谓采《左氏》为作首尾则可，谓采《书叙》则殊有可疑。《法言·问神》曰："或曰：《易》损其一也，虽蠢知阙焉，至《书》之不备过半矣，而习者不知，惜乎《书序》之不如《易》也。曰：彼数也，可数焉故也。如《书序》，虽孔子亦末如之何矣。"此设辞以明《书序》之不如《易》，非真谓《易》有所损也。见《原易》条。然今之《书序》，非子云时所有，则观于此而可明。何则？苟有如今之《书序》者，按序之名，以求《书》之阙，亦慧者能之也，何至虽孔子亦末如之何乎？今之《书序》，子云且未之见，而况张霸？而况张霸之父？然则所谓张霸采《书序》者，非《书序》采张霸，则作今之《书序》者，与张霸同采古书耳。谓霸采今百篇之序，乃必无之理也。谓据此而造伪书，更不俟论矣。

《问神》又曰："昔之说《书》者序以百，而《酒诰》之篇俄空焉；今亡夫！"此非谓《书》亡《酒诰》之篇，乃谓当时所谓《书序》者，无《酒诰》之序也。此亦今《书序》非子云时所有之证。

《问神》又曰："虞夏之书浑浑尔，商书灏灏尔，周书噩噩尔。下周者其书谁乎？"此言书之所阙，在于春秋以后也。孟子曰："三代之得天下也以仁，其失天下也以不仁。"又曰："王者之迹息而《诗》亡，《诗》亡然后《春秋》作。"自春秋以后，儒家皆以周为已亡矣。今二十八篇，出于春秋之后者，仅《文侯之命》、《秦誓》二篇。即《周书》可确指为记春秋后事者，亦惟《太子晋》一篇。不应三代以前书多存，春秋以后书反佚。张霸书可采《左氏》为作首尾，其多春秋后物可知。《汉书》谓其文意浅陋，岂以其书多春秋后文字，持与三代文字相较而云然邪？《论衡》谓其以《左氏》训诂造作，可知其文实与《左氏》相类也？此说与前不雠之四矛盾，姑并存之。

疑晚出古文者曰：今文多艰涩，而古文反平易，伏生倍文暗诵，乃偏得其所难；安国考定于科斗古书错乱之余，反专得其所易。此亦可证《尚书》二十八篇为备之说。何者？《书》苟真有百篇，其中必更有春秋后物，伏生不应都不省记也。

张霸之学，为今学乎？为古学乎？曰：古学也。古代简牍用少，学问皆存于口耳，故经或脱简，传或间编，皆非所计；汉今学家尚如此。《金縢》不记周公之死，而今学家知雷风之变为周公死后事，明经有脱简也。《礼记》传自小戴,而《郊特牲》他篇错入最多,《玉藻》本篇失次特甚,此传或间编,今学家初不错意之证。《公羊》昭公十二年:"齐纳北燕伯于阳。伯于阳者何?公子阳生也。子曰:我乃知之矣。在侧者曰:子苟知之,何以不革?曰:如尔所不知何。"不改旧文,而但存其真于口说,盖自古相传之法也。**古学则本无师传,全系据书本考校而得,故于文字之异同,篇章之先后、离合,最为斤斤。**康成注《仪礼》,兼存今古文。又其注经,有读为、读若等例,皆其注意文字之证。其注《郊特牲》、《玉藻》等,于篇章之先后离合,亦所究心。郑笺《诗》改字,《毛传》则否。《毛传》早出,古学尚未行也。又今学家之说,皆传之自古,流异源同,故虽分为数家,大体仍相一致。观三家《诗》可见。古学家之说,由于各自研求,故彼此不能相同,前后亦复相异。张霸析二十九篇为数十,即其更定篇章;《论衡》所谓"次序篇句"。采《左氏》为其书作首尾,是据传记立说;《论衡》所谓"依倚事类"。《诗序》之作,全用此法,参看《诗序》条。其所用者,皆古学家之法也。成、哀而后,古学稍行,而霸书独以樊并谋反见黜,亦可谓有幸有不幸矣。

《论衡·感类》曰:"天之欲令成王以天子之礼葬周公,以公有圣德,有王功。伊尹,天所宜彰也,伊尹死时,天何以不为雷雨?应曰:以《百两篇》曰:伊尹死,大雾三日。"《论衡》此篇,所驳击者为儒者,儒者即今学家也。然则张霸之书,今学家亦引以立说矣。盖亦视为后得《太誓》之论,不以为伪也。

"劝上存之"之存,师古释为立其学,非也。存与黜为对辞。黜者,不充秘府之谓,故《汉志》无霸书。然其书自在民间,故《儒林传》谓之世所传也。然则汉世古书,不为秘府所有者,正自不乏,后人于书之不见《汉志》者,辄疑为伪物,亦过矣。

平当者,林尊弟子,尊事欧阳高;其学,实伏生之适传也,而劝存张霸之书;而后汉儒者,亦引霸书为说。然则今学家于传记,曷尝不博采？恶有如刘歆所谓"专己守残，党同门，妒道真"者乎？盖口说者，自古相传之说也，虽出末师，而渊源有自；传记者，徒有其书者也，其书虽古，解释之引用之者，皆出后人，安知不误？故以传记证口说可也，信传记而背口说不可也。信口说而背传记，非是末师而非往古，正以末师虽出末世，而其说自古；传记虽出往古，而说此传记者，实起于末世耳。诸儒所以笃信口说者，非恐其说之见破，乃自古相传之师法，不容为妄人所毁也，安得诋为私意？而刘歆必欲破之以为快，正见其无从善服义之公心耳。

《梁书·刘显传》："任昉尝得一篇缺简书，文字零落，历示诸人，莫能识者，显云：是《古文尚书》所删逸篇。昉检《周书》，果如其说。"此亦昔人以《周书》为《尚书》之余之一证也。

原刊《光华大学半月刊》第二卷第九期，
一九三四年六月三日出版

〔一三八〕伪古文尚书有本于荀子者

　　《荀子·解蔽》引《道经》曰："人心之危，道心之微，危微之几，惟明君子而后能知之。"其为伪《古文尚书·大禹谟》"人心惟危，道心惟微"所本，人皆知之矣。然尚不止此，《尧问》篇："尧问于舜曰：我欲致天下，为之奈何？对曰：执一无失，行微无怠，忠信无倦，而天下自来。执一如天地，行微如日月，忠诚盛于内，贲于外，形于四海，天下其在一隅邪，夫有何足致也？"此即《伪书》"惟精惟一"四字所本。更采《论语·尧曰》篇"允执其中"之语以益之，乃成十六字也。古书凡此等处，无不韵者，而此十六字无韵，足见其为杂凑而成也。《荀子》此篇下节，"其在中苚之言也，曰：诸侯自为得师者王，得友者霸，得疑者存，自为谋而莫己若者亡"，亦为《伪书》所本，《仲虺之诰》："能自得师者王，谓人莫己若者亡。"即其切近之一证。

　　行微，《注》曰"行细微之事也"；行微如日月，《注》曰"日月之行，人所不见，似于细微"，恐非。古言日月，皆取其明，取其东西相从而已，未有取人不见其行为喻者。《诗·十月之交》"彼月而微，此日而微"，《笺》曰："微，谓不明也。"《广雅·释诂》四："微，明也。"古多反训，此微字，亦当以明为义。

〔一三九〕马郑序周官之谬

　　汉世今文之学盛行。大学诸生，至于三万，岂尽高材绝学之士；王充等讥之，宜也。然古学家之鄙陋，似尤有甚焉者。

　　《周官》制度，多不与群经合，故武帝以为渎乱不验；何休亦以为六国阴谋之书，其说是也。乃马融、郑玄等尊而信之，玄更以此与《仪礼》、《礼记》并列为《三礼》。《周官》与《仪礼》、《礼记》各自为书，本不容互相牵合。郑必欲以《周官》为经礼，《仪礼》为典礼，于是彼此牵合而异说生。案《仪礼》之名，昉见《后汉书·郑玄传》，玄注经引《礼经》，尚皆举篇名，不云《仪礼》。《仪礼》之名，盖后人因《中庸》"礼仪三千"之文而立。然其名不始自郑，其原实出于郑也。三百三千，特举成数，见其相什，如《甫刑》言五刑之属三千，而《吕览·孝行览》云刑三百，见弘纲之十倍于细目耳，不能求其事以实之也。郑注《礼器》曰："经礼谓《周礼》，其官三百六十。"其穿凿附会甚矣。《明堂位》言有虞氏官五十，夏后官百，殷二百，周三百。《注》云："周之六卿，其属各六十，则周三百六十官也。此云三百者，《记》时《冬官》亡矣。"更可发一噱。《礼记正义序》曰："《周礼》见于经籍，其名异者，见有七处：《孝经说》云'礼经三百'，一也；《礼器》云'经礼三百'，二也；《中庸》云'礼仪三千'，三也；《春秋说》云'礼经三百'，四也；《礼说》云'有正经三百'，五也；《周官外题》谓为《周礼》，六也；《汉书·艺文志》云'《周官经》六篇'，七也。其《仪礼》之别，亦有七处而有五名：一则《孝经说》、《春秋》及《中庸》并云'威仪三千'；二则《礼器》云'曲礼三千'；三则《礼说》云'动仪三千'；四则谓为《仪礼》；五则《汉书·艺文志》谓

《仪礼》为《古礼经》。"案谓《仪礼》为《古礼经》，不知何以能为《仪礼》是曲礼非经礼之证。《汉志》"礼经三百，威仪三千"，《注》引韦昭曰："《周礼》三百六十官也。三百，举成数也。"同郑说。又引臣瓒曰："礼经三百，谓冠昏吉凶，《周礼》三百，是官名也。"则驳郑说者也。《论衡·谢短》曰："古礼三百，威仪三千；刑亦正刑三百，科条三千。出于礼，入于刑；礼之所去，刑之所取；故其多少，同一数也。"此相承旧说也。可以见《周官》当经礼之非。**经记制度，不与《周官》合者，辄目为夏、殷礼，或挤为霸制，而其说之龃龉不可通者多矣。**《论衡·谢短》又曰："问礼家曰：前孔子时，周已制礼，殷礼夏礼凡三王因时损益，篇有多少，文有增减，不知今礼，周乎？殷、夏也？彼必以汉承周，将曰周礼。"此今学家以经记所陈，多为周礼之证。又曰："夫周礼六典，又六转，六六三十六，三百六十，是以周官三百六十也。案今《礼》不见六典，无三百六十官；又不见天子，天子礼废何时？岂秦灭之哉？"此亦据《周官》以疑礼经，然不以《周官》即为礼经也。**制度之变，必随时势。**今文五等之封，大者不过百里；《周官》乃至五百里，其书所述为六国时制，即此一端，较然甚明。乃必以为周公致太平之书，《周官·天官》郑《注》："周公居摄而作六典之职，谓之《周礼》。营邑于土中。七年，致政成王，以此礼授之，使居雒邑，治天下。"又《贾疏序》引《郑序》曰："斯道也，文、武所以纲纪周国，君临天下，周公定之，致隆平龙凤之瑞。"则其识不如何邵公远矣。

马融之言，尤为可笑。《贾疏序》引融《传》云："秦自孝公已下，用商君之法，其政酷烈，与《周官》相反，故始皇禁挟书，特疾恶，欲绝灭之，搜求焚烧之独悉，是以隐藏百年。孝武帝始除挟书之律，开献书之路，既出于山岩屋壁，复入于秘府，五家之儒，莫得见焉。至孝成皇帝，达才通人刘向子歆校理秘书，始得列序，著于录略"云云。一派野言，竟似于前此史记，茫然无睹者。《孟子》曰："诸侯恶其害己也，而皆去其籍。"谓于故典不加保重，非谓有意毁弃。且此语初不指秦，秦人焚书，大抵严于官而略于民，故曰：《诗》、《书》所以复见者，多藏人家；当作民家，盖唐人避讳所改。而史记独藏周室，以故灭。"《史记·六国表》。此诗、书二字，苞一切书籍言；周室二字，亦苞凡诸侯之国。乃古人言语，以偏概全之例。明当时民间之书，不焚者甚多，何尝有搜求之事。且与秦政相反者，岂独《周官》而已。除挟书之律乃惠帝，而以为孝武；命刘向校书乃哀帝，而以为孝成；盖因武帝开献书之路，孝成命刘歆校书，而溷言之，不复分别。此等处古人类然，不足为怪。然云五家之儒莫得而见，则甓言矣。《史记·封禅书》云："上与公卿诸生议封禅。封禅用希旷绝，莫知其仪礼；而群儒采《封禅》、《尚书》、《周官》、《王制》之望祀射牛事。"此所谓《封禅》者，即《汉志》之《古封禅群祀》，与《尚书》、《周官》、《王制》皆书名。林孝存谓武帝知《周官》末世渎乱不验之书，盖由于此。然则武帝时，群儒久见《周官》矣。况河间献王又采《周官》作《乐记》乎！安得谓出于山岩屋壁，复入秘府哉？郑众以《书序》之《周官》，与《周官经》即为一物，篇卷之多少，文体之异同，茫然莫辨，更可发一大噱。

融《传》又云"时众儒并出，共排以为非是；惟歆独识，其年尚幼，务在广览博观，又多锐精于《春秋》；末年，乃知其周公致太平之迹，迹具在斯。奈遭天下仓卒，兵革并起，疾疫丧荒，弟子死丧，徒有里人河南缑氏杜子春尚在；永平之初，年且九十，家于南山，能通其读，颇识其说，郑众、贾逵往受业焉。众、逵洪雅博闻，又以经书记转当作传。相证明为解"云云。此说却近得实。歆请立《左氏》、《逸礼》、《古文尚书》，事在哀帝建平元年，时尚未以《周官》为言。《汉纪》言歆以《周官经》六篇为《周礼》，此书盖自此始称《周礼》，前此亦称《周礼》，则后人据后书之。奏以为礼经，置博士，则在王莽时矣。《后汉书·郑兴传》，言兴晚善《左氏传》，天凤中，将门人从刘歆讲正大义；歆美兴才，使撰条例章句训诂，及校《三统历》。又言兴明《周官》，而不言其出于歆，而学出于歆之杜子春，不过能通其读，颇识其说；则歆于是书，实未尝有所发明也。康南海顾指其书为歆伪造，诬矣。然古学本无传授，皆由好事者附会其说，则观于此而益明也。

　　古文经果有其物与否，事殊可疑，观《孔壁得书》一条可知。然今文家同有其书，所异惟在文字者可疑；若别有其书者，转不容子虚乌有。如《左氏》解经处虽伪，叙事处自真也。《周官》于诸经，有离有合。不合者，或合于《记》及诸子，如《礼记》之《内则》、《燕义》，《大戴记》之《盛德》、《千乘》、《文王官人》、《朝事》，《管子》，《司马法》等。其非伪造可知。以《考工记》补《周官》，体制既不相类，制度亦复抵牾，如遂人、匠人。果出伪造，何不并《冬官》伪之乎？

　　《考工记》曰："不微至，无以为戚速也。"《注》："齐人有名疾为戚者，《春秋传》曰：盖以操之为已戚矣。"又曰："输已卑，则于马终古登阤也。"《注》："齐人之言终古，犹言常也。"《考工记》盖齐人所传。司空掌度地居民，不掌工事，云以补《冬官》，缪也。盖与余五篇同述官制，故附之其后耳。《周官》多与《管子》合，或亦齐地学者之书与？《史记》言太公极技巧，《货殖列传》。岂故太公之法而《管子》述之与？弗可考矣。

原刊《光华大学半月刊》第二卷第七期，

一九三四年四月一日出版

〔一四〇〕论二戴记上

　　大、小戴《礼记》,《汉志》皆无之,而有《记》百三十一篇。《注》曰:"七十子后学者所记也。"《六艺论》云:"后得孔氏壁中河间献王古文《礼》五十六篇,《记》百三十一篇,《周礼》六篇。其十七篇,与高堂生所传同,而字多异。其十七篇外,则《逸礼》是也。""今《礼》行于世者,戴德、戴圣之学也。戴德传《记》八十五篇,则《大戴礼》是也;戴圣传《礼》四十九篇,则此《礼记》是也。"《释文·叙录》及《曲礼疏》。《释文·叙录》引刘向《别录》曰:"《古文记》二百四篇。"又引陈邵《周礼论叙》曰:"戴德删《古礼》二百四篇为八十五篇,谓之《大戴礼》;戴圣删《大戴礼》四十九篇,谓之《小戴礼》。后汉马融、卢植考诸家同异,附戴圣篇章,去其繁重及所叙略,而行于世,即今之《礼记》是也。郑玄亦依卢、马之本而注焉。"《隋书·经籍志》云:"汉初河间献王得仲尼弟子及后学者所记百三十一篇,献之,时亦无传之者;至刘向校录经籍,检得百三十篇,向因第而叙之。而又得《明堂阴阳记》三十三篇,《孔子三朝记》七篇,王氏史氏《记》二十一篇,《乐记》二十三篇,凡五种,合二百十四篇。戴德删其烦重,合而记之,为八十五篇,谓之《大戴记》;而戴圣又删大戴之书为四十六篇,谓之《小戴记》。汉末马融遂传小戴之学。融又足《月令》一篇,《明堂位》一篇,《乐记》一篇,合四十九篇。而郑玄受业于融,又为之注。"今案四十六加八十五，正百三十一，此即《汉志》所谓七十子后学所记者。《隋志》云"仲尼弟子及后学者所记"，语即本此。《六艺论》后人删引，多非元文，所谓得自孔氏壁中河间献王者，只指古文《礼》及《周礼》，不该百三十一篇。而《隋志》以百三十一篇亦献王所得，实误。《汉志》云："《礼古经》者，出于鲁淹中，及孔氏，学七十篇_{当作十七篇}。文相似，多三十九篇。及《明堂阴阳》、《王史氏记》。"今案《汉志·礼》家所著录者：《曲台后仓》，即《儒林传》所谓后氏《曲台记》者，为汉师所撰；《中庸说》、《明堂阴阳说》皆说；《周官经》、《周官传》，别为一家；《军礼司马法》，班氏所入；《封禅议对》、《汉封禅群祀》、《议奏》，注曰"石渠"。亦汉时物。惟《古封禅群祀》，盖亦古记之伦。《史记·封禅书》云："群儒采《封禅》、《尚书》、《周官》、《王制》之望祀射牛事。"所谓《封禅》，盖即《汉志·古封禅群祀》中《封禅》之篇也。《古封禅群祀》二十二篇，合《记》百三十一篇，《明堂阴阳》三十三篇，《王史氏》二十一篇，凡二百七。《小戴记》中：《曲礼》、《檀弓》、《杂记》皆分上下，故或云四十九，或云四十六。若以为四十六，则《记》百三十一篇，实百二十八。此《别录》所谓《古文记》二百四篇者，然其中之百二十八篇，实今学也。《明堂阴阳》、《王史氏记》、《古封禅群祀》，盖非二戴所有。陈邵云"戴德删《古礼》二百四篇为八十五篇"，实误。《隋志叙》之刘向叙录后，则误益甚矣。二戴在武宣间，何由删向所叙录之书耶？《汉志》言百三十一篇，而《隋志》云刘向检得百三十篇，亦不合。或云：《礼记·丧服四制疏》云《别录》无此文，此实刘向所检得者少一篇之证，其说可谓巧矣。然《汉志》原出于向，何以仍作百三十一篇耶？窃疑此无异故，直是夺一"一"字，而后人妄改下文都数以就之耳。《别录》虽不足信，亦必略有据依，不能全伪；释《别录》之文，自以仍从《汉志》条贯为是。《乐记》，《汉志》在《乐》家，《孔子三朝记》在《论语》家，《隋志》妄相牵引，非是。陈恭甫曲为之说曰：“《乐记》二十三篇，其十一篇已具百三十一篇《记》中，除之，故为二百四篇。《孔子三朝记》亦重出；不除者，篇名不同故也。”然则向、歆校书，但阅篇目耶？可谓进退失据矣。戴东原云：“孔颖达《义疏》于《乐记》云：按《别录》：《礼记》四十九篇。《后汉书·桥玄传》：七世祖仁著《礼记章句》四十九篇，号曰桥君学。仁即班固所谓小戴授梁人桥仁季卿者也。刘桥所见，篇数已为四十有九，不待融足三篇甚明。康成受学于融，其《六艺论》亦但曰戴圣传《礼》四十九篇。作《隋志》者，徒谓大戴阙篇，即小戴所录，而尚多三篇，遂聊归之融耳。”陈恭甫亦云：“《曹褒传》：父充持《庆氏礼》。褒又传《礼记》四十九篇，教授诸生千余人，庆氏学遂行于世。然则褒所受于庆普之《礼记》亦四十九篇也。二戴、庆氏，皆后苍弟子，恶得谓小戴删大戴之书邪？《释文叙录》云：刘向《别录》有四十九篇，其篇次与今《礼记》同，然则谓融足三篇者妄矣。”戴陈之说均见《左海经辨》。今案桥仁受学小戴，而著《礼记章句》四十九篇，此正四十九篇出于小戴之证。《后汉书》云：曹充持《庆氏礼》，作章句辩难，于是有庆氏学。褒结发传充业，作《通义》十二篇，《演经杂论》百二十篇。又传《礼记》四十九篇，教授诸生千余人。庆氏学遂行于世。其中除“又传《礼记》四十九篇”八字外，皆指礼经言之。庆氏之学，与二戴同出后仓。十七篇三家所同，而《礼记》为二戴所独，四十九篇又小戴所独，故加又字以别之。《史记·五帝本纪赞》云：“孔子所传《宰予问五帝德》及《帝系姓》，儒者或不传。”今二篇皆在《大戴礼记》中。云儒者或不传，此即二戴以外不必皆传《礼记》之证。陈氏谓褒所传四十九篇，亦出庆氏，误矣。《隋志》：《礼记》十卷，汉中郎将卢植注。《旧唐志》：《礼记》二十卷，卢植注。《新唐志》：卢植注《小戴礼记》二十卷。《儒林·元行冲传》载《释疑论》云：《小戴》行于汉末，马融为传，卢植合二十九篇而为之解，世所不传。则《隋志》谓马融、卢植更定是书，郑玄依卢、马之本而作注，必有所本。卢、马曾去其繁重，及所叙略，故虽益三篇，篇数仍为四十九，安得谓其以《大戴》阙篇，即《小戴》所录，而尚多三篇，乃聊以归之乎？《释文·别录》有四十九篇，篇次与今同外，又有"名为他家书，拾撰所取，不可谓之《小戴礼》"十六字，陈氏删去未引，则其说亦未确也。《四库书目提要》云："郑玄为马融弟子，使三篇果融所增，玄不容不知，岂有以四十九篇属于戴圣之理。况融所传者乃《周礼》，若小戴之学，一授桥仁，一授杨荣。后传其学者，有刘祐、高诱、郑玄、卢植，融绝不预其授受，又何从而增三篇乎？"不知古人言语粗略，《考工记》实后人所补，而康成于《周官》亦径云河间献王得六篇，安保其于《礼记》源流，言之必悉？两汉学者，兼通诸经者甚多，史传安能尽载？况融之更定《礼记》，实与卢植共之乎？康成依卢、马之本作注，说亦见于《礼记疏》，必非无据之谈也。要之《记》百三十一篇，实为今学，大戴传其八十五，小戴传其四十六，无所谓大戴删《古记》，小戴删大戴也。《汉志》盖正合大小戴之所传而著之耳。

原刊《群雅月刊》第一集第五、六卷，一九四〇年出版

〔一四一〕论二戴记中

　　陈恭甫又云："魏张揖《上广雅表》曰：周公著《尔雅》一篇。爰暨帝刘，鲁人叔孙通撰置礼记，文不违古。稚让之言，必有所据。"因谓"百三十一篇之记，第之者刘向，得之者献王，而辑之者叔孙通"；"《尔雅》为通所采，当在《大戴记》中"，其说尤误。揖表曰："昔在周公，缵述唐虞，宗翼文武，克定四海，勤相成王，践祚理政，日昃不食，坐而待旦，德化宣流。越裳徕贡，嘉禾贯桑。六年制礼，以导天下。著《尔雅》一篇，以释其意义，传于后嗣。历载五百，坟典散落，惟《尔雅》恒存。《礼三朝记》：哀公曰：寡人欲学小辨，以观于政，其可乎？孔子曰：《尔雅》以观于古，足以辩言矣。《春秋元命苞》言子夏问夫子作《春秋》，不以初哉首基为始何？是以知周公所造也。率斯以降，越绝六国，越逾秦楚，爰暨帝刘，鲁人叔孙通撰置礼记，文不违古。今俗所传三篇《尔雅》，或言仲尼所增，或言子夏所益，或言叔孙通所补，或言沛郡梁文所考，皆解家所说。先师口传，既无正验，圣人所言，是故疑不能明也。"《表》意乃极言文字之当雅，而称叔孙通撰置礼记，能不违雅耳。绝无今之《礼记》为通所辑之意。古言典礼事者皆谓之记，不独古事，即当世之事亦然。《大戴记·公冠》篇载汉昭祝辞其证。《史记·礼书》云："秦有天下，悉内六国礼仪，采择其善，虽不合圣制，其尊君抑臣，朝廷济济，依古以来。至于高祖，光有四海，叔孙通颇有所增益减损，大抵皆袭秦故。"《自序》云："汉兴，萧何次律令，韩信申军法，张苍为章程，叔孙通定礼仪。"《汉书·礼乐志》曰："今叔孙通所撰礼仪，与律令同录，藏于理官。"此即揖所谓撰置礼记者。其所撰皆秦所择六国旧文，增益减损，不过颇有而已。其文自然近古，故张揖称其不违，举为辞尚尔雅之证也。揖明言俗所传三篇《尔雅》，或言叔孙通所补，绝不言通尝置之《礼记》中。安得节取数语，而生曲说乎？《礼记》果通所撰，汉朝何由复失之，而有待于河间献王得之乎？

陈氏又引臧在东之言曰："《白虎通·三纲六纪》篇引《礼亲属记》，见《尔雅·释亲》；《孟子》帝馆甥于贰室赵岐《注》引《礼记》，亦《释亲》文；《风俗通·声音》篇引《礼·乐记》，乃《释乐》文；《公羊》宣十二年《注》引《礼》，乃《释水》文；则《礼记》中有《尔雅》之文矣。"夫古书文辞，互相出入者何限，安得摭拾之，为《礼记》中有《尔雅》之证？果若所言，佚《诗》佚《书》在《记》中者不乏，又可谓其皆在《礼记》中乎？

原刊《群雅月刊》第一集第五、六卷，一九四○年出版

〔一四二〕论二戴记下

今之《礼记》，见疑为秦时书者三篇，《王制》、《月令》、《乐记》是也。予初以《王制》有古者周尺之语，疑为汉人作；由今思之，殆不其然。古书多后人附益诚然。然有有意作伪者，有偶然记识者，要当观其大体，不得泥于一端也。二戴《记》撰次之意，今不可见。观其大体，似系专取故书。《乐记》二十三篇，入《小戴记》者十一，余十二篇，《正义》具存其目，其末篇曰《窦公》，明系汉时事，见下。《礼记》即不之取。《乐记》予虽信为马融所附，然融有增益，亦必依据旧例，一也。《荀子·乐论》，大同《礼记·乐记》，而多辟《墨子》语，盖后人所增；可证马融所益，乃较古之本，二也。《史记·封禅书》：文帝“使博士诸生刺六经中作《王制》，谋议巡守封禅事”。卢植疑《王制》以此，然《索隐》引《别录》云文帝所造书，有《本制》、《兵制》、《服制》篇，明与今《礼记》中之《王制》不符。今《王制》言巡守者皆《书传》，言封禅事者无之。或曰：柴于岱宗即封禅；然则封禅五岁一举，安得云旷绝莫知其仪耶？《繁露·郊祀对》引《王制》曰“祭天地之牛茧栗，宗庙之牛握，宾客之牛尺”；《郊祭》引《王制》曰“丧者不祭，惟祭天为越绋而行事”，皆与今《礼记》之《王制》同，足征故有其书。《正义》云：“《王制》之作，盖在秦汉之际。知者，案下文云有正听之。郑云汉有正平，承秦所制。又有古者以周尺之言，今以周尺之语，则知是周亡之后也。秦昭王亡周，故郑答临硕云：孟子当赧王之际，《王制》之作，复在其后。"然郑驳《异义》云："《周礼》是周公之制，《王制》是孔子之后大贤所记先王之事。"则似又以为孔子嫡传者。凡郑说固多如是，不足辨也。

《月令》，蔡邕、王肃并云周公所作，《释文》。盖以其见于《周书》云然，其说诚不足据。然邕《明堂月令论》云：《周书》七十一篇，而《月令》第五十三。秦相吕不韦著书，取《月令》为纪号；淮南王安亦取以为第四篇，改名曰《时则》。偏见之徒，或云吕不韦作，或云淮南，皆非也。其说自允。郑《目录》云：《月令》"本《吕氏春秋·十二月纪》之首章，以《礼》家好事，抄合之，后人因题之名曰《礼记》"。杜预《释例》曰："《月令》之书，出自吕不韦。其意欲为秦制，非古典也。"《左氏》桓公六年《疏》引。则昧其原本矣。郑云"其中官名时事，多不合周法"。《疏》云："周无大尉，惟秦官有大尉，而此《月令》云乃命大尉，是官名不合周法。"又云："秦以十月建亥为岁首，而《月令》云为来岁授朔日，即是九月为岁终，十月为授朔，此是时不合周法。"又自难之曰："秦始皇十二年，吕不韦死。二十六年并天下，然后以十月为岁首。岁首用十月时，不韦已死十五年。"又自解之曰："秦文公获黑龙，以为水瑞，何怪未平天下前，不以十月为岁首乎？"案始皇之改年始，《史记·本纪》明记其事，在二十六年并天下之后。《封禅书》亦曰："秦始皇既并天下而帝，或曰：黄帝得土德，黄龙地螾见；夏得木德，青龙止于郊，草木畅茂；殷得金德，银自山溢；周得火德，有赤乌之符；今秦变周，水德之时。昔秦文公出猎获黑龙，此其水德之瑞。于是秦更名河曰德水，以冬十月为年首，色上黑，度以六为名，音上大吕，事统上法。"又曰："自齐威、宣之时，驺子之徒，论著终始五德之运；及秦帝而齐人奏之，故始皇采用之。"然则终始五德，说实出于东方；以黑龙为水瑞，乃后来附会之辞。安得凿空谓秦未平天下前，即以十月为岁首乎？乃命大尉，《吕览》作大封，以今言道古事，古人多有其例，然则大尉二字，盖传者所改；授朔亦或传者移之九月，要不得以是偏端，疑全篇皆为秦人所作也。言《月令》者，是篇及《吕览》、《淮南》而外，尚有《管子》之《幼官》及《轻重己》，虽不密合，大要所本者同。《周书·月令》已亡，而《时则》记二十四气之应，与《礼记》、《月令》皆合。窃疑是篇乃合《月令》、《时训》两家之言而成。《疏》又以服色车旗，并依时色，与《周官》六冕等不合，而疑其非周法。不知其所据实较《周官》为古。鲁恭言"《月令》周世所造，而所据皆夏之时"，《后汉书》本传。其说实最平允也。

《汉书·艺文志》云："武帝时，河间献王好儒，与毛生等共采《周官》及诸子言乐者，以作《乐记》。""其内史丞王定传之，以授常山王禹。禹，成帝时为谒者，数言其义，献二十四卷记。刘向校书，得《乐记》二十三篇，与禹不同。"《疏》云："刘向所校二十三篇，著于《别录》，今《乐记》所断取十一篇。"案《史记·乐书》亡，张守节云：褚先生取《乐记》补之，其文全与《乐记》同。则十一篇之自为一篇旧矣。《礼记疏》亦云："《别录·礼记》四十九篇，《乐记》第十九，则《乐记》十一篇入《礼记》，在刘向前。至刘向为《别录》时，更载所入《乐记》十一篇，又载余十二篇，总为二十三篇。"《义疏》又云：《乐记》者，公孙尼子次撰也。此语未知何出，要必有所本。亡篇十二，《季札》第十八，疑即《左氏》所载季札观乐事；《窦公》第二十，疑即《汉志》孝文时得魏文侯乐人窦公事。《白虎通义·礼乐》篇引《乐记》曰"声成文谓之音，知而乐谓之乐"，在今《礼记·乐记》中；又引曰"土曰埙竹曰管"云云，陈卓人《疏证》疑出《乐器》第十三；亡篇之可考者如此。《志》又言窦公献其书，乃《周官·大司乐》章，疑即所谓河间献王采《周官》者。《乐记疏》云："此卷所出，解者不同，今且申郑旨释之。"则《乐记》所出，说有多端，必不止一公孙尼子。此亦所谓采诸子者。窃疑王禹之二十四卷,与刘向之二十三篇,亦第小有乖异。正惟大体相同,故可以互勘而著其不同也。然则《乐记》十一篇,乃自古相传之物;其十二篇,则河间献王等采撫古籍而成,正不能并十一篇亦疑为汉人所作矣。

原刊《群雅月刊》第一集第五、六卷,一九四〇年出版

〔一四三〕论尔雅谁作

郑康成《驳五经异义》曰："《尔雅》者,孔子门人所作,以释六艺之文。"张揖《进广雅表》曰："周公著《尔雅》一篇。今俗所传三篇,或言仲尼所增,或言子夏所益,或言叔孙通所补,或言沛郡梁文所考,皆解家所说。先师口传,既无正验,圣人所言,是故疑不能明也。"今案《尔雅》之文有明出秦汉后者,如《释鱼》"鳎鲌、鳜鲋",《注》云:"江东呼为妾鱼。"《疏》引《说文》云:"鲮鱼出乐浪潘国。""鲂蝦",《注》云:"出秽邪头国,见《吕氏字林》。"《疏》云:"案《说文》亦云。"《释鸟》"鹦鸠、寇雉",《注》云:"出北方沙漠地。""翠鹬",《注》云:"生郁林。"《疏》云:"樊光云:出交州。"《释兽》"貙獌似貍",《注》云:"今山东呼貙虎之大者为貙豻。"《疏》云:"《字林》云:豻,胡地野狗。""狻麑,如虦猫,食虎豹",《注》云:"即师子也,出西域。"《释畜》"騊駼,马",《疏》云:"《字林》云:北狄良马也。"此等或尚非叔孙通所知,安得云周、孔及孔门弟子。盖古言"作"者与今异,今人言作,多指纂集之人;古则推原其所自出。以《尔雅》之文或同《周官》,昔以《周官》为周公之书,则以为周公作;以其多释五经;则指为孔子作;或言孔子门人,又或以子夏列文学之科而凿指之。云出叔孙通者,以其为汉制礼,亦未必有何依据也。惟梁文或为纂集之一人耳。

凡备检阅之书,往往递有增益;《神农本草经》其证。《四库书目提要》言《尔雅》所取，及于《庄》、《列》、《尸》、《管》、《吕》诸子，《国语》、《楚辞》、《山海经》、《穆天子传》。《尔雅》固未必为释此等书作，《穆天子传》尤为晚出伪书，不能在《尔雅》前，然亦可见其采撷之博。《提要》又引曹粹中《放斋诗说》，谓《尔雅》毛公以前，其文犹略，至康成时则加详，亦其书成甚晚之证。解家以一篇为周公作，余则或言仲尼，或言子夏，或言叔孙通，或言梁文，固不足信。然其中有一篇最古，余为后来所增益，则或当不诬。赵岐《孟子题辞》，言孝文时，《尔雅》亦置博士，未知信否？然平帝元始五年，尝征通《尔雅》者，则民间固有通其学者矣。通其学必有其书，今之《尔雅》，盖此等人所纂集也。

原刊《群雅月刊》第一集第三卷，一九四〇年六月一日出版

〔一四四〕 释尔雅

"尔雅"二字，昔人多释为近正，非其朔也。夏、雅一字，尔雅盖即近夏。古重楚夏之别，是以《论语》记子所雅言，诗书执礼；而孟子斥许行为南蛮𫛢舌之人。其后南北大通，楚夏之殊稍泯，而去古渐远，古训转觉难通。于是正与不正，初致谨于语言者，后渐致谨于文字。而正与不正之别，始以近夏与否为准者，继乃以近古与否为准矣。《史记·乐书》曰："今上即位，作十九章，通一经之士，不能独知其辞，皆集会五经家，相与共诵讲习之，乃能通知其意，多尔雅之文。"《儒林传》公孙弘请置博士弟子曰："诏书律令下者，明天人分际，通古今之义，文章尔雅，训辞深厚，恩施甚美；小吏浅闻，不能究宣，无以明布谕下。"《汉书·王莽传》："班符命四十二篇于天下，其文尔雅依托，皆为作说。"皆尔雅之辞近古，而义不易通之证。古本不可称雅，所以称近古为尔雅者，以尔雅二字，习用既久，已变为近正之义。当时文字，以古为正，遂从而袭用之耳。以近古释当时之所谓尔雅，原不为过。然雅字本无古义，亦无正义，要不得不分别言之也。《大戴礼记·小辨》篇，孔子谓哀公曰："尔雅以观于古，足以辨言矣。"此以近古为尔雅最早者，恐亦汉人语也。

原刊《群雅月刊》第一集第三卷，一九四〇年六月一日出版

〔一四五〕 图谶一

　　张衡言夏侯胜、眭孟之徒，以道术立名，其所述著，无谶一言。刘向父子领校秘书，阅定九流，亦无谶录。成、哀之后，乃始闻之。《后汉书》本传。后人因以为谶始西京之末，非也。谶纬相附，始于西京之末，若徒论谶，则其所由来者旧矣。《说文·言部》：“谶，验也。有征验之书。”《竹部》：“签，验也。”二字音义皆同，即今所谓豫言也。《史记·赵世家》叙秦缪公梦之帝所事，曰：“秦谶于是出矣。”《扁鹊列传》作“策”。《屈原贾生列传》：贾生赋服鸟曰：“发书占之兮，策言其度。”《汉书》作“谶”。作“谶”者盖是，此正所谓豫言也。《淮南王书·说山》曰：“六畜生多耳目者不祥，谶书著之。”《汉书·王莽传》：莽在平帝时，“征天下通一艺教授十一人以上，及有逸《礼》，古《书》、《毛诗》、《周官》、《尔雅》、天文、图谶、钟律、月令、兵法、《史篇》文字，通知其意者，皆诣公车。”史言其“网罗天下异能之士，至者前后千数”，足见民间固有其书，又有通其学者。今俗所谓求签，实即求谶，乃古之遗言也。特世莫知签谶同字，遂昧其本义尔。

〔一四六〕图谶二

　　然则所谓谶者,亦家人言耳,无与于国家兴亡之大也。有国有家者,偶或以此自神,则亦如闾里之小知者之所为,所言者特一姓之事,未有谓能知历代兴亡,帝王统绪者。其有之,则自西京之末始也。

　　《吕览·观表》曰:"事与国皆有征。圣人上知千岁,下知千岁,非意之也,盖有自云也。绿图幡薄,从此生矣。"绿图八字,适在篇末,究为《吕览》原文,抑出后人沾缀,未可定。即谓为原文,亦谓能通乎其道,若孔子言殷因于夏,周因于殷,礼所损益可知,其或继周者虽百世可知耳,固不谓能知国家兴替。《淮南·俶真训》曰:"洛出丹书,河出绿图,故许由、方回、善卷、披衣,得达其道。"亦仅言遭遇盛世,故大道昌明,不谓其道出自图书也。《人间训》曰:"秦王挟录图,见其传曰:亡秦者胡也。"作录不作绿。《史记·秦始皇本纪》卢生奏录图书同。绿图、录图,未必是一。亡秦者胡,亦传录图者之言,非录图之文也。乃《论衡·实知》,以"亡秦者胡"为河图之文;郑玄以为"《河图》《洛书》,龟龙衔负而出。如《中候》所说:龙马衔甲,赤文绿色,甲似龟背,袤广九尺,上有列宿斗正之度,帝王录纪兴亡之数";《论语·子罕·凤鸟不至章疏》引。则始以图书为自有所云矣,此则新莽等之所为也。

《王莽传》："长平馆西岸崩，邕泾水不流，毁而北行。遣大司空王邑行视，还奏状，群臣上寿，以为《河图》所谓以土填水，匈奴灭亡之祥也。"此为征引《河图》之文之始，至后汉而变本加厉矣。《隋书·经籍志》曰："《河图》九篇，《洛书》六篇，云自黄帝至周文王所受本文。又别有三十篇，云自初起至于孔子九圣之所增演，以广其意。又有《七经纬》三十六篇，并云孔子所作，并前合为八十一篇。"案郑注《易·大传》"河出图，洛出书"曰："河以通乾出天苞，洛以流坤吐地符。河龙图发，洛龟书感。《河图》有九篇，《洛书》有六篇。"《正义》引。《后汉书·张衡传注》引《衡集》上事曰："《河洛》五九，《六艺》四九，谓八十一篇也。"即《隋志》之说也。《续汉书·祭祀志》载光武封禅刻石文曰："皇帝惟慎《河图》、《雒书》正文。秦相李斯燔《诗》、《书》，乐崩礼坏。建武元年以前，文书散亡，旧典不具，不能明经文，以章句细微相况。八十一篇，明者为验。又其十卷，皆不昭晢。子贡欲去告朔之饩羊，子曰：赐也，尔爱其羊，我爱其礼。后有圣人正失误。"是八十一篇之说，实后汉初所造。《后汉书·尹敏传》：光武令校图谶，谳去崔发所为王莽著录次比。《儒林传》：薛汉，建武初为博士，受诏校定图谶。盖光武之所欲去者，即其所谓十卷皆不昭晢者也。张衡曰：王莽篡位，汉世大祸，八十篇何为不戒？又云：《河洛·六艺》，篇录已定，后人皮傅，无所容篡；桓谭言：今诸巧慧小才伎数之人，增益图书，矫称谶记；《后汉书》本传。王充曰：神怪之言，皆在谶记，所表皆效。孔子条畅增益，以表神怪。或后人诈记，以明效验，《论衡·实知》篇。又《雷虚》篇曰："图出于河，书出于洛，《河图》、《洛书》，天地所为，人读知之。"其《自然》篇，亦极论图书自成之理。皆不敢径以八十一篇为伪，以其为后汉初所敕定也。然则谶记出自图书之说，实王莽造之，而光武成之也，亦可谓矫诬矣。《说文》曰："河雒所出书曰谶。"亦东汉人之言。

　　《王莽传》言卜者王况为莽魏成大尹李焉造作谶书十余万言。况谓焉曰："君姓李，李音征，征，火也，当为汉辅。"而《后汉书·李通传》，谓通父守，初事刘歆，好星历谶记。通素闻守说谶云：刘氏复兴，李氏为辅。《光武纪》谓通等以是说光武，光武乃与定谋。《窦融传》：隗嚣使辩士张玄游说河西。融等召豪杰及诸太守计议。其中智者皆曰："汉承尧运，历数延长，今皇帝姓号，见于图书。自前世博物道术之士谷子云、夏贺良等，建明汉有再受命之符，言之久矣。故刘子骏改易名字，冀应其占。及莽末，道士西门君惠言刘秀当为天子，遂谋立子骏。事觉，被杀。出谓百姓观者曰：刘秀真汝主也。皆近事暴著，智者所共见也。"而《邓晨传》曰："王莽末，光武尝与兄伯升及晨俱之宛，与穰人蔡少公等宴语。少公颇学图谶，言刘秀当为天子。或曰：是国师公刘秀乎？光武戏曰：何用知非仆邪？"强华所奉《赤伏符》亦曰："刘秀发兵捕不道，四夷云集龙斗野，四七之际火为主。"见《光武纪》。《续汉书·祭祀志》载光武祭告天地文则曰："刘秀发兵捕不道，卯金修德为天子。"莽末之谶，悉若为汉所造，有是理乎？《公孙述传》言："述亦好为符命、鬼神、瑞应之事，妄引谶记。"然又曰："述梦有人语之曰：八厶子系，十二为期。觉，谓其妻曰：虽贵而祚短，若何？"使此言真出于述，安得漏泄于外？然则莽末之谶，究出于谁，亦殊难言之矣。刘扬造作谶记曰："赤九之后，瘿扬为主。"《后汉书·耿纯传》。新城山贼张满既执，叹曰："谶文误我。"《后汉书·祭遵传》。然则是时信谶者极多，此后汉君臣，所以相与造作。徒事造作，犹恐不足以自神，乃皆托之于敌也。光武以谶文用孙咸、王梁，见《后汉书·王梁》及《景丹传》。又谓二十八将，上应二十八宿，见《朱祐》等《传赞》。《冯异传》载永初六年诏曰："元功二十八将，谶记有征。"成败虽殊，其智，则亦刘扬、张满之智而已矣。

〔一四七〕图谶三

　　《续汉书·祭祀志》："建武三十年，二月，群臣上言：即位三十年，宜封禅泰山。诏书曰：即位三十年，百姓怨气满腹，吾谁欺，欺天乎？曾谓泰山不如林放，何事污七十二代之编录？桓公欲封，管仲非之。若郡县远遣吏上寿，盛称虚美，必髡，兼令屯田。"从此群臣不敢复言，善矣。然又云："三十二年，正月，上齐，夜读《河图会昌符》，曰：赤刘之九，会命岱宗。不慎克用，何益于承？诚善用之，奸伪不萌。感此文，乃诏梁松等复案索《河》、《雒》谶文言九世封禅事者。松等列奏，乃许焉。"岂至此顿忘"百姓怨气满腹"之言乎？《河》《雒》谶文，果谁所造，岂有躬造之而躬自信之者哉？然则光武之东封，亦欲藉是以镇厌东方，并以眩耀愚俗耳。《后汉书·张纯传》言南单于、乌桓降后，纯案七经谶，请立辟雍，及封泰山，遂起明堂、灵台、辟雍，宣布图谶于天下，盖亦以眩耀愚俗也。《本纪》建武十七年《注》引《东观记》曰"上以日食避正殿，读图谶多，御坐庑下浅露，中风发疾"，吾谁欺？欺天乎？

　　《后汉书·桓谭传》言光武信谶，多以决定嫌疑。谭上疏，请屏群小之曲说，述五经之正义。帝省奏不说。其后有诏会议灵台所处，帝谓谭曰：吾欲谶决之，何如？谭复极言谶之非经。帝大怒曰桓谭非圣无法，将下斩之。谭叩头流血，良久乃得解。《郑兴传》曰：

"帝尝问兴郊祀事。曰：吾欲以谶断之，何如？兴对曰：臣不为谶。帝怒曰：卿之不为谶，非之邪？兴惶恐曰：臣于书，有所未学，而无所非也。帝意乃解。兴数言政事，依经守义，文章温雅，然以不善谶故，不能任。"光武之信谶，似诚笃矣。然《儒林传》：尹敏言谶书非圣人所作，帝不纳。敏因其阙文增之曰：君无口，为汉辅。帝见而怪之，召敏问其故。敏对曰：臣见前人增损图书，敢不自量，窃幸万一。帝深非之。虽亦以此沈滞，然竟不罪。与其所以遇桓谭者，宽严迥不侔矣。然则帝之于谭，亦本恶其质直，而借事以摧挫之耳。郑兴、尹敏之不大用，亦未必以其不信谶也。夫上以诚求，则下以诚应；不诚，未有能以诚报之者也。《郅恽传》言恽上书王莽，据图录，言汉历久长，劝莽更就臣位。莽大怒，而以恽据经谶，难即害之，系狱须冬，会赦得出。夫莽自遣赵并验治符命以来，甄寻、王奇、刘棻等且纷纷遭难矣，而何有于恽？《杨厚传》言厚祖父春卿"善图谶学，为公孙述将。汉兵平蜀，春卿自杀，临命，戒子统曰：吾绨帙中有先祖所传秘记，为汉家用，尔其修之。"既知秘记之为汉，何以复为述将？既自杀以徇述矣，又戒其子为汉，天下有是理乎？杨厚为后汉言图谶之大宗，《后汉书·儒林传》言任安从厚学图谶。《方术传》："董扶少游大学，与乡人任安齐名，俱事同郡杨厚学图谶。"《三国蜀志二牧传注》引陈寿《益部耆旧传》曰："董扶事杨厚，究极图谶。"《周群传》曰："少学术于杨厚，名亚董扶、任安。"杜微、杜琼，皆受学于安。《季汉辅臣赞》曰："何彦英事安，与杜琼同师，援引图谶，劝先帝即尊位。"而其诈诬如此，以术驭天下者，其所得果如何哉？

〔一四八〕图谶四

谶，自古所有也；谶纬相附，则王莽之所为也。《申鉴·俗嫌》曰："世称纬书，仲尼之作也，臣悦叔父故司空爽辩之，盖发其伪也。有起于中兴之前，终、张之徒之作乎？或曰：杂。曰：以己杂仲尼乎？以仲尼杂己乎？若彼者，以仲尼杂己而已。然则可谓八十一篇非仲尼之作矣。或曰：燔诸？曰：仲尼之作则否，有取焉，曷其燔。"谶虽妖妄，纬则多存经说，后人卒不忍弃者以此。荀悦之言，早尽之矣。谶纬相符，诚足乱经，亦由欲以所行托之于古。以己所行托之于古，则亦欲有所为耳。其愚而诞可笑，其苦心仍可谅也。后世之造谶者，犹有之乎？若光武即徒为身谋而已，与张满辈何异？然自此，谶遂为作乱者之所资，视为禁物矣。《后汉书·窦融传》，融上书言臣融有子年十五，朝夕教道以经艺，不令得观天文谶记。《三国·魏志·常林传注》引《魏略》云：吉茂，建安二十二年，坐其宗人吉本等起事被收。先是科禁内学及兵书，而茂皆有，匿不送官。及其被收，不知当坐本等，顾谓其左右曰：我坐书也。

〔一四九〕图谶五

　　谶之原安在？曰：在社会之迷信。张衡曰："永元中，清河宋景遂以历纪推言水灾，而伪称洞视玉版。或者至于弃家业，入山林。"《后汉书·张衡传》。可见时人信谶之深。《后汉书·翟酺传》："尚书有缺，诏将大夫六百石以上试对政事、天文、道术，以高第者补之。酺自恃能高，而忌故太史令孙懿，恐其先用，乃往候懿。既坐，言无所及，惟涕泣流连。懿怪而问之，酺曰：图书有汉贼孙登，将以才智，为中官所害；观君表相，似当应之；酺受恩接，凄怆君之祸耳。懿忧惧，移病不试。由是酺对第一，拜尚书。"懿非愚夫，而亦为酺所慑者，人之心力，有以相熏，众所共信之事，虽坚强明智者，或亦不免为其所移。三至之谗，正同此理，固非酺之能诳懿也。《论衡·实知》曰："儒者论圣人，以为前知千岁，后知万世，有独见之明，独听之聪。事来则名，不学自知，不问自晓，故称圣则神矣，若蓍龟之知吉凶。"此又谶之所以托诸仲尼欤？

〔一五〇〕图谶六

谶为王莽所造,固也;然世或以刘歆为王莽之党,因以为谶出于歆,则诬。张衡谓刘向父子领校秘书,阅定九流,亦无谶录,《后汉书·张衡传》。足以明之矣。《汉书·五行志》曰:"刘歆以为虑牺氏继天而王,受《河图》,则而画之,八卦是也。禹治洪水,赐《雒书》,法而陈之,《洪范》是也。初一日五行云云六十五字,皆《雒书》本文。"歆之所谓《河图》、《雒书》者如此,安有所谓"列宿斗正之度,帝王录纪兴亡之数"者乎? 李守初事刘歆,未知信否。即以为信,亦不能决守所说谶为歆所造。《苏竟传》曰:王莽时,与刘歆等共典校书。延岑护军邓仲况拥兵据南阳阴县为寇,而刘歆兄子龚为其谋主。竟时在南阳,与龚书晓之曰:"走昔以摩研编削之才,与国师公从事出入,校定秘书。"亦仅言歆曾从事校书,不谓下文"孔丘秘经,为汉赤制"等语为歆所造也。《莽传》言:甄丰、刘歆、王舜为莽腹心,倡导在位,褒扬功德;安汉、宰衡之号,及封莽母、两子、兄子,皆丰等所共谋,而丰、舜、歆亦受其赐,并富贵矣,非复欲令莽居摄也。居摄之萌,出于泉陵侯刘庆、前辉光谢嚣、长安令田终术。莽羽翼已成,意欲称摄;丰等承顺其意,莽辄复封舜、歆两子及丰孙。丰等爵位已盛,心意既满,又实畏汉宗室、天下豪杰;而疏远欲进者,并作符命,莽遂据以即真,舜、歆内惧而已。其后争为符命封侯,其不为者,相戏曰:独无天帝除书乎？司命陈崇白莽曰：此开奸臣作福之路，而乱天命，宜绝其原。莽亦厌之。遂使尚书大夫赵并验治，非五威将帅所班，皆下狱。而丰子寻作符命，言新室当分陕，立二伯，以丰为右伯，莽即从之。丰未行，寻复作符命，言黄皇室主为寻之妻，莽因是发怒，收捕寻。寻亡，丰自杀。寻随方士入华山，岁余，捕得，辞连歆子棻、棻弟泳、大司空邑弟奇，及歆门人丁隆等，牵引公卿党亲列侯以下，死者数百人。均见《王莽传》。莽之篡汉，意盖欲有所为，歆等之辅之亦以此。既欲大有所为，势非至于即真不止；谓歆等既已富贵，遂不欲莽即真，此浅之乎测丈夫之言也。然以此证歆等之不为谶，则可信矣。张衡言："圣人明审律历，以定吉凶，重之以卜筮，杂之以九宫。或观星辰逆顺，寒燠所由，或察龟策之占，巫觋之言，其所因者，非一术也。"又言："律历、卦候、九宫、风角，数有征效，世莫肯学，而竞称不占之书。"《后汉书·张衡传》。足见谶皆不学无术者所为，使刘歆等为之，有如是其陋者邪？

成、哀以后所谓谶者，大体有二：一附会字形，如王莽以钱文有金刀，改为货泉，或以货泉为白水真人，是也。一曲解文义，如张邯称说符命，谓《易》言"服戎于莽，升其高陵，三岁不兴"，莽，皇帝之名；升谓刘伯升；高陵谓高陵侯子翟义；言刘升、翟义为伏戎之兵于新皇帝之世，犹殄灭不兴，是也。刘歆乃好古文者。古文条例，是为六书。谶之附会字形者，莫不与六书相背，歆安得信之？范增述南公之言曰："楚虽三户，亡秦必楚"，语意本明。苏林、臣瓒、亦皆随语气释之。乃服虔以三户为津名，孟康谓"南公知秦亡必于三户，故出此言。后项羽果渡三户津破章邯军，降章邯，秦遂亡"。然则"虽"字何解？岂不可发一大噱？曾是刘歆等而为此邪？谶文之体，盖放古之谣辞为之。《史记·三代世表》褚先生述方士考功之言曰："《黄帝终始传》曰：汉兴百有余年，有人不短不长，出白燕之乡，持天下之政,时有婴儿主,却行车。"即其体。足征谶不始于成、哀,特成、哀后始盛耳。此犹今日之新诗,为人之所能为,亦足征其为家人言也。

"亡秦者胡"等语,乃约举谶意,非谶本文。

〔一五一〕图谶七

谶非刘歆等所为，固矣。好古学者，又以是为今文师咎，则其说益诬。为是说者，乃以纬多用今文说，而谶文荒怪。今文师好言阴阳灾异，亦或邻于荒怪耳。不知纬之所以用今文说者，乃以成、哀之际，古文初兴，说尚未出；至于阴阳灾异，则与谶绝非一物。《汉书》总叙推言阴阳灾异者曰：孝武时有董仲舒、夏侯始昌，昭、宣则眭孟、夏侯胜，元、成则京房、翼奉、刘向、谷永，哀、平则李寻、田终术。《眭》、《两夏侯》、《京》、《翼》、《李传》。今其言具存，曷尝有如谶之矫诬者邪？尹敏建武二年，亦上疏陈《洪范》消灾之术，亦得以敏为信谶者邪？

《隋书·经籍志》曰："汉时，诏东平王苍正五经章句，皆命从谶。俗儒趋时，益为其学，篇卷第目，转加增广。言五经者，皆冯谶为说。惟孔安国、毛公、王璜、贾逵之徒独非之，相承以为妖妄，乱中庸之典。故因汉鲁恭王、河间献王所得古文，参而考之，以成其义，谓之古学。当世之儒，又非毁之，竟不得行。"此所谓孔安国者，即《尚书》之《伪孔传》，可以勿论。《毛诗》究出何人，不可知。若如《汉志》之说，谓河间献王好之，则其时谶尚未兴，何缘以为妖妄？云因恭王、献王所得，参而考之，以成其义，明古文之说，皆出臆造，非有师承也。然贾逵明引谶文，争立《左氏》，亦得谓之非谶者邪？今文师信谶者诚不乏，然如郑玄，名为兼通今古文，而实偏于古，今其经注引谶者即极多，安得专咎今文师乎？以纬书多用今文说而咎今文，则《毛传》皇天、昊天、旻天之义，亦见《尚书帝命验》，又得以《毛传》为妖妄邪？

〔一五二〕太史公书亡篇

　　补《太史公书》是一事，续《太史公书》是一事，后人就《太史公书》有所附益，又是一事。三者不可相殽。

　　《后汉书·班彪传》，载彪作《后传略论》，言司马迁作本纪、世家、列传、书、表，凡百三十篇，而十篇缺焉。《汉书·艺文志》：《太史公书》百三十篇，十篇有录无书；本传同。张晏曰："迁殁之后，亡《景纪》、《武纪》、《礼书》、《乐书》、《兵书》、《汉兴以来将相年表》、《日者列传》、《三王世家》、《龟策列传》、《傅靳列传》。元、成之间，褚先生补缺，作《武帝纪》、《三王世家》、《龟策》、《日者传》，言辞鄙陋，非迁本意也。"此就百三十篇中所缺者补之，所谓补《太史公书》者也。

　　《彪传》又云："武帝时，司马迁著《史记》，自太初以后，阙而不录。后好事者颇或缀集时事，然多鄙俗，不足以踵继其书。"《注》："好事者，谓扬雄、刘歆、阳城衡、褚少孙、史孝山之徒也。"《汉书·张汤传赞》："冯商称张汤之先与留侯同祖，而司马迁不言，故阙焉。"如淳曰："班固《目录》：冯商，长安人。成帝时，以能属书，待诏金马门，受诏续《太史公书》十余篇。"师古曰："刘歆《七略》云：商，阳陵人。治《易》，事五鹿充宗。能属文，博通强记，与孟柳俱待诏。颇序列传，未卒，会病死。"《艺文志注》同。"事五鹿充宗"下，多"后事刘向"四字。《艺文志注》引韦昭曰："冯商受诏续《太史公》十余篇，在班彪

《别录》。"说与如淳同，而《汉志》列商所续《太史公》仅七篇，盖余篇因病未卒邪？然无论其为七篇抑十余篇，要必在百三十篇之外，此所谓续《太史公书》者也。

张晏言褚少孙补迁书仅四篇，而今所缺十篇俱在，则补迁书者不止一人。然遂谓扬雄、刘歆、阳城衡、史孝山之徒为之，则又非也。雄等所为，盖皆续而非补；而此十篇，亦有可云补，有不可云补者。何则？苟其言补，虽不能必得迁意，要必与迁书体例相同。而如今之所为，钞《封禅书》以充《武纪》，钞《荀子》、《戴记》以当《礼书》、《乐书》，皆与迁书体例，截然不合也。张晏言褚先生所补，言辞鄙陋，而如今之所补，则《武纪》用《封禅书》，即迁所自为；《三王世家》全录策文；《日者传》载司马季主之辞；《龟策传》载太卜所传龟策卜事；其辞皆非褚氏所为，何鄙陋之有？且《武纪》即取《封禅书》，是钞本书之此篇以补彼篇也，《武纪》完，《封禅书》又缺矣，有是理乎？故知今此四篇，又非褚少孙之旧也。

然则《史记》中不出谈、迁处，果何人所为邪？曰：古书为后人所乱者甚多，而其乱之也，亦各不同。有本书既缺，他有所采以补之，而其所采大致与本书合者，如今《史记》之《景纪》、《傅靳列传》、《汉兴以来将相年表》是也。此三篇体例最与元书合。《景纪》，《索隐》云以班书补之。今检其文，与班书绝不同，可知补《史记》者必别有所受之也。有所采虽未必合，而体例与元书相符者，若《律书》、《三王世家》、《日者》、《龟策》两传是也。颜师古谓《史记自序》，有《律书》无《兵书》，以驳张晏，误也。《律书》即《兵书》，昔人已言之矣。亦有全不相干者，则《武纪》、《礼》、《乐》二书是矣。此其意盖本不在补，特取略有关涉之事，钞附以备观览而已。虽附元书篇中，元书仍不可不谓之缺也。有附录而无元文，亦无补之之文。然今《礼书》、《乐书》中钞《荀子》、《戴记》处，虽止可谓之附录，而自此以前一节，则与元书体例，尚无不合，岂此一节为褚少孙所补，而其余则好事者之为之与？《乐书》篇末又有"太史公曰"云云，亦割《礼论》之文。

张晏谓《史记》所缺十篇，而今存者亦皆有"太史公曰"字。论者因谓《史记》实未尝缺，而訾少孙之补为亡谓，《十七史商榷》。此又非也。太史公三字，盖非独谈、迁，凡居是官者，皆以之自称焉。刘知幾谓马迁既殁，太史之署，非复记言之司，此特以大校言之，安知居其位者，遂一无所述哉？且如今《司马相如传赞》，采及扬雄之语，岂谈、迁所能为，然亦著"太史公曰"字。此等苟非居是官者之自称，则只可谓钞他书以续补《史记》者妄益之，然观"褚先生曰"字，皆未尝改，则知妄以他人之辞，托诸谈、迁者尚不多，非谈、迁所能言之"太史公曰"，自以释为居是官者之自称为较安也。

《史记》中有褚先生之辞者，不止张晏所举四篇。如《三代世表》、《建元以来侯者年表》是也。然晏不云此诸篇为褚所补，则知晏所谓补者，乃元书全佚，他有所采以充之，而非如此诸篇，于元书之后，有所沾缀也。诸篇中涉及麟止后事者，大抵皆此类耳。此皆只可谓之附益，既不可云补，亦不足言续也。

《自叙》曰："三子之王，文辞可观，作《三王世家》。"今《三王世家》亦载太史公之言曰："封立三王，天子恭让，群臣守义，文辞烂然，甚可观也，是以附之世家。"其言如出一口。似乎迁之元书，为不亡矣。然又载褚先生之言曰："臣幸得以文学为侍郎，好览观太史公之列传。传中称《三王世家》，文辞可观。求其世家，终不能得。窃从长老好故事者，取其封策书，编列其事而传之，令后世得观贤主之指意。"今此篇所列策文，在"太史公曰"以前者，盖即褚先生得诸长老者也。然则"太史公曰"以下之语，何自而来？岂其所序之事及辞已亡，而论赞之语独存与？盖史迁之书，私书也，其意欲藏之名山，传之其人，而其后祖述宣布，实由其外孙扬恽。见迁本传。《杨敞传》云：

"恽始读外祖《太史公记》，颇为《春秋》。"此乃民间之物，不必为侍郎而后得观。褚先生所览观之太史公列传，其所谓太史公者，实非迁也。今观其辞又曰："王者疆土建国，封立子弟，所以褒亲亲，序骨肉，尊先祖，贵支体，广同姓于天下也，是以形势强而王室安。自古至今，所由来久矣，非有异也，故弗论著也。"此语若出谈、迁，则自汉兴以来同姓王侯，皆不当列表；而自楚元王以下，宗室受封者，亦不当著于世家矣；有是理乎？列者，序列；古书之序，恒与其书别行。褚少孙既云览观太史公之列传，又云求《三王世家》弗能得，则此所谓列传者，乃诸篇之序录，如今《史记》中之《自叙》，而非如《史记》中之列传序列行事者也。今《史记》诸篇中系诸太史公之辞，窃疑此类当尚不乏，特无从一一别白；而此篇"太史公曰"以下之辞，其非出于谈、迁，则昭然可睹矣。《礼书》、《乐书》既亡，而篇首仍有系诸太史公之语，盖亦此类。故知张晏之言，必非无据也。知晏之言有据，则知张守节举《礼书》、《乐书》等非史公元文者，司马贞举《建元以来侯者年表》四十五国、《历书》太始、征和以下，悉以为褚先生所补者之非矣。

　　《三国·魏志·王肃传》载明帝问肃曰："司马迁以受刑之故，内怀隐切，著《史记》非贬孝武，令人切齿。"对曰："司马迁记事，不虚美，不隐恶。刘向、扬雄服其善叙事，有良史之才，谓之实录。汉武帝闻其述《史记》，取孝景及己本纪览之，于是大怒，削而投之。于今此两纪有录无书。后遭李陵事，遂下迁蚕室。此为隐切在孝武，而不在于史迁也。"案迁《报任少卿书》，极言所以隐忍苟活，实为《史记》之未成，则其著书，实在遭李陵事后，而不在其前，安得有武帝因读本纪隐切，乃下迁蚕室之事？故昔人于肃说，多不之信也。或曰：著书是一事，成书又是一事。迁书之成，在遭李陵事后；其从事论著，当在继父为太史之年，安得谓景、武二纪，遭陵事时必无草创乎？此说可通。然古人轻事重言，往往设辞悟主，不必实有其事。孔融之"想当然耳",是其明证。《魏志》载肃谏疏及李云不当死、史迁非隐切之对,意固美其直谏,非嘉其博闻。据明帝问,迁著书自在遭陵事后,肃之言似不能据为事实也。然景、武两纪,有录无书,则非虚辞,又可见张晏之说之确矣。

原刊《光华大学半月刊》第三卷第六期,一九三五年出版

〔一五三〕淮南王书无中篇

　　《汉书·淮南王传》言其"招致宾客方术之士数千人,作为《内书》二十一篇,《外书》甚众;又有《中篇》八卷,言神仙黄白之术,亦二十余万言"。"又有"以下十九字,必后人窜入。中即内也,《艺文志·杂家》有《淮南内》二十一篇,即今所传《淮南王书》;又有《外》三十三篇。王既招致方术之士甚众,未必无言神仙黄白事者,当在此中,不当别有《中篇》也。《楚元王传》言宣帝复兴神仙方术之事,而淮南有《枕中》、《鸿宝》、《苑秘》书,书言神仙使鬼物为金之术,及邹衍《重道延命方》,世人莫见;而更生父德,武帝时治淮南狱,得其书,更生幼而读诵,以为奇,献之,言黄金可成;上令典尚方铸作事,费甚多,方不验,上乃下更生吏。刘奉世曰:德待诏丞相府,年三十余,始元二年事也。淮南事元朔六年,是时德甫数岁。案《郊祀志》亦言更生献淮南《枕中》、《洪宝》、《苑秘》之方,而不言其出于德。然则谓其出于德,乃后人附会之语,而孟坚误采之也。刘向虽信其书,不必信其出于淮南王也。

　　《艺文志·易》家有《淮南道训》二篇,《注》云"淮南王安聘明《易》者九人号九师法",疑即今《淮南王书》中之《原道训》。《内书》中此二篇专言《易》,余则不纯于儒,故向、歆入之杂家。师古曰:《内篇》论道,《外篇》杂说。以《内篇》为纯论道者,亦非也。

〔一五四〕读论衡

　　凡一时代中人，其思想必相类。王仲任《论衡》一书，近人盛称之，以为能破斥迷信矣，然其时之人之见解，类于仲任者实不少，读其书《订鬼》之篇而可知也。

　　此书列举时人论鬼之说，凡得八家：一曰人病则忧惧，忧惧见鬼出。譬之伯乐相马，顾玩所见，无非马者；庖丁学解牛三年，不见生牛，所见皆死牛。谓思念存想，自见异物。又谓精念存想，或泄于目，或泄于口，或泄于耳。泄于目，目见其形；泄于耳，耳闻其声；泄于口，口言其事。是则不徒见鬼者不足信，其耳有所闻，或口言其事者，亦皆非实有其物矣。二曰目光与卧乱。所谓卧者，谓气倦精尽，妄有所见。立此说者，谓之反照，谓其与梦相似。又谓狂者之见鬼物亦然。三曰鬼者人所见得病之气。其气象人形而见。气皆纯于天，天文垂象于上，其气降而生物。本有象于天，则其降下有形于地，此即《易》在天成象在地成形之说。如此说，则形与气实为一物。又谓众星之体，为人与鸟兽，故见人与鸟兽之形。案古称庶民惟星，盖实谓其降而为人，读《庶民惟星》条可知。可见此说实衍古哲学之绪也。四曰鬼者老物之精，亦或未老性能变化。五曰鬼者本生于人，时不成人，变化而去。引颛顼有三子，生而死，去为疫鬼为证。故鬼神有形体，能立树，与人相见，非阴阳浮游之气若云烟者所能为。六曰鬼者甲乙之神。甲乙者天之别气，其形象人。庚辛报甲乙，故病人且死，杀鬼之至者为庚辛之神。何以效之？以甲乙日病者，其死生之期，常在庚辛之日也。七曰鬼者物也，与人无异，常在四边之外，往来中国，与人杂。天地生物，有人若鸟兽，其生凶物亦有似人象鸟兽者。凶祸之家，或见蜚尸，或见走凶，或见人形，三者皆鬼也。而人或谓之鬼，或谓之凶，或谓之魅，或谓之魑。说螭者谓之龙，魅亦龙类，龙不常见，故鬼亦时见时匿，然皆生存实有，非虚无象之类。引《山海经》鬼门万鬼所出入，神荼郁垒主阅领万鬼，执其恶害者以食虎。谓可食之物无空虚者以明之。八曰鬼在百怪之中，太阳之气中伤人谓之毒，变化谓之妖。妖怪能象人之形，亦能象人之声，故言有妖，声有妖，文有妖。妖象人之形，毒象人之兵，毒中人则死，微者即为腓。杜伯之厉为妖，其弓矢则毒也。妖或施其毒不见其体，或见其形不施其毒。见其形不施其毒者，如晋太子申生是，不能为害。施其毒不见其体，则凡受其害，而不知其由者，皆是也。言有妖，如童谣；声有妖，如濮水琴声，纣郊鬼哭；文有妖，为文书之怪。人含气亦为妖，如巫之类；是巫之辞，无所因据，故同于声气自立、音声自变也。又博征诸事以明之，曰火气恍惚，故妖象存亡。龙，阳物也，故时变化。鬼时藏时见，故知其为阳气。阳色赤，故世人见鬼色尽纯朱。案此汉人与今异。蜚凶之类为火光，止集树木，枝叶枯死。问妖何以能象人形？则曰：太阳之气，天气也，天能生人之体，故能象人之容。问何以时见时隐？则曰：阴气为骨肉，阳气为精神。人之生也，阴阳气具。精气为知，案《礼运》"体魄则降，知气在上"之知字如此解。此亦可见当时之立说者多本古哲学。骨肉为强，合错相持，故能常见而不灭亡。太阳之气，盛而无阴，故徒能为象，不能为形；一见恍惚，辄复灭亡也。此说为仲任所取，故其《言毒》篇亦谓毒为太阳之热气，人不堪任。《纪妖》篇论张良遇老父得《太公兵法》事曰：《太公兵法》，气象之也。气象生人之形，则亦能象太公之书。亦与此说相符会也。八说自今日观之，当以第一二说为较合。然仲任不之取。欲取第一说者，则以第一二说以鬼为无其物。第三说至第八说则不然。仲任宗旨同于形法之家，凡事必求诸物质，故就后六说中择其推论最博者而取之也。

立论必据事物。有所据之事物是而推论误者，亦有所据之事物本不足信者。如第五说谓颛顼之子去为疫鬼；第六说谓甲乙日病者，死生之期皆在庚辛之日；第七说谓神荼郁垒阅领万鬼，执以食虎是也。然误信事实，亦有仍由推论之不精者：《纪妖》篇论张良得兵法事，设问曰："气无刀笔，何以为文？"而答之曰："鲁惠公夫人仲子，生而有文在其掌，曰为鲁夫人；晋唐叔虞文在其手曰虞；鲁成季友文在其手曰友。三文之书，性自然；老父之书，气自成也。"因谓"太公钓得巨鱼，刳鱼得书，云吕尚封齐；武王得白鱼，喉下文曰以予发，盖不虚矣。因此复原《河图》、《洛书》言兴衰存亡，帝王际会，审有其文矣。"姑无论此等事之不足信，即以为可信，而兵法必著于简策，亦与文在其手、喉下有文者，非同类也。盖时习以此等事为实有，故贤者亦有所蔽而不能自拔耳。《言毒》篇谓毒中人若火灼，信有其事矣。曰人或为蝮所中，割肉置地焦沸，火气之验，则未必然也。又曰："他物之气入人鼻目，不能疾痛。火烟入鼻，鼻疾；入目，目痛；火气有烈也。""盛夏暴行，暑暍而死，热极为毒也。人疾行汗出，对炉汗出，乡日亦汗出，疾温病者亦汗出，四者异事而皆汗出，困同热等，火日之变也。"说虽未尽然，所据之事自确。又曰"太阳之地，人民促急，促急之人，口舌为毒。故楚越之人，促急捷疾，与人谈言，口唾射人，则人脤胎肿而为创。南郡极热之地，其人祝树树枯，唾鸟鸟坠"，则并所据之事而亦不确矣。天下之事物多矣，安能一一目验？其所依据，必有得之于人者。市三成虎，明者不能尽知其诬，此乃无可如何之事,不宜妄以后人之见议论古人也。此亦一时代中人见解所以相类之故。

　　唯物之家,视精神亦有其质。《汉书·艺文志》驳形法家之论曰:"形与气相首尾,亦有其形而无其气,有其气而无其形,此精微之独异也。"此不谓气非质,特其形不可见耳。仲任之论亦如此。故《论死》篇谓"形须气而成,气须形而知"。有形无气则为死物,火灭光消而烛在,看似初无所损,然粟米弃出则囊橐无复坚强之形矣,此形须气之说也。有气无形则不能成物,譬犹天下无独然之火,其偶见者,则所谓妖也。人"受命于天,禀气于元,与物无异"。语见《辨祟》篇。其所以异者,以禀五常之气。五常之气,必舍于五藏。故五藏有病,则人荒忽,荒忽则愚痴,此今心理本于生理之说也。气之生人,犹水之为冰。冰解为水,人死复神。人之气与天地之气是一非二,正犹盎中之水与盎破后流于地上之水非二,此说恍闻横渠之说,实即《易》所谓"精气为物,游魂为变"尔。游魂之质必极微弱,仲任譬之卵未为鸡时,其质涊溶如水。害人者必以筋力,徒以精气加人,犹口气射人之面,虽贲育不能害人。此仲任所以断定鬼之不能为害也。以上所引皆见《论死》篇。

　　人之所以生者精气,而能为精气者血脉,亦见《论死》篇。仲任谓人之寿夭、强弱、知愚、贤不肖,咸视乎其禀赋。《初禀》篇谓王命定于怀妊,犹卵壳孕而雌雄生,日月至而骨节强,强则雄自率将雌,是其义也。《无形》篇谓寿夭由形,形不可变化,命不可减加;譬诸囊贮粟米,损益粟米,囊亦增减。是故天不能增减人之年,犹之人不能损益苞瓜之汁,令其形如故也。儒家三命之说:曰正命,谓禀吉而得吉者也;曰随命,行善而得善,行恶而得恶者也;曰遭命,行善得恶者也。仲任驳之,别立三命三性之说:以至百而死者为正命,五十而死者为随命,初禀气时遭凶恶者为遭命,禀五常之性者为正性,随父母之性者为随性，遭得恶物象之者为遭性。必别立新说者，所以破命随操行而至之说。《命义》篇所谓"操行善恶者性也，祸福吉凶者命也"。所以必攻命随操行而至之说者，则以遇不遇无关于才不才，累害自外不由内也。此义《逢遇》、《累害》二篇明之。此等议论，每为迂儒好谈劝戒者所深訾；然贤不肖浑淆，使贤者蒙不白之冤，而不肖者获不虞之誉，不可也。治乱在时不在行，观《治期》篇所论可知。世俗不知，则使明知之主虚受其责矣。又不独此也，论罪者贵略迹而原心，贤贤者独不当如此乎？《定贤》篇立观善心之义曰：有善心，虽贫贱困穷功不成而效不立犹为贤。又曰：治不谋功，要所用者是；行不责效，期所为者正。此则不徒一洗成败论人之见，亦且暗契董生"正其谊不谋其利，明其道不计其功"之说矣。其论命义之说，谓命不可勉，时不可力，知者归之于天，故坦荡恬忽。此亦儒家无入不自得之义也。故真见是非未有不有裨于道德者，问佞人何以不为贤，曰：夫佞与贤同材，佞以情自败；偷盗与田商同知，盗以欲自刿也。《答佞》篇。此岂徒持福善祸淫之空论所能范围驱策哉？

　　性与命之别，性以知德言，命以体格言。《命义》篇所谓死生寿夭之命，《气寿》篇所谓强弱寿夭之命皆命；《命义》篇所谓贵贱贫富之命则性也。此皆原于禀赋。其系于遭逢者，则仲任不谓之命，谓之禄，谓之遭遇，谓之幸偶。禄者，今人所谓命运，仲任谓之盛衰兴废；如国君或生于国家鼎盛之时，或生于国势衰颓之日；人或生于钟鸣鼎食之家，或为荜门圭窦之子是也。遭遇者，谓遇非常之变，历阳之都一夕沈而为湖，长平之坑四十万同时死其事，《气寿》、《刺孟》两篇所谓所当触值之命。幸偶者，一人之遭遇，遭祸福为幸不幸，触赏罚为偶不偶，盖以自然之利害，或虽人所为而出于无意者为祸福，人有意加诸吾者为赏罚也。合此四者，而人所遭之幸不幸定焉。四者或俱善，或俱恶，其或善或恶者，则视其力之大小以定吉凶，如所谓国命胜人命,寿命胜禄命是也。其意义自较三命旧说为周帀。仲任论命之说,通观《命禄》、《气寿》、《幸偶》、《命义》、《无形》、《偶会》、《骨相》、《初禀》诸篇。

《齐世》一篇力辟古胜于今之说,《宣汉》、《恢国》、《验符》、《须颂》力言今胜于古,看似无意义,然法家之所以不法古始,则正自此义来也。今能核实与否,于自然现象与社会现象同。核实于自然现象者,形法之家也;核实于社会现象者,名法之家也。仲任宗旨于此最近。

然社会现象殆不可与自然现象等量而齐观者,自然现象今古殆少变更,社会现象则不然矣。《齐世》篇辟上世之人侗长佼好坚强老寿之说,谓天不变易,气不改更,俱禀元气,形体何故不同? 是矣。然古人冲愉恬淡,又少传染之病,易于老寿;后世反是,则事之不可诬者也。而仲任亦不谓然,则傎矣。仲任又谓人生一世,寿至百岁;生为十岁儿时,所见地上之物,生死改易者多,至于百岁所见诸物,无以异也。百岁之间,足以卜筮,此其致误之由也。

迷信之家,视神如人,谓万事皆神为之,而其所谓神为之者,则犹之人之为之也。此固缪妄可笑。归诸自然是矣。观《论衡》,综核名实之法,近于法家。所得结论,近于道家。《谴告》篇谓黄、老二家论说天道得其实矣,《自然》篇谓说合于人事,不入于道德,从道不从事,虽违儒家之说,合黄、老之义也。可见其宗旨所在。然举理之不可通者,亦概以自然说之,则大开方便之门,亦一弱点也。仲任等皆未免此病。

仲任等之解释鬼妖,虽未能将世俗之迷信根本否认,然卒能下“国将亡,妖见,其亡,非妖也;人将死,鬼来,其死,非鬼也;亡国者,兵也;杀人者,病也”之结论。则于死亡之原因,辨之甚核。对于摧破迷信,已大有功。大抵仲任论事,最致谨于因果之关系,其《偶会》篇曰:“世谓秋气击杀谷草,此言失实。夫物以春生夏长,秋而熟老,适自枯死,阴气适盛,与之会遇。何以验之? 物有秋不死者,生性未极也。人生百岁而终,物生一岁而死,死谓阴气杀之,人终触何气而亡?夜月光尽,不可以作,人力亦倦,欲壹休息;昼日光明,人卧亦觉,力亦复足。非天以日作之,以夜息之也,作与日相应,息与夜相得也。"

〔一五五〕大人见临洮

　　秦大人见临洮，汉人以为灾异，引之以说长狄；然《汉书·陈胜项籍传注》引《三辅黄图》言金人之铭曰："皇帝二十六年，初兼天下，改诸侯为郡县，一法律，同度量，大人来见临洮，其长五丈，足迹六尺。"则当时实以为祥瑞也。

〔一五六〕论汉人行序之说

《后汉书·皇甫嵩传》，谓张角讹言"苍天已死，黄天当立"。案以相生之序言之，当云赤天已死；以相胜之序言之，当云白天已死。以黄代苍，五行家无此说也。疑角本云赤天已死，当时奏报者讳之，乃改为苍天。《灵帝纪》云：角自称黄天。其部师三十六万皆著黄巾。《续汉书·五行志注》引《物理论》曰：黄巾被服纯黄，不将尺兵，肩长衣，翔行舒步，所至郡县无不从。

五德终始，说出邹子。其遗文不可得见。惟《文选》沈休文《齐故安陆昭王碑》李善注引《邹子》曰：五德从所不胜，虞土、夏木、殷金、周火。左思《魏都赋》注引《七略》，亦曰邹子终始五德，从所不胜，土德为始，木德继之，金德次之，火德次之，水德次之。其说当有所本。《吕览·应同》，以黄帝为土德，禹为木德，汤为金德，文王为火德。《淮南·齐俗》，言有虞氏祀中溜，服尚黄；夏后氏祀户，服尚青；殷人祀门，服尚白；周人祀灶，服尚赤。《史记·封禅书》曰："秦始皇既并天下而帝，或曰：黄帝得土德，黄龙地螾见；夏得木德，青龙止于郊，草木畅茂；殷得金德，银自山溢；周得火德，有赤乌之符。今秦变周，水德之时。昔秦文公出猎，获黑龙，此其水德之瑞。"皆邹子之说也。其后贾谊、公孙臣、兒宽、司马迁皆仍之。至刘向父子乃一变，见下。而王莽行焉，光武因之。自此以后，公孙述引《援神契》曰：西太守，乙卯金。谓西方太守而乙绝卯金也。五德之运，黄承赤而白继黄，金据西方为白德，而代王氏，得其正序。《后汉书·公孙述传》。李云忧国将危，心不能忍，乃露布上书，移副三府，曰：高祖受命，至今三百六十四岁，君期一周，当有黄精代见，姓陈、项、虞、田、许氏，不可令此人居太尉、太傅典兵之官。《李云传》。耿包密白袁绍曰：赤德衰尽，袁为黄胤，宜顺天意。《袁绍传》。袁术以袁氏出陈，为舜后，以黄代赤，德运之次，遂有僭逆之谋。《袁术传》。熹平末，黄龙见谯，桥玄问单飏：此何祥也？飏曰：其国当有王者兴，不及五十年，龙当复见，此其应也。魏郡人殷登密记之。至建安二十五年春，黄龙复见谯，其冬，魏受禅。见《后汉书·方术·单飏传》。案亦见《三国·魏文帝纪》。皆相生之说也。即草泽之夫，亦以是为号召，桓帝建和二年，长平陈景自号"黄帝子"是也。《桓帝纪》。此从监本。宋本黄作皇。案皇、黄古通。后汉之世，学士论行序，仍主相胜之说者，惟一王充；见《论衡·验符》篇。草泽举兵，仍以旧说号召者，惟冲帝永嘉元年，历阳贼华孟自称"黑帝"耳。见《本纪》，亦见《滕抚传》。然则后汉之世，相生之说，远胜于相胜。光武政事多反王莽，惟行序之说仍之者，亦取其为众所共喻也。张角乃不学无术之徒，胥动浮言，不遇意图扇惑，安得更有新说？故知张角"苍天已死"之苍，必本作赤而为汉人所改也。

易相胜为相生，说虽成于刘向，而实始于甘忠可。王莽称假皇帝之奏，引哀帝建平二年改元易号之事，曰"案其本事，甘忠可、夏贺良谶书臧兰台"，《汉书·王莽传》。而其增益漏刻，亦与贺良等同，其证也。哀帝号陈圣刘太平皇帝，陈即田，田即土，盖谓帝虽姓刘，所行者实土德耳。刘向父子绝忠可、贺良之说，而其行序之说，顾与之同，亦可见忠可、贺良之说，非无足取矣。案《史记·封禅书》曰"秦襄公既侯，居西垂，自以主少昊之神，作西畤，祠白帝"，其后"栎阳雨金，秦献公自以为得金瑞，故作畦畤栎阳，而祀白帝"；此乃傅会之辞。汉高祖二年，"东击项籍而还入关，问故秦时上帝祠何帝也？对

曰：四帝，有白、青、黄、赤帝之祠。高祖曰：吾闻天有五帝，而有四，
何也？莫知其说。于是高祖曰：吾知之矣，乃待我而具五也。乃立
黑帝祠，命曰北畤。"高帝时尚莫知祠不具五之说，而谓秦当襄献时，
已自以为金运，其说宁可信乎？《封禅书》又曰："自齐威宣之时，驺
子之徒论著终始五德之运，及秦帝而齐人奏之，故始皇采用之。"则
五德终始之说，实来自东方；秦自吕不韦集宾客著书以前，固当无所
知也。忠可齐人，然则五德相生相胜之说，皆起于东方矣。

　　《史记·孟荀列传》言邹衍，"深观阴阳消息，而作怪迂之变，《终
始》《大圣》之篇十余万言。其语闳大不经，必先验小物，推而大之，
至于无垠。先序今以上至黄帝，学者所共术，大并世盛衰，因载其禨
祥度制，推而远之，至天地未生，窈冥不可考而原也。"《吕览》言五德
始于黄帝，实为说出邹子之征。以此推之，则颛顼木，帝喾金，尧火，
而虞为土德，中阙水德。岂邹子之说，五帝同德，至夏乃以木代土
邪？或曰：《汉书·律历志》曰："祭典曰：共工氏伯九域。言虽有水
德，在火木之间，非其序也。任知刑以强，故伯而不王。秦以水德，
在周汉木火之间。周人迁其行序，故《易》不载。"然《周书·史记》言
共工自贤，唐氏亡之。《淮南·本经》曰："共工振滔洪水以薄空桑。
舜乃使禹疏三江五湖，辟伊阙，道廛涧。"《荀子·议兵》曰："禹伐共
工。"《战国·秦策》载苏秦之言同。《成相》曰："禹有功，抑下鸿，辟除民
害逐共工。"禹治水在舜摄政时，此即《书》所谓舜流共工于幽州，亦
即《周书》所谓唐氏亡之也。然则唐虞之间，实有一共工其人。《管
子·揆度》曰："共工之王，水处十之七，陆处十之三，乘天势以隘制
天下。"知以共工为伯而不王，说实始于向、歆。《汉志》所引祭典，今
见《礼记·祭法》《国语·鲁语》，盖皆向、歆之说既出后改定之文，
非古文如此也。此说亦可通。若如此说，则古帝王相承之序，与《大
戴记·五帝德》及《史记·五帝本纪》不合。予因之有疑焉。《太史

公自序》曰:"卒述陶唐以来,至于麟止,自黄帝始。"既曰陶唐以来,又曰自黄帝始,未免自相矛盾。《五帝本纪赞》文义支离,其经后人窜改,殆无疑义,然其中当颇有元文。《赞》曰:"学者多称五帝,尚矣。然《尚书》独载尧以来;而百家言黄帝,其文不雅驯,荐绅先生难言之。孔子所传《宰予问五帝德》及《帝系姓》,儒者或不传。"此数语当系史迁元文。疑迁书本纪第一篇不称五帝,始自陶唐,后人以《五帝德》之文附益之,乃并其名而易之也。抑《大戴记》无传授,先儒多不之信,又安知非向、歆之说既行后,或人加以窜易者邪? 王莽下书曰:"夫三皇象春,五帝象夏,三王象秋,五伯象冬。皇王,德运也;伯者,继空续乏以成历数,故其道驳。"《王莽传》。此说尚未摈霸者使不得列于行序,然已启其端。更进一步,即可替共工而以舜承尧,闰嬴秦而以汉继周矣。可见向、歆之说,亦自甘忠可、夏贺良以来,逐渐增改而成者也。《汉书·艺文志·诸子略·阴阳家》,有《邹子终始》五十六篇,当即《史记》所谓《终始》之篇。其《大圣》篇则不可知矣。《史记·孝文本纪》言公孙臣上书,陈终始五德事。《汉书·律历志》言丞相属宝、长安单安国、安陵桮育治《终始》,盖皆治邹子之学者。褚先生补《三代世表》曰:"《黄帝终始传》曰:汉兴百有余年,有人不短不长,出白燕之乡,持天下之政。时有婴儿主,却行车。臣为郎时,与方士考功会旗亭下,为臣言。"方士说虽怪妄,亦附会邹子之书,知邹子之学在西京流布甚广也。

《汉书·郊祀志赞》曰:"汉兴之初,庶事草创,惟一叔孙生略定朝廷之仪。若乃正朔、服色、郊望之事,数世犹未章焉。至于孝文,始以夏郊。而张苍据水德,公孙臣、贾谊更以为土德,卒不能明。孝武之世,文章为盛。太初改制,而兒宽、司马迁等,犹从臣、谊之言,服色数度,遂顺黄德。彼以五德之传从所不胜,秦在水德,故谓汉据土而克之。刘向父子以为帝出于震,故包羲氏始受木德,其后以母传子，终而复始，自神农、黄帝下历唐、虞、三代，而汉得火焉。故高祖始起，神母夜号，著赤帝之符，旗章遂赤，自得天统矣。昔共工氏以水德间于木火，与秦同运，非其次序，故皆不永。"《高帝纪赞》曰："刘向云战国时刘氏自秦获于魏。秦灭魏，迁大梁，都于丰。故周市说雍齿曰：丰，故梁徙也。是以颂高祖云：汉帝本系，出自唐帝。降及于周，在秦作刘。涉魏而东，遂为丰公。"此可见以共工与秦为不当行序，汉为火德，系出唐尧，说实成于向、歆。《眭弘传》弘谓"汉家尧后"，疑其文出后人，非弘本语。

《史记·高祖本纪》：高祖夜经丰西泽中，拔剑击斩蛇。"后人来至蛇所，有一老妪夜哭。人问何哭？妪曰：人杀吾子，故哭之。人曰：妪子何为见杀？妪曰：吾子，白帝子也，化为蛇，当道，今为赤帝子斩之，故哭。"又云：高祖立为沛公，"祠黄帝，祭蚩尤于沛庭，而衅鼓。旗帜皆赤，由所杀蛇白帝子，杀者赤帝子，故上赤。"此中"由所杀蛇白帝子"以下十五字，决为后人增窜。其余为史公元文与否未敢定。然即有此说，亦系寻常讹言，未必与行序有关也。应劭说此，谓秦祠白帝为金德，而汉以火德灭之，于行序之说可通。《索隐》引《春秋合诚图》曰："水神哭，子褒败。""宋均以为高祖斩白蛇而神母哭，则此母水精也。"则以秦为水德。闻水克火，不闻火克水，于理为不可通矣。刘向父子于此未能弥缝，亦一阙失也。

《高祖纪》又曰："其先刘媪尝息大泽之陂，梦与神遇。是时雷电晦冥，太公往视，则见交龙于其上。"但云交龙而已，不言为何色。夏贺良言赤精子之谶。应劭曰高祖感赤龙而生，自谓赤帝之精，贺良等因是作此谶文，始以龙为赤色，与行序有关，此亦后来所增益也。然亦可见向、歆之说，实与贺良等同。

〔一五七〕窦　公

　　《汉书·艺文志》："六国之君，魏文侯最为好古，孝文时，得其乐人窦公。"《注》引桓谭《新论》云："窦公年百八十岁，两目皆盲，文帝奇之，问曰：何因至此？对曰：臣年十三失明，父母哀其不及众技，教鼓琴，臣导引无所服饵。"案此神仙家之妄托也。窦公之传出于魏文侯之乐人，非身事魏文侯；犹扁鹊上治虢太子，下逮赵简子、齐桓侯，同蒙扁鹊之号，实非一人也。故曰"或在齐，或在赵"。自魏文侯至汉文帝，亦不止百八十岁，神仙家之技，故止于此。

〔一五八〕禁巫祠道中

　　《汉书·武帝纪》：“天汉二年，秋，止禁巫祠道中者。”《注》：文颖曰：“始汉家于道中祠，排祸咎，移之于行人百姓，以其不经，今止之也。”师古曰：“文说非也。秘祝移过，文帝久已除之。今此总禁百姓巫觋于道中祠祭者耳。”案汉家若无此事，文颖岂得妄说？则师古之言非也，此与秘祝移过，并非一事。秘祝移过，盖如荧惑守心，而子韦欲移诸相，移诸民，移诸岁；赤云夹日飞，而周太史谓可移诸将相之类。使宋景、楚昭听之，官司必有职其事者，非行诸道中者也。礼以正俗，然人心未变，则有仍弃礼而徇俗者。《王嘉传》：嘉奏封事言：“董贤母病，长安厨给祠具，道中过者皆饮食。”如淳曰：“祷于道中，故行人皆得饮食。”此即所谓巫祠道中者。宰相行之，安保皇室之不出此乎？《潜夫论·巫列》篇曰：“人有爵位，鬼神有尊卑。巫觋之语，小人所畏；及民间缮治，微蔑小禁；本非天王所当惮。旧时京师，不防动功，造禁以来，吉祥应瑞，子孙昌炽，不能过前。且以君畏臣，以上需下，则必示弱而取陵，殆非致福之招也。”然则汉世祠祭禁忌，同于民间习俗者多矣，又安必巫祠道中之独不然乎？故知文颖之言，必有所据也。

〔一五九〕赛与塞

　　《后汉书·宦者传》:"先是瑀等阴于明堂中祷皇天曰:窦氏无道,请皇天辅皇帝诛之,令事必成,天下得宁。既诛武等,诏令大官给塞具。"《注》:"塞,报祠也。音苏代反。字当为赛,通用。"案此乃塞字之长短言耳。

〔一六〇〕黄老君

　　道家之学，与神仙家之言，相去亦远矣，而后世并为一谈，何也？曰：道家之学，托诸黄帝，而老子传之，世遂以黄、老并称，方士崇奉黄帝，耳熟黄、老之名，遂自附于老子耳。

　　曷言乎道家之学，托诸黄帝，而老子传之也？案《老子书》辞义最古；全书皆三四言韵语，一也。间有散句，乃后来所加。书中但有牝牡雌雄字，无男女字，称名特异，二也。全书之义，女权皆优于男权，三也。此必非东周后人所能为，盖自古相传之辞，至老子乃著之竹帛者耳。其辞出于谁某不可知，然必托之黄帝，故汉人恒以黄、老并称。今《列子书·天瑞》篇引《黄帝书》二条，黄帝之言一条，《力命》篇亦引《黄帝书》一条。《天瑞》篇所引，有一条与《老子书》同，其余亦极相类。《列子》虽伪物，亦多采撅古籍而成，非尽伪造也。故知道家言必自古即托之黄帝者也。

　　曷言乎方士耳熟黄、老之名，遂自附于老子也？《三国志·张鲁传注》引《典略》，谓张脩使人为奸令祭酒，主以《老子》五千文，使都习。夫张脩之道与老子何涉？此诚令人大惑不解者也。读《后汉书》之《桓帝纪》，乃恍然矣。《纪》云：延熹八年正月，遣中常侍左悺之苦县祠老子。十一月，使中常侍管霸之苦县祠老子。九年七月，祠黄、老于濯龙宫。《论》曰：前史称桓帝好音乐，善鼓琴，饰芳林而考濯龙之宫,设华盖以祠浮屠、老子,斯将所谓听于神者乎？注：前史,谓《东观记》也。《襄楷传》：楷上疏曰：闻宫中立黄、老、浮屠之祠。此道清虚,贵尚无为；好生恶杀,省欲去奢。今陛下嗜欲不去,杀罚过理,既乖其道,岂获其祚哉？或言老子入夷狄为浮屠；浮屠不三宿桑下,不欲久生恩爱,精之至也；天神遗以好女,浮屠曰：此但革囊盛血,遂不盼之。其守一如此,乃能成道。今陛下淫女艳妇,极天下之丽；甘肥饮美,单天下之味；奈何欲如黄、老乎？又《楚王英传》：晚节更喜黄、老学,为浮屠齐戒祭祀。永平八年,诏令天下死罪皆入缣赎。英遣郎中令奉黄缣白纨各三十匹诣国相,国相以闻。诏报曰：楚王诵黄、老之微言,尚浮屠之仁慈。洁齐三月,与神为誓。何嫌何疑,当有悔吝？其还赎,以助伊蒲塞、桑门之盛馔。然则是时,黄、老、浮屠,缪葛不清旧矣。然《续汉书·祭祀志》曰："桓帝即位十八年,好神仙事。延熹八年,初使中常侍之陈国苦县祠老子。九年,亲祠老子于濯龙。文罽为坛饰,淳金釦器,华盖之坐,用郊天乐也。"此与《后汉书》所纪同,而濯龙之祠,《纪》言黄、老,《志》但言老子,则除苦县为老子乡里,故特祠之之外,《三国·魏志·仓慈传注》曰："案《孔氏谱》：孔乂字元隽,孔子之后。曾祖畴,字元矩,陈相。汉桓帝立老子庙于苦县之赖乡,画孔子像于壁；畴为陈相,立孔子碑于像前,今见存。"疑老子庙成于延熹八年,故特祠之也。其余皆当兼祠黄、老。八年一年之中,而遣祠老子者再,则其祠黄帝必甚数,必不止九年一祭。史特记九年之祭者,以其礼独隆耳。《东观记》考濯龙与祠老子对举,则濯龙之祠,所重当在黄帝。其因黄帝而牵及老子之迹,犹隐然可见也。《三国·魏志·武帝纪》：建安二十五年,王崩于洛阳。《注》引《世语》曰：太祖自汉中至洛阳,起建始殿,伐濯龙祠而树血出。《曹瞒传》曰：王使工苏越徙美梨。掘之,根伤,尽出血。越白状,王躬自视而恶之,以为不祥,还,遂寝疾。则濯龙实为妖妄之府,至汉末,犹有此等妖言也。黄帝无书,而老子有五千文,故张脩使其下习之耳。其取五千文，盖特取其为老子之书，而非取其书中之义。抑其所取者，亦方士神巫之所谓老子，非道术之士之所谓老子也。《后汉书·逸民传》曰：矫慎，少学黄、老，隐遁山谷，仰慕松、乔道引之术。汝南吴苍遗书曰：盖闻黄、老之言，乘虚入冥，藏身远遁。亦有理国养人，施于为政。至如登山绝迹，神不著其证，人不睹其验。吾欲先生，从其可者，于意何如？此道术之士，隐遁之流，神仙之家，并自托于老子之证。仲长统《卜居论》曰："安神闺房，思老氏之玄虚；呼吸精和，求至人之仿佛。"亦以老子与神仙家并称。汉世方士，虽多以飞升遐举为言，然其道实杂而多端。言登山绝迹者可以自托于老子，固不能禁祠祭巫鬼者不之托。抑言他道者可自黄帝而及老子，又不能禁祠祭巫鬼者不因此而及彼也。此黄、老所由以道术之名，一变而为神巫方士之祖也。

《后汉书·陈愍王宠传》：景平二年，国相师迁，追奏前相魏愔，与宠共祭天神，希冀非幸，罪至不道。槛车传送愔，迁诣北寺诏狱。愔辞，与王共祭黄老君，求长生福而已，无他冀幸。刘攽《刊误》曰：黄老君不成文，当云黄帝、老君。《刊误补遗》曰：《真诰》云：大洞之道，至精至妙，是守素真人之经。昔中央黄老君秘此经，世不知也。则道家又自有黄老君。《真诰》未必可信，中央黄老君似指天神言之，正合迁之所奏。然迁以诬告获罪，足征愔与愍王所祭，实非《真诰》所云。云求长生福，所祀者盖亦方士所谓黄、老也。黄老君固不成文，增一帝字，黄帝二字，则成文矣，老君何人乎？盖方士之谫陋者，初不问黄、老为谁，贸然于其下加一君字耳。史言黄、老道者甚多，乍观之固似成文，然果以黄为黄帝，老为老子，其道又岂可奉祀者邪？

《后汉书·循吏传》云：延熹中，桓帝事黄、老道，悉毁诸房祀。惟特诏密县存故太傅卓茂庙，洛阳留王涣祠焉。又《栾巴传》云：好道。再迁豫章太守。郡土多山川鬼怪，小人尝破资产以祈祷。巴素有道术，能役鬼神。乃悉毁诸房祀，翦理奸诬。于是妖异自消。百姓始颇为惧，终皆安之。《三国·魏志·武帝纪注》引《魏书》，言太祖击黄巾时，黄巾移之书曰：昔在济南，毁坏神坛，其道乃与中黄大乙同，似若知道，今更迷惑。《后汉书·皇甫嵩传》言张角奉事黄、老道，则角与桓帝，所事正同，即栾巴之所好，恐亦不外乎此也。《三国志·张鲁传》言鲁以鬼道教民，大都与黄巾相似。鲁之治，颇留意于人民生计，岂倡此道者以淫祀无福，妄耗民财，思有以革除之，乃为是以毒攻毒之计与？然桓帝则必非能知此义者也。

　　观于桓帝、栾巴、楚王、陈王、张角、张鲁等所奉，而后汉之世所谓黄、老者可知已。然窃疑其犹不始此。《史记·儒林传》曰：孝景不任儒者，而窦太后又好黄、老之术，故诸博士具官待问，未有进者。《魏其武安侯列传》言：太后好黄、老之言，而魏其、武安、赵绾、王臧等务隆推儒术，贬道家言，是以窦太后滋不说魏其等。窦太后多与政事，助梁王以谋继嗣，绝非知足知止之人。《儒林传》又曰："窦太后好《老子书》，召辕固生问《老子书》。固曰：此是家人言耳。太后怒曰：安得司空城旦书乎？乃使固入圈刺豕。景帝知太后怒而固直言无罪，乃假固利兵；下圈刺豕，正中其心，一刺，豕应手而倒。太后默然，无以复罪，罢之。"太后所问，果为今《老子书》，固虽不好道，岂得目为家人言？疑太后所问《老子书》，亦有巫鬼之辞，羼杂其中矣。怒而使之刺豕，理亦殊不可解。岂其所谓家人言者，有刺豕之戒，而固不之信，乃以是困之与？然则《老子书》之为人所附会也旧矣。

　　《后汉书·独行传》云："向诩，性卓诡不伦。恒读《老子》，状如学道；又似狂生，好被发著绛绡头。征拜侍中。会张角作乱，诩上便宜，颇讥刺左右，不欲国家兴兵；但遣将于河上北向读《孝经》，贼自当消灭。中常侍张让谗诩：不欲令国家命将出师，疑与角同心，欲为内应。收送黄门北寺狱，杀之。"案《三国·吴志·孙策传注》引《江表传》，言策欲杀于吉，诸将连名陈乞。策曰："昔南阳张津为交州刺史，舍前圣典训，废汉家法律，尝著绛帕头，鼓琴烧香，读邪俗道书，云以助化，卒为南夷所杀。此甚无益，诸君但未悟耳。"《注》考桓帝前亡，张津后死，谓策以此晓譬诸将，自不可信。然特托之于策为诬，述张津事必非虚语。诩好著绛绡头，津则著绛帕头；诩欲读《孝经》以灭贼，津则读道书以助化，其所为亦颇相类。抑张角讹言苍天已死，黄天当立，无论从相生相胜之说，黄皆不得代苍，盖本言赤天已死，汉人奏报讳之，乃改赤为苍。《灵帝纪》曰："巨鹿人张角自称黄天，其部师三十六万，皆著黄巾。"《续汉书·五行志注》引《物理论》曰："黄巾被服纯黄，不将尺兵，肩长衣，翔行舒步，所至郡县无不从。"夫其著黄巾者，以黄天既立也。然则向诩著绛绡头，张津著绛帕头者，汉行犹未改也。角之起也，杀人以祠天，亦见《皇甫嵩传》。此东夷用人之旧，而被发亦东夷之俗。然则张让疑向诩与角同心，不为无因。谓其欲为角内应固诬，而诩所好之道，是否即张角所事之黄、老道，则殊难断其不然矣。又《三国·魏志·管宁传注》引《魏略》曰："寒贫者，本姓石，字德林，安定人也。建安初，客三辅。是时长安有宿儒栾文博者，门徒数千，德林亦就学，始精《诗》、《书》。后好内事，于众辈中最玄默。至十六年，关中乱，南入汉中。不治产业，不畜妻孥，常读《老子》五千文及诸内书，昼夜吟咏。"此人所信何道，亦殊可疑，而与向诩皆常读《老子》，此又老子为邪教牵引之一证矣。

《论衡·道虚》篇曰："世或以老子之道，为可以度世。恬淡无欲，养精爱气。夫人以精神为寿命，精神不伤，则寿命长而不死。老子行之，逾百，度世为真人矣。"此亦神仙家附会老子之一证。

〔一六一〕黄老、老庄、老易

汉代虽儒学专行，然诸子之学传授仍不绝，其中道家之学尤盛。老庄虽同隶道家，其宗旨实不同，老子之学，主于以柔克刚，仍是斗争求胜之术。庄子则观大化之无常，齐是非，泯欣厌，委心任运而已。《汉志》道家阐发老子者，有邻氏、傅氏、徐氏、刘向四家，阐发庄周者无一焉。前条所引列传中治道家之学者，亦仅严君平云，依老子严周之旨著书，班嗣云：贵老严之术，其报桓生书，亦盛称严子耳。知其时庄周之说，远不如老子之盛也。然老氏之学，实无隐居自乐之意，庄生则有之。前条所引治黄老诸家，多有自甘隐遁者，恐未尝不兼取庄周也。此已开晋代风气之先矣。

以老子之言，与其谓近于庄，无宁谓近于易，故玄学诸家多以老易并称，范升向长皆兼治老易，亦魏晋之先河也。

《三国志·秦宓传》古朴曰：严君平见黄老，作《指归》，《指归》盖君平所著书名。

〔一六二〕读汉书札记一

　　天下事无可全欺人者。人之必死，众目所共见也。以不死诳人，其术拙矣。然时人信之甚笃，盖亦有由。淫祀之废也，成帝以问刘向。向言："陈宝祠自秦文公至今七百余岁矣，汉兴世世常来。光色赤黄，长四五丈，直祠而息，音声砰隐，野鸡皆雊。每见雍太祝祠以太牢，遣候者乘乘传驰诣行在所，以为福祥。高祖时五来，文帝二十六来，武帝七十五来，宣帝二十五来，初元元年以来亦二十来。"此众目昭见之事，非可虚诳。盖自然之象，为浅知者所不能解，乃附会为神怪。其说诬，其象则不虚也。神仙之说，盖因海上蜃气而起，故有登遐倒景诸说，而其所谓三神山者，必在海中，而方士亦必起于燕、齐耳。

　　《史记·封禅书》曰："三神山者，其传在勃海中，去人不远。患且至，则船风引而去。盖尝有至者，诸仙人及不死之药皆在焉。其物禽兽尽白，而黄金银为宫阙。未至，望之如云。及到，三神山反居水下。临之，风辄引去，终莫能至云。"《汉书·郊祀志》：谷永述当时言神仙者之说，谓能"遣同遥。兴轻遐举，登遐倒景，览观县圃，浮游蓬莱"。司马相如《大人赋》曰："世有大人兮，在于中州。宅弥万里兮，曾不足以少留。悲世俗之迫隘兮，朅轻举而远游。垂绛幡之素蜺兮，载云气而上浮。"皆可见神仙之说初兴，由蜃气附会之迹。

　　神仙家之说,不外四端:一曰求神仙,二曰练奇药,三曰导引,四曰御女。练药,导引,御女,皆与医药相关。《汉志》神仙家,与医经,经方,房中同列方技,盖由于此。然奇药不必自练,亦可求之于神仙。《史记·封禅书》:三神山尝有至者,诸仙人及不死之药皆在焉;又谓始皇"南至湘山,遂登会稽,并海上,冀遇海中三神山之奇药"是也。《史记·淮南王传》:伍被言:秦使徐福入海。"还为伪辞曰:臣见海中大神,言曰:汝西王之使邪?臣答曰:然。汝何求?曰:愿请延年益寿药。神曰:汝秦王之礼薄,得观而不得取。"尤显而可见。此与自行练药者,盖各为一派。

　　服食与练药,又有不同。练药必有待于练,服食则自然之物也。《后汉书注》引《汉武内传》,谓封君达初服黄连五十余年,却俭多食茯苓,魏武能饵野葛是也。《华佗传》云:"樊阿从佗求方可服食益于人者,佗授以漆叶青黏散。"《注》引《佗别传》曰:"本出于迷入山者,见仙人服之,以告佗。"此神仙家言与医家相出入者。

　　导引之术,亦由来甚久。《庄子》已有熊经鸟申之言。《汉书·王吉传》吉谏昌邑王游猎曰:"休则俯仰屈申以利形,进退步趋以实下,吸新吐故以练臧,专意积精以适神,于以养生,岂不长哉!"王褒《圣主得贤臣颂》曰:"何必偃仰屈信若彭祖,呴嘘呼吸如乔松。"崔实《政论》曰:"夫熊经鸟伸,虽延历之术,非伤寒之理;呼吸吐纳,虽度纪之道,非续骨之膏。"仲长统《卜居论》曰:"呼吸精和,求至人之方佛。"皆导引之术也。《华佗传》:"佗语吴普曰:古之仙者为导引之事,熊经鸱顾,引挽要体,动诸关节,以求难老。吾有一术,名五禽之戏:一曰虎,二曰鹿,三曰熊,四曰猿,五曰鸟,亦以除疾,兼利蹢足,以当导引。"则导引又医家及神仙家之所共也。

　　《后汉书》言普行五禽之法,年九十余,耳目聪明,齿牙完坚,此行规则运动之效,首见于史者。注引《佗别传》曰:"普从佗学,微得其方。魏明帝呼之，使为禽戏，普以年老，手足不能相及，粗以其法语诸医。普今年将九十，耳不聋，目不冥，牙齿完坚，饮食无损。"云手足不能相及，盖其戏即今所传《八段锦》中所谓"两手攀足固肾要"者。《后书注》曰："熊经，若熊之攀枝自悬也。鸱顾，身不动而回顾也。"云若攀枝自悬，则未必真有物可攀，亦不必其真自悬。窃疑《八段锦》中所谓"两手托天理三焦"，即古所谓熊经者。身不动而回顾，其为《八段锦》中之"五劳七伤望后瞧"，无疑义矣。《后汉书》又云："冷寿光行容成公御妇人法，常屈颈鸱息，须发尽白，而色理如三四十时。王真年且百岁，视之面有光泽，似未五十者。自云：周流登五岳名山；悉能行胎息、胎食之方。漱舌下泉咽之。不绝房室。注引《汉武内传》："王真习闭气而吞之，名曰胎息。习漱舌下泉而咽之，名曰胎食。真行之，断谷二百余日，肉色光美，力非数人。"又引《抱朴子》曰："胎息者，能不以鼻口嘘翕，如在胎之中。"孟节能含枣核不食，可至五年十年。又能结气不息，状若死人，可至百日半年。"胎食、胎息，即今所谓吞津及河车般运之术。静之至，自可不食较久。二百余日或有之，云五年十年，则欺人之谈也。不息若死，亦其息至微耳。魏文帝《典论》曰："甘陵甘始，名善行气，老而少容。始来，众人无不鸱视狼顾，呼吸吐纳。军祭酒弘农董芬，为之过差，气闭不通，良久乃苏。"盖导引宜顺自然，又必行之有序，而与日常起居动作，亦无不有关系。山林枯槁之士，与夫专以此为事者，其所行，固非寻常之人所能效耳。

　　房中，神仙，《汉志》各为一家，其后御女，亦为神仙中之一派。盖房中本医家支流，神仙亦与医家关系甚密耳。《后汉书·方术传》言甘始、东郭延年、封君达三人，率能行容成御妇人术。又冷寿光，亦行容成御妇人法。魏文帝《典论》谓："庐江左慈，知补导之术。慈到，众人竞受其术。至寺人严峻，往从问受。奄竖真无事于斯，人之逐声，乃至于是。"此并《汉志》所谓房中之传。《史记·张丞相列传》

言："妻妾以百数，尝孕者不复幸。"盖亦其术。此尚与神仙无涉。
《汉书·王莽传》：莽以郎阳成修言。黄帝以百二十女致神仙。因
备和嫔、美御，与方士验方术，纵淫乐。则房中、神仙合为一家矣。

写于一九三三年十月前

〔一六三〕读汉书札记二

　　道家之说，与方士本不相干。然张脩、于吉等，不惟窃其言，抑且窃其书以立教，一若奉为先圣先师，而自视为其支流余裔者。案张脩使人为奸令祭酒，祭酒主以《老子》五千文使都习，见《三国志·张鲁传》注引《典略》。于吉有《太平清领经》，见《后汉书·襄楷传》注引《太平经·帝王》篇，有"元气有三名：太阳、太阴、中和"；"人有三名：父、母、子"之语。盖窃老子"一生二，二生三，三生万物"，"负阴而抱阳，冲气以为和"之说者也。何哉？予谓方士之取老子，非取其言，而取其人；其所以取其人，则因道家之学，以黄、老并称；神仙家亦奉黄帝。黄、老连称，既为世所习熟，则因黄帝而附会老子，于事为甚便耳。

　　《后汉书·襄楷传》：楷上书言：闻宫中立黄、老、浮屠之祠。《桓帝纪》延熹九年，七月，庚午，祠黄、老于濯龙宫，盖即楷所斥。先是八年，正月，遣中常侍左悺之苦县祠老子。十一月，使中常侍管霸之苦县祠老子，所以但祠老子者，以之苦县之故，一岁中遣祠老子至再。则祠黄、老之事，史不及书者多矣。《续书·祭祀志》："桓帝即位十八年，好神仙事。延熹八年，初使中常侍之陈国苦县祠老子。九年，亲祠老子于濯龙。文罽为坛，饰淳金釦器，设华盖之坐，用郊天乐也。"此与《后书》帝纪所言同事。而九年之祠，《纪》言黄老，《志》但言老子。《纪》又曰："前史称桓帝好音乐，善鼓笙。饰芳林而考濯龙之宫,设华盖以祠浮图、老子,斯将所谓听于神乎!"注:"前史谓《东观记》也。"以考濯龙与祠老子对言,则濯龙之祠,所重盖在黄帝。黄帝无书,而老子有五千文在。治符咒治病者且取之,而后此之以哲理缘饰其教者,不必论矣。《典略》言张脩之法略与张角同,而《后汉书·皇甫嵩传》言张角奉祀黄、老道,此张脩之使人都习《老子》,为由黄帝而及之铁证也。楷之疏曰:"闻宫中立黄、老、浮屠之祠。此道清虚,贵尚无为;好生恶杀,省欲去奢。今陛下嗜欲不去,杀罚过理。既乖其道,岂获其祚哉!或言老子入夷狄为浮屠。浮屠不三宿桑下,不欲久生恩爱,精之至也。天神遗以好女,浮屠曰:此但革囊盛血。遂不眄之。其守一如此,乃能成道。今陛下淫女艳妇,极天下之丽;甘肥饮美,单天下之味;奈何欲如黄、老乎?"此所谓老子之道,全与道家不合,盖方士所附会也。《楚王英传》:"晚节更喜黄、老,学为浮屠斋戒祭祀。永平八年,诏令天下死罪皆入缣赎。英遣郎中令奉黄缣白纨三十四诣国相。国相以闻。诏报曰:楚王诵黄老之微言,尚浮屠之仁慈,洁斋三月,与神为誓。何嫌何疑,当有悔吝?其还赎,以助伊蒲塞桑门之盛馔。"此所谓黄老学者,亦非九流之道家,乃方士所附会也。然则黄老、神仙、浮屠三者,其轇葛不清旧矣,而桓帝亦沿前人之波而逐其流耳。

又不独淫昏之君主藩辅然也,枯槁之士亦有之。《后汉书·逸民传》:矫慎,少好黄老,隐遁山谷,因穴为室,仰慕松、乔导引之术。汝南吴苍遗书曰:"盖闻黄、老之言,乘虚入冥,藏身远遁;亦有理国养人,施于为政。至如登山绝迹,神不著其证,人不睹其验。吾欲先生从其可者,于意何如?"此风以治道家之黄、老,绝神仙家所托之黄、老也。仲长统《卜居论》曰:"安神闺房,思老氏之玄虚。呼吸精和,求至人之仿佛。"亦以道家与神仙家之言并称。

又《陈愍王宠传》:"熹平二年,国相师迁追奏前相魏愔与宠共祭

天神，希冀非幸，罪至不道。槛车传送憺、迁诣北寺诏狱。使中常侍
王酺与尚书令、侍御史杂考。憺辞与王共祭黄老君，求长生福而已，
无它冀幸。"刘攽《刊误》曰："黄老君不成文，当云黄帝老君。"《刊误
补遗》曰："《真诰》云：大洞之道，至精至妙，是守素真人之经。昔中
央黄老君秘此经，世不知也。则道家又自有黄老君。"案言中央黄老
君，似指天神中之黄帝，则正实师迁所奏。而当时迁以诬告其王诛
死，足见《后汉书》所云，非《真诰》所载，贡父之说，为不误也。或《后
汉书》衍君字。

写于一九三三年十月前

〔一六四〕于吉神书

《后汉书·襄楷传》：延熹九年，楷自家诣阙上疏，有云："臣前上琅邪宫崇受于吉神书，不合明听。"十余日，复上书曰："前者宫崇所献神书，专以奉天地、顺五行为本，亦有兴国广嗣之术；其文易晓，参同经典；而顺帝不行，故国胤不兴；孝冲、孝质，频世短祚。"《传》曰："初顺帝时，琅邪宫崇诣阙上其师于吉于曲阳泉水上所得神书百七十卷，皆缥白素朱介，青首朱目，号《太平清领书》。其言以阴阳五行为宗，而多巫觋杂语。有司奏崇所上妖妄不经，乃收藏之，后张角颇有其书焉。"此文颇相矛盾。楷前疏明言自上，何后疏又云宫崇献神书而顺帝不行邪？疏云其文参同经典，而传谓其多巫觋杂语，亦又不雠。楷前疏臣前上云云十六字，语意未完，且与上下文皆不衔接；后疏，前者宫崇云云五十二字，尽删之，于文义亦无所阙；盖作史者于成文每多删并，当时必有伪为楷文，称扬于吉神书者，范氏不察，误合之于楷疏也。

于吉为孙策所杀，见《三国·吴志·策传注》引《江表传》。《后汉书·楷传注》亦引之，而其文不全。《注》又引《志林》曰："初顺帝时，琅邪宫崇诣阙上师于吉所得神书于曲阳泉水上，白素朱界，号《太平青领道》，凡百余卷。顺帝至建安中，五六十岁，于吉是时近已百年，年在耄悼，礼不加刑。又天子巡狩，问百年者，就而见之。敬齿以亲爱，圣王之至教也。吉罪不及死，而暴加酷刑，是乃谬诛，非所以为美也。"记于吉书与《后汉书》略同，而卷数互异，似是书卷帙，后来又有增加。自称百岁，乃方士诬罔之辞，吉安能授宫崇于五六十岁之前，又惑吴人于五六十岁之后？古书卷帙率少；又缣帛价贵，无论其为百余卷抑百七十卷，皆不易造作。然则谓吉以是书授崇，崇以是书上顺帝，恐皆子虚乌有之谈也。《后汉书注》曰："神书即今道家《太平经》也；其经以甲乙丙丁戊已庚辛壬癸为部，每部一十七卷。"恐即造作是书者，妄托之于宫崇、于吉，并附会之于襄楷耳。于吉之死，《三国志注》又引《搜神记》，与《江表传》大相径庭。又《江表传》记策语谓："昔南阳张津为交州刺史，舍前圣典训，废汉家法律，常著绛帕头，鼓琴烧香，读邪俗道书，云以助化，卒为南夷所杀。"而《志林》推考桓王前亡，张津后死。裴氏案太康八年广州大中正王范上《交广二州春秋》，亦谓建安六年，张津犹为交州牧。孙策死于建安五年。足见此等记载之不足凭矣。范氏书杂采之，又安可信邪？

　　襄楷事迹，亦见《三国·魏志·武帝纪注》引《九州春秋》。云陈蕃子逸与术士平原襄楷会于冀州刺史王芬坐，楷曰：天文不利宦者，黄门、常侍当族灭矣。逸喜。芬曰：若然者，芬愿驱除。于是与许攸等结谋。欲因灵帝北巡行废立。据其所记，则楷仍《后汉书》所称善天文阴阳之术者耳。楷两疏皆端人正士之言，陈蕃举其方正，乡里宗之，中平中，与荀爽、郑玄俱以博士征，岂信于吉神书者邪？

　　《楷传》言："书上，即召诣尚书问状。楷曰：臣闻古者本无宦官。武帝末，春秋高，数游后宫，始置之耳，后稍见任。至于顺帝，遂益繁炽。今陛下爵之，十倍于前。至今无继嗣者，岂独好之而使之然乎？尚书上其对，诏下有司处正。尚书承旨奏曰：宦者之官，非近世所置，汉初张泽为大谒者，佐绛侯诛诸吕；孝文使赵谈参乘，而子孙昌盛；楷不正辞理，指陈要务，而析言破律，违背经藝，假借星宿,伪托神灵,造合私意,诬上罔事,请下司隶,正楷罪法,收送洛阳狱。帝以楷言虽激切,然皆天文恒象之数,故不诛。犹司寇论刑。"案《汉书·成帝纪》:建始四年,春,罢中书宦官。《注》引臣瓒曰:"汉初中人有中谒者令,孝武加中谒者令为中书谒者令,置仆射。宣帝时,任中书官弘恭为令,石显为仆射。元帝即位数年,恭死,显代为中书令,专权用事。至成帝,乃罢其官。"《百官公卿表》记成帝建始四年更名中书谒者令为中谒者令,而不记武帝加中谒者令为中书谒者令之事,然《萧望之传》言,望之以为中书政本,宜以贤明之选,自武帝游宴后庭,故用宦者,非国旧制,则瓒言确有所据。武帝所用,乃中书宦官,而非宦官始自武帝。宦官实自古所有,楷不应并此不知。且宫崇之书,顺帝时有司既奏其妖妄不经矣,楷果尝上其书,岂得云所言皆天文恒象之数邪?《楷传》之不足信,愈可见矣。

〔一六五〕太平道、五斗米道

　　《三国·魏志·张鲁传》："祖父陵,客蜀,学道鹄鸣山中,造作道书以惑百姓。从受道者出五斗米,故世号米贼。陵死,子衡行其道。衡死,鲁复行之。益州牧刘焉以鲁为督义司马,与别部司马张脩将兵击汉中太守苏固,鲁遂袭脩杀之,夺其众。《后汉书·刘焉传》曰:"与别部司马张脩将兵掩杀汉中太守苏固,断绝斜谷,杀使者。鲁既得汉中,遂复杀张脩而并其众。"案《灵帝纪》:中平元年,"秋七月,巴郡妖巫张脩反,寇郡县。"《注》引刘艾《纪》曰:"时巴郡巫人张脩疗病,愈者雇以五斗米,号为五斗米师。"则脩先尝反版,后乃降于焉。焉死,子璋代立,以鲁不顺,尽杀鲁母家室。鲁遂据汉中,以鬼道教民,自号师君。其来学道者,初皆名鬼卒。受本道已信,号祭酒。各领部众,多者为治头大祭酒。皆教以诚信,不欺诈,有病,自首其过。大都与黄巾相似。诸祭酒皆作义舍,如今之亭传。又置义米肉,县于义舍,行路者量腹取足;若过多,鬼道辄病之。犯法者,三原,然后乃行刑。不置长吏,皆以祭酒为治,民夷便乐之。雄据巴、汉垂三十年。"《注》引《典略》曰:"熹平中,妖贼大起,三辅有骆曜。光和中,东方有张角,汉中有张脩。骆曜教民缅匿法,角为太平道,脩为五斗米道。太平道者,师持九节杖为符祝,教病人叩头思过,因以符水饮之;得病或日浅而愈者,则云此人信道;其或不愈,则为不信道。脩法略与角同,加施静室,使病者处其中思过。又使人为奸令祭酒,祭酒主以《老子》五千文,使都习,号为《后汉书注》引无此字。奸令。为鬼吏,主为病者请祷。请祷之法,书病人姓名,说服罪之意。作书三通:其一上之天,著山上;其一埋之地;其一沈之水,谓之三官手书。使病者家出米五斗,以为常,故号曰五斗米师。实无益于治病,但为淫妄,然小人昏愚,竞共事之。后角被诛,脩亦亡。及鲁在汉中,因其民信行脩业,遂增饰之。教使作义舍,以米肉置其中以止行人;又教使自隐,有小过者,当治道百步,则罪除;又依月令,春夏禁杀,又禁酒。流移寄在其地者,不敢不奉。”《后汉书·刘焉传》及《注》引《典略》均略同。裴松之云:“张脩应是张衡,非《典略》之失,则传写之误。”案此言误也。鲁之教既云因脩而增饰之,安得又云受诸父祖?脩之事迹,信而有征。陵、衡若父子相传,其道不为不久,何以《典论》数“妖贼”不之及?且陵、衡之道,果行之何地乎?行之汉中欤,何以汉中人但知有脩?行之蜀中欤,何以蜀中转不闻有是法也?疑鲁增饰脩法,讳所自出,自谓受诸父祖,传者误信之,承祚亦误采之耳。《蜀志·二牧传》、《后汉书·刘焉传》均云鲁母挟鬼道,出入焉家,不云其父。疑鲁之左道,幼即受诸其母,故能增饰脩法也。

　　鲁,沛国丰人,则是东方人也,何以陵学道于蜀?此亦可疑之一端。或曰:流移访道,事所恒有。《三国志》谓鲁之道大都与黄巾相似,正足征其原出东方,谓其传自父祖,或不诬也。然鲁之道,实与角并不相似;角言苍天已死,黄天当立。《后汉书·皇甫嵩传》。自称“黄天泰平”。《三国志·孙坚传》。苍天疑当作赤天,汉人讳而改之。然则角所依托者,实当时五德终始之说,而脩则于天之外兼事地水,可谓绝不相蒙。《后汉书·皇甫嵩传》云:角遣弟子八人,使于四方,以善道教化天下。《孙坚传》云:托有神灵,遣八使以善道教化天下。青、徐、幽、冀、荆、扬、兖、豫八州之人,莫不毕应。遂置三十六方,方犹将军号也,大方万余人,小者六七千,各立渠帅。及其事露,则驰救诸方,一时俱起。《杨震传》言:角等执左道,称大贤,以诳燿百姓,天下襁负归之。震孙赐,时在司徒,召掾刘陶告曰:张角等遭赦不悔,而稍益滋蔓;今若下州郡捕讨,恐更骚扰,速成其患。且欲切敕刺史二千石:简别流人,各护归本郡,以孤弱其党,然后诛其渠帅,可不劳而定,何如?陶对曰:此孙子所谓不战而屈人之兵,庙胜之术也。赐遂上书言之,会去位,事留中。后帝徙南宫,阅录故事,得赐所上张角奏,及前侍讲注籍,乃感悟,下诏封赐临晋侯,邑千五百户。《抱朴子·道意》篇言:张角、柳根、王歆、李申之徒,钱帛山积,富逾王公,纵肆奢淫,侈服玉食,伎妾盈室,管弦成列,刺客死士,为其致用,威倾邦君,势陵有司,亡命逋逃,用为窟薮。然则角乃汉时所谓豪桀大猾之流,专以诳诱流移为事。而鲁则修其政教,颇有与民相保之规。《典略》云:流移在其地者,不敢不奉,明其道本行诸土著。鲁之败也,左右欲悉烧宝货仓库,鲁曰:本欲归命国家,而意未达。今之走,避锐锋,非有恶意。宝货仓库,国家之有。遂封藏而去。其本无觊觎非分之心审矣,安得与角之欲代汉而兴者同日语邪?符咒治病,左道所同,以是而谓修之法与角相类,亦见卵而求时夜者流也。或曰:角奉黄、老道,而鲁使人习《老子》五千文,此亦其相类之一端也。然黄、老道为时人信奉已久,故角与鲁皆从而依附之,亦不足为其相类之证也。别见《黄老君》条。